Was früher undenkbar gewesen wäre, sich nämlich für eine neue Glaubensrichtung zu entscheiden, ist heute fast an der Tagesordnung. Stefan Kuzmany schlägt eine Schneise in die verwirrende Vielfalt der Konfessionen und testet die verschiedenen Religionen und Heilsversprechen, angefangen mit der »Klassik-Linie ›Abraham‹«: Judentum, Christentum und Islam. Er lässt sich die Aufnahmerituale und die Aussichten für das Dies- und Jenseits erläutern, spricht mit Konvertierten und Geistlichen über die Pros und Contras und macht auch vor eher praktischen Fragen nicht halt: Welche Regeln müssen Sie befolgen? Welche Konsequenzen hat Ihre Wahl für Ihr soziales Umfeld? Und welche Religion verfügt über das beste Jenseits, die schönsten Pilgerorte und die hübschesten Accessoires?

»Wer sich auf den erfrischend ironischen Stil von Stefan Kuzmany einlässt, lernt allerhand und sieht die wunderbare Welt mit anderen Augen.« *Stuttgarter Nachrichten*

Als **Stefan Kuzmany**, 39, Redakteur erst bei der taz, jetzt bei SPIEGEL ONLINE, mit diesem Buch begann, hatte er schon lange keine Kirche mehr als Gläubiger betreten. Das war in seiner Jugend anders gewesen: Nachhaltig beeindruckt von seinem Konfirmationsunterricht, spielte er sogar einige Zeit mit dem Gedanken, Pfarrer werden zu wollen. Daraus ist dann doch nichts geworden, zum Glück, denn diesen Beruf könnte er nicht ausüben. Schon längst ist ihm sein Glaube abhandengekommen. Manchmal fragt er sich, wo und warum. Jetzt hat er ein Kind, und damit stellt sich die Frage neu: Soll er seinem Sohn einen Glauben vermitteln? Und wenn ja, welchen? Und was glaubt man heutzutage überhaupt? Stefan Kuzmany machte sich auf die Suche, testete die unterschiedlichsten Glaubensangebote und sammelte dabei nützliche Fakten, die allen dienlich sein könnten, die sich mit ähnlichen Fragen beschäftigen.

Weitere Informationen, auch zu E-Book-Ausgaben, finden Sie bei www.fischerverlage.de

Stefan Kuzmany

DAS KÖNNEN SIE GLAUBEN!

Die großen Religionen
dieser Welt im Selbstversuch

Fischer Taschenbuch Verlag

Originalausgabe
Veröffentlicht im Fischer Taschenbuch Verlag,
einem Unternehmen der S. Fischer Verlag GmbH,
Frankfurt am Main, Dezember 2011

© S. Fischer Verlag GmbH, Frankfurt am Main 2011
Logo: © SPIEGEL ONLINE GmbH, Hamburg 2011
Satz: Pinkuin Satz und Datentechnik, Berlin
Druck und Bindung: Druckerei C. H. Beck, Nördlingen
Printed in Germany
ISBN 978-3-596-18090-5

Für Frederick

Inhalt

hat. Dazu einiges über den Gottesstreiter Jakob, den Rabbi Rothschild und die Frage, ob man am Sabbat gegen einen Parkplatz demonstrieren darf.

Wie ich versuche, mich ins Nirvana zu befördern, unter einem Ficus meditiere, den Diamantweg beschreite und schließlich mitten in Buddha ankomme. Dazu einiges über Knochensäckchen, anbetungswürdige Monster und Zen in zehn Sätzen.

Ein sehr langer Nachmittag in einer Scientology-Filiale, während dessen ich im Schnelldurchlauf die höchste Erkenntnis erlange und fortan als allmächtig gelten darf. Dazu einiges über den bösen Xenu, den tollen Ron und die Auflösung des berühmten Persönlichkeitstests.

Ein Katalog zahlreicher weiterer lieferbarer Glaubensrichtungen, die genauer zu untersuchen mich der Wahrheit wohl auch nicht näher gebracht hätte, aber andererseits wohl auch nicht weiter weg von ihr. Und eine Art Schluss.

»Mr. Hapflinger, die letzten Tage sind angebrochen.
Und wenn Sie einmal bitte hier links unterschreiben,
dann können Sie alles vermeiden.«

Gerhard Polt, »Eine Bekehrung«

Gebrauchsanleitung
Unbedingt lesen! LEBENSGEFAHR[1]!!!

Sehr geehrte Leserin, sehr geehrter Leser!

Herzlichen Glückwunsch zum Erwerb von »Das können Sie glauben!«, 1. Auflage. Damit Sie viel Freude an Ihrem neuen Buch haben, beachten Sie bitte die folgenden Gebrauchshinweise:

1. Bedenken Sie, dass nichts, aber auch rein gar nichts, was in diesem Buch über eine (eventuell von Ihnen favorisierte) Religion oder Glaubensrichtung steht, Anspruch auf Wahrheit oder irgendeine normative Aussagekraft erhebt. Dieses Buch gibt ausschließlich das höchst individuelle Erleben und Empfinden des Autors wieder, ist also rein subjektiv, in weiten Teilen spekulativ und möglicherweise komplett dilettantisch. Insbesondere beabsichtigt der Autor nicht, Ihre religiösen Empfindungen zu verletzen. Sollten Sie in dieser Hinsicht empfindlich sein, stellen Sie die Lektüre bitte sofort ein und verwahren Sie dieses Buch an einem Ort, an dem Sie es nie wiederfinden werden. Insbesondere bittet der Autor darum, davon abzusehen, ihn oder seine Angehörigen oder seinen Verlag zu bedrohen oder auf den richtigen Weg zu bringen – beziehungsweise auf das, was Sie dafür halten mögen. Lassen Sie es einfach. Dieses Buch ist nicht für Sie.

1 Für mich.

2. Dieses Buch ist mit größtmöglicher Sorgfalt hergestellt worden. Sie sollten aber wissen, dass der Autor Familienvater ist, der in mühsamer Kleinarbeit über drei Jahre und mit Unterbrechungen an diesem Manuskript und seinen zahlreichen Fußnoten gearbeitet hat. Sollten sich also doch Fehler eingeschlichen haben, bittet der Autor aufrichtig um Verzeihung. Wenn Sie einen Fehler entdecken, können Sie diesen unter der E-Mail-Adresse fehler@glaubensinitiative.de melden. Er wird dann in einer eventuellen Folgeauflage korrigiert. Vielen Dank.

3. Sie werden feststellen, dass manche Personen in diesem Buch mit Vor- und Nachnamen genannt werden, andere nur mit Vornamen. Hier gilt folgendes: Sämtliche Personen haben das hier Beschriebene nach Beobachtung und/oder Recherche des Autors tatsächlich gesagt bzw. getan. In den Fällen, in welchen nur der Vorname erscheint, hat der Autor den Namen auf Wunsch der Beschriebenen oder aus Gründen des Persönlichkeitsschutzes verkürzt. Oder er kennt den Nachnamen nicht. Personen, die ganz ohne Namensnennung auftreten, sind frei erfunden und dienen nur der unterhaltsameren Lesbarkeit dieses Buches.

4. Sie werden feststellen, dass Ihnen manches, was in diesem Buch steht, extrem unwahrscheinlich und faktisch kaum überprüfbar, ja geradezu unglaubwürdig erscheint. Es handelt sich dabei um sogenannte »Glaubensinhalte«, die Sie, wie der Name schon sagt, glauben können. Oder auch nicht.

5. Viel Vergnügen!

Der Autor

Einleitung

Neulich habe ich einen Brief in unserem Briefkasten gefunden:

»An alle Haushalte
– Postwurfsendung –

Sehr geehrte Dame! Sehr geehrter Herr!

Ja, wir meinen genau Sie!

Hat Ihr Leben einen Sinn? Wissen Sie, ob das, was Sie tun, richtig ist? Haben Sie sich schon einmal gefragt, was mit Ihnen geschieht, nachdem Sie gestorben sind? Suchen Sie schon zu Lebzeiten nach Glück, Erfüllung und spiritueller Erleuchtung?

Dann haben wir genau das Richtige für Sie:
Unsere GLAUBENSOFFENSIVE FÜR ALLE.

Sie haben Glück: Sie leben in modernen Zeiten.

Frühere Generationen waren darauf angewiesen, die Religion ihrer Vorfahren zu übernehmen – obwohl sie vielleicht gar nicht zu ihnen gepasst hat. Es war selbstverständlich, sie stellten keine Fragen, sie hatten keine Wahl. Das hat sich geändert.

Sie können sich jetzt entscheiden: für die besten Feiertage, das beste Jenseits und die besten Gebote. Wählen Sie den Glauben, der am besten zu Ihrer Persönlichkeit und Ihrem Lifestyle passt!

In den nächsten Tagen werden sich unsere Mitarbeiter bei Ihnen melden – telefonisch oder persönlich – und Ihnen attraktive Angebote zu günstigen Konditionen unterbreiten. Sie werden feststellen: Glauben kostet Sie weniger, als Sie denken!

Buchen Sie ein unverbindliches Schnupper-Angebot! Tauchen Sie ein in die faszinierende Welt der Spiritualität! Finden Sie den Sinn Ihres Daseins! Und ergreifen Sie die Chance auf ein ewiges Leben!

Also: Gehen Sie ans Telefon, öffnen Sie die Tür! Sie könnten sonst eine Begegnung verpassen, die Ihr Leben verändert.

Dieser Service wird Ihnen präsentiert von der

INITIATIVE GLAUBENSOFFENSIVE FÜR ALLE
mit freundlicher Unterstützung von
DAS HÖHERE WESEN, DAS WIR VEREHREN«

Weitere Informationen finden Sie unter www.glaubensinitiative.de

Ich habe den Brief selbstverständlich sofort weggeworfen.

1. Kapitel
Der Islam
Oder: Her mit den Jungfrauen!

Manchmal träume ich von der Hölle. Es sind ausweglose, schreckliche Situationen, ich kann mich nicht wehren, ich kann nichts tun. Nur irgendwann aufwachen.

Stockfinstere Nacht. Ein Blick auf den Wecker: 2 Uhr und 30 Minuten. Eine Stimme singt. Laut. Auf Arabisch. Und ganz offensichtlich in unserer Wohnung. Jetzt ist auch meine Frau wach.

»Was zum Teufel ist das für ein Krach?«

Ich erkenne das Geräusch: Es ist der Muezzin-Wecker aus Plastik, den sie mir vor zwei Wochen als Mitbringsel vom türkischen Markt gebracht hat. Er steht im Wohnzimmer im Regal, gleich neben dem Lourdes-Wasser und der Papst-Postkarte, unseren anderen beiden religiösen Dekorationsobjekten. Wir haben den Alarm nur ein einziges Mal ausprobiert, der verzerrte Ruf des Muezzins aus dem Billiglautsprecher hatte eine anhaltende Schreiattacke unseres sechs Monate alten Sohnes verursacht. Das Gerät sieht es leider nicht vor, leise gestellt zu werden – das widerspräche seinem Zweck, möglichst laut und ausdauernd zum Gebet zu rufen[2].

»Mach das aus. Sofort.«

Ich stehe auf, gehe ins Wohnzimmer und bringe den Wecker zum Schweigen. Zur Sicherheit nehme ich noch die

---

2 Textprobe: »Gebet ist besser als Schlaf!« Natürlich auf Arabisch.

Batterien heraus. Da klingelt das Telefon. Nummer unterdrückt.

»Guten Morgen, im Namen des HÖHEREN WESENS, DAS WIR VEREHREN, dieser Anruf ist ein Service der INITIATIVE GLAUBENSOFFENSIVE FÜR ALLE. Sie haben in den letzten Tagen ein Schreiben von uns erhalten. Nun bitten wir Sie, uns einige Fragen zu beantworten.«

»Bitte, was?«, sage ich, aber die Stimme spricht einfach weiter. Es ist eine automatische Ansage.

»Bitte nennen Sie die Bezeichnung Ihrer Religion.«

»Wer ist denn dran?«, fragt meine Frau. »Ein höheres Wesen oder so. Keine Ahnung«, sage ich.

»Vielen Dank. Sie haben ›Keine Ahnung‹ gewählt. Sie werden mit dem nächsten freien Mitarbeiter verbunden.« Ich lege auf. Sofort klingelt das Telefon wieder. Ich hebe ab.

»Guten Morgen, im Namen des HÖHEREN WESENS, DAS WIR VEREHREN, Sie haben Probleme mit Ihrem Glauben?« »Nicht dass ich wüsste. Ich habe überhaupt …«, antworte ich. »Das sagen viele«, unterbricht die Stimme, »aber wussten Sie schon, dass Sie mit Ihrer Ahnungslosigkeit auf beispielsweise zahlreiche Vorzüge eines festen Glaubens in Verbindung mit einem gottesfürchtigen Leben verzichten? Vergünstigungen im Paradies inbegriffen sowie die Befreiung von sämtlichen Höllenstrafen? Und das ist längst nicht alles!«

»Ach so. Aber ich würde jetzt lieber schlafen. Können Sie mir Ihr Angebot nicht schriftlich zukommen lassen?«

»Das haben wir doch längst. Liegt Ihnen alles seit Jahrtausenden vor, hätten Sie nur mal lesen müssen. Aber keine Sorge: Sie können auch als Späteinsteiger noch enorm profitieren. Als Neukunde haben Sie bei uns ein Anrecht auf einen unverbindlichen Testzugang und bekommen die Möglichkeit, unser gesamtes Angebot in der Praxis zu erleben.«

»Habe ich dann endlich meinen Frieden?«

»Garantiert«, sagt die Stimme.

»Na gut«, sage ich. Das war jetzt vielleicht ein wenig unüberlegt.

»Vielen Dank, dass Sie sich für das Schnupperangebot der INITIATIVE GLAUBENSOFFENSIVE FÜR ALLE entschieden haben. Sie haben in der Testperiode unverbindlichen aktiven und passiven Zugang zu sämtlichen verfügbaren Glaubensinhalten. Das Abonnement verlängert sich automatisch bis in alle Ewigkeit, wenn Sie das jeweilige Glaubensbekenntnis sprechen. Mit welcher Religion wollen Sie beginnen?«

Mein Widerstand ist gebrochen. Am besten ich mache mit, dann habe ich es schnell hinter mir. »Was haben Sie denn so im Angebot?«

»Sehr beliebt ist die Klassik-Linie ›Abraham‹, also die drei abrahamitischen Religionen Judentum, Christentum und Islam. Gerne genommen wird zur Zeit der Islam[3]. Der Islam bietet eines der schönsten Paradiese in unserem Angebot, hier erwartet Sie die Unterbringung in einem exklusiven Gartengelände mit eigenem Luxuswohnhaus, fließend Wasser, Milch, Wein und Honig. Sie schlafen in goldenen Betten, und auch abgesehen davon ist gute Laune garantiert. Sie müssen dafür nur den Willen Gottes erfüllen, andernfalls drohen harte Vertragsstrafen, sehr unangenehm, die sollten Sie unbedingt vermeiden.«

---

3 Tatsächlich handelt es sich beim Islam wohl um die zur Zeit am schnellsten wachsende Religionsgemeinschaft der Welt, jedenfalls wird er in den meisten Quellen als solche bezeichnet – obwohl es naturgemäß keine genauen Zahlen gibt.

Die Sache mit dem Paradies klingt allerdings nicht schlecht. Gab es da nicht auch diese Jungfrauen? Ich kann jetzt nicht nachfragen, meine Frau könnte mich hören.

»Gut, dann sehe ich mir das mal an. Was muss ich tun?«

»Bitte haben Sie Verständnis dafür, dass wir im Rahmen unseres kostenlosen Schnupperangebotes keinen umfassenden Support leisten können. Aber ich rate Ihnen sowieso, sich selbst zu informieren und Ihre eigenen Erfahrungen zu machen – so bekommen Sie den besten Eindruck. Und wenn Sie einmal wirklich nicht weiterkommen sollten, können Sie unsere Hotline anrufen. Einen Tipp für den Anfang kann ich Ihnen aber noch geben: Wenn Sie Punkte fürs Paradies sammeln wollen, sollten Sie langsam mal beten. Die Sonne geht bald auf. Ich wünsche Ihnen alles Gute im Namen des HÖHEREN WESENS, DAS WIR VEREHREN. Auf Wiederhören.«

Die Verbindung wird getrennt.

»Kommst du wieder ins Bett?«, fragt meine Frau. »Äh, nein, ich gehe jetzt beten. Vielleicht wäre es besser, wenn du mitkommen würdest.« Doch sie ist schon wieder schlafen gegangen. Ist vielleicht besser, wenn sie nichts von dieser Jungfrauensache mitbekommt.

Viel Gebet und keine Heuchelei:
Die Pflichten des Gläubigen

O.K., beten. Wie geht das? Zum Glück gibt es das Internet. Zunächst, so viel weiß ich schon, wendet man sich in Richtung Mekka, wo die Kaaba steht, das zentrale Heiligtum der Muslime. Keine Ahnung, welche Richtung das von hier aus sein soll. Und selbst wenn ich irgendwo einen Kompass und einen Atlas haben sollte, beides würde ich so schnell nicht finden. Es geht aber auch ohne die beiden, wie Sie ohne weiteres selbst ausprobieren können: Starten Sie Google Earth. Suchen Sie auf der Karte Mekka, das liegt ungefähr mittig links in der Nähe des Roten Meeres in Saudi-Arabien. Zoomen Sie auf die Kaaba[4]. Jetzt richten Sie Ihre Perspektive so aus, dass Sie Ihren realen globalen Standort genau hinter sich haben. Fahren Sie rückwärts. Wenn Sie daheim angekommen sind, können Sie genau erkennen, in welcher Richtung von Ihnen aus Mekka liegt. Bei mir muss ich den Rechner leicht nach rechts neigen, die Mitte des Bildschirmes muss in etwa auf die rechte Kante des Hauses schräg gegenüber auf der anderen Straßenseite ausgerichtet sein.

Beten im Weltall

Sollten Sie sich in einer Weltraumstation aufhalten, wird es Ihnen schwerfallen, die Gebete Richtung Mekka auszuführen. Auch wenn Sie, weil Sie auf Reisen sind, kürzer beten, verändern Sie ständig Ihre Position relativ zur Kaaba, so dass Sie während des Gebets laufend die Gebetsrichtung wechseln müssten. Erwägen Sie den Rat Doktor Rif'at Fawzis, eines Scharia-Professors aus Kairo: Es ist ausreichend, wenn Sie zu Beginn des Gebets versuchen, Richtung Mekka zu beten. Dann beten Sie in dieser Richtung weiter.

Die Richtung stimmt. Aber wie weiter? Erst mal lesen. Schnell wird klar: Ich kann so nicht beten. Zuerst muss ich mich waschen. Ich gehe ins Badezimmer, wasche drei-

---

4 21°25'21" N, 39°49'34" E.

mal die Hände bis einschließlich der Handgelenke, dreimal spüle ich den Mund aus, dreimal sauge ich Wasser in meine Nase und blase es wieder hinaus, dreimal wasche ich Stirn und Kinn, dreimal erst den rechten, dann den linken Unterarm von Ellenbogen bis Handgelenk. Ich fahre mir mit nassen Händen über das Haar und befeuchte die Ohren. Dann wasche ich mir dreimal erst den rechten, dann den linken Fuß bis zum Knöchel.

Jetzt bin ich bereit für das heutige Fadjr-Gebet, das Gebet zwischen Morgengrauen und Sonnenaufgang. Noch mal beten muss ich mittags, nachdem die Sonne ihren Zenit überschritten hat, ein weiteres Mal, bevor sie untergeht, dann noch einmal nach Sonnenuntergang, bevor die Dämmerung zur Nacht geworden ist, und dann ein letztes Mal in der Nacht. Wenn ich Gott besonders gut gefallen will, kann ich zusätzlich mitten in der Nacht beten und auch noch einmal am Vormittag.

Bitte nicht beten
Beten Sie nicht bei
– Sonnenaufgang
– Sonnenuntergang
– Punkt zwölf Uhr mittags
– In Kleidern, die mit Urin oder Sperma verschmutzt sind. In diesem Fall sollten Sie sich aber ohnehin besser mal umziehen.

Die Gebete selbst setzen sich aus einem Baukastensystem zusammen und enthalten jeweils freiwillige und verpflichtende Textblöcke, die unter Einnahme bestimmter Körperhaltungen aufgesagt werden. Wenn ich alles richtig mache, werde ich am Ende des Tages bis zu hundertmal »Allahu akbar« gesagt und über fünfzigmal mit der Stirn den Boden berührt haben, nach einer exakt festgelegten Choreographie. Die Texte sollte ich auswendig können, und zwar auf Arabisch. Alles Wichtige im Islam findet auf Arabisch statt. Leider kann ich kein Wort Arabisch. Das ist zwar nicht optimal, lässt sich aber so schnell nicht ändern. Und es ist auch nicht ganz so schlimm: Zwar kann man keiner Übersetzung der heiligen Texte wirklich trauen, aber mit deren Hilfe doch einen Eindruck davon bekommen, was gemeint sein könnte. Außerdem hilft es schon, den Suren des Korans in der Originalsprache zu lauschen, ohne sie zu verstehen. Sie haben allein schon durch ihre Gottgegebenheit einen heilsamen Einfluss auf den Zuhörer. Sollte ich beim Beten einen Fehler machen: Auch für die Korrektur gibt es ein eigenes Gebet.

Bis die Sonne aufgeht, ist nur noch wenig Zeit. Das Beste wird es sein, fürs Erste stumm und mit frommen Gedanken einem Vorbild zu lauschen. Ich stelle den nach Mekka ausgerichteten Laptop auf den Boden, nehme eine kauernde Haltung ein und starte ein Fadjr-Video aus dem Internet. Ein Mann mit einem pinkfarbenen Kopftuch und einem braunen Mantel mit breitem Goldkragen neigt seinen Kopf über ein Mikrophon, sein Gesicht sieht man nicht, er spricht das Gebet langsam und deutlich auf Arabisch, die Kamera zoomt heraus, der Vorbeter neigt sich vor einem schwarzen Vorhang mit Goldverzierung, hinter ihm stehen viele Männer in einem Halbkreis und neigen sich in Richtung Vorhang, die Kamera zoomt heraus, der schwarze Vorhang umhüllt einen Würfel, groß wie ein Haus, in immer größeren Kreisen stehen Tausende um den schwarzen Würfel, jetzt werfen sie sich zu Boden und preisen Allah. Die Kamera zoomt noch weiter heraus, es sind jetzt Tausende zu sehen, die sich da in konzentri-

schen Kreisen dem schwarzen Würfel zuwenden. Beeindruckend.

Ebenfalls beeindruckend: In der Tür, im Nachthemd,
steht jetzt meine Frau. Obwohl sie bezaubernd aussieht,
darf ich mich nicht von ihr ablenken lassen. Es ist nicht
gestattet, sich während des Gebetes mit etwas anderem als
mit dem Gebet zu beschäftigen, und schon gar nicht mit
einer leicht bekleideten Frau. Jetzt bin ich aber doch abgelenkt. »Bitte störe mich nicht, ich erprobe gerade meine
neuen Pflichten. Wir werden übrigens deinen Kleidungs-
stil diskutieren müssen«, sage ich und fordere sie auf, die
rituellen Waschungen zu vollziehen und dann mit mir
das unterbrochene und somit ungültige Gebet zu wiederholen, sich hinter mir niederzuknien, auf dass wir zwei
Reihen bilden für das Gebet, denn in einer Reihe dürfen
nie Männer und Frauen stehen, auch nicht die Ehefrau
mit dem Mann. Die Frauen beten stets hinter den Männern. Oder gleich in anderen Räumen. Auf dem Video aus
Mekka konnte ich jedenfalls keine Frau entdecken. Und
meine Frau ist auch schon wieder weg, wahrscheinlich
wieder im Bett. Ich starte das Gebetsvideo neu und lau-
sche.

Es gibt fünf Pflichten, die ein Mensch erfüllen muss, um
Gott zu gefallen. Die erste ist das islamische Glaubensbekenntnis. Die zweite ist das täglich fünfmalige[5] Gebet.
Im Glaubensbekenntnis und in den Gebeten bekenne ich
mich zu Allah, dem einzigen Gott, und zu Mohammed, seinem Propheten, dem Gott durch seinen Boten, einen Engel namens Gabriel, den Koran hat zukommen lassen, die

---

5 Außer auf Reisen, dann können die Gebete zusammengezogen werden, und es muss insgesamt nur dreimal gebetet werden.

einzig authentische und verbindliche Botschaft Gottes. Der Koran, obgleich ewig[6], ist lange nach den anderen Offenbarungen Gottes zu den Menschen gekommen.

Für Juden und Christen und alle anderen, die nicht erkennen wollen, dass Mohammed der letzte Prophet ist, sind jeweils spezielle Abteilungen in der Hölle vorgesehen. Es gibt insgesamt sieben Trakte in diesem Verlies, ansteigend geordnet nach der Intensität der Quälerei, der man dort ausgesetzt ist. Auch die Dauer variiert. Sündige Muslime können ihre Strafe abbüßen und ins Paradies wechseln, aber die Schlimmsten bleiben ewig in der heftigsten Abteilung und werden dort praktisch permanent geröstet. Die Schlimmsten, das sind diejenigen, die nur vorgeben, dem Islam anzugehören: die Heuchler.

Bloß nicht heucheln, das muss ich mir merken.

Eine weitere Pflicht ist die Abgabe der Almosensteuer »Zakat«, mit der ich gute, also islamische Werke unterstützen soll. Viertens muss ich einmal im Jahr für einen Monat fasten, im Ramadan, tagsüber nichts essen und auch nichts trinken, solange ich ohne Beleuchtung einen schwarzen und einen weißen Faden unterscheiden kann. Und einmal im Leben, das ist die fünfte Hauptpflicht, muss ich nach Mekka pilgern.

Fünf Pflichten, das hört sich zunächst ziemlich übersichtlich an, das Problem dabei ist, dass in all diesen Pflichten sehr viele weitere Regeln und Pflichten eingebaut sind. Mit der Einhaltung der Lebensregeln aus dem Koran ist man reichlich beschäftigt.

---

6 Allerdings gibt es Meinungsverschiedenheiten darüber, ob Gott den Koran geschaffen hat oder ob er ungeschaffen ist, also gewissermaßen selbständig ewig.

Wo anfangen? Die Aussicht auf eine Nahostreise gefällt mir am besten, außerdem darf man nach der Pilgerfahrt den Beinamen »Hadsch« führen, was keine schlechte Sache ist. Eine Pilgerreise nach Mekka gibt es im Internet bereits für unter dreitausend Euro, dafür bekommt man das Visum für Saudi-Arabien, den Flug von Frankfurt nach Jeddah und zurück, Übernachtungen in Hotels, Frühstück und Abendessen, eine deutschsprachige Reiseleitung, Busfahrten sowie täglich Unterricht über die anstehenden Rituale. Komfort darf man keinen erwarten, aber darum geht es ja auch nicht bei einer religiösen Pflicht.

»Auch schon im Preis enthalten: ein Opfertier und zehn Liter Zamzam-Wasser«, berichte ich meiner Frau beim Frühstück. Ich bin Feuer und Flamme, sie wundert sich darüber, aber von den Jungfrauen erwähne ich besser immer noch nichts. Über dem Brötchen spreche ich die Segensformel »Bismillah«, was so viel bedeutet wie »Im Namen Gottes«, über der Speise sagt man das und auch sonst ziemlich häufig, eigentlich kann es nie schaden, »Bismillah« zu sagen, denn alle Taten sollten im Namen Gottes getan werden. »Habe ich das richtig verstanden: Du willst für einen Monat nach Saudi-Arabien fliegen, um dort ein Tier zu schlachten? Hast du sie noch alle?«, fragt meine Frau. »Und was ist Zamzam-Wasser?«

»Es könnte sein, dass der Islam die wahre Religion für uns ist«, sage ich und wackle weise mit dem Kopf wie einer der Prediger, die ich im Internet gesehen habe. »Und darum sollten wir ins Auge fassen, die Pilgerfahrt zu machen.« »Hat das etwa mit diesem seltsamen Anruf von heute Nacht zu tun?«, fragt meine Frau. »Es geht um den Glauben!«, rufe ich etwas lauter als vielleicht notwendig. Fast hätte ich vor Eifer in mein Brötchen gebissen. Ein Bröt-

chen mit Schweinebraten! Schweinefleisch![7] Gedankenlos
hatte ich es mir belegt, erst ein wenig Butter, dann die fein
geschnittenen und pikant gewürzten Schweinebratenschei-
ben darauf, köstlich, aber ich darf nicht mehr. Und was ist
Zamzam? Gute Frage. Ich fürchte, es wird Zeit, sich ein wenig über die Details zu informieren.

Zamzam und der schwarze Stein: Wie Mohammed
in die Höhle kam

Am Anfang sah es nicht so aus, als ob aus Mohammed
einmal ein wichtiger Mann werden würde. Er hatte einen
denkbar schlechten Start für jemanden, der einmal als Begründer der zweitgrößten Religion der Welt mit etwa 1,3
Milliarden Anhängern gelten sollte. Als Mohammed Ende
April 571[8] in Mekka geboren wurde, war sein Vater Abdul-
lah bereits tot. Als er sechs Jahre alt war, starb seine Mutter.
Jetzt kümmerte sich der Großvater um ihn. Mohammed arbeitete als Ziegenhirte. Sein Großvater war damit beschäftigt, die heilige Quelle von Zamzam zu bewachen.
    Die Quelle von Zamzam hatte Gott persönlich sprudeln
lassen, und zwar nicht einfach so oder für irgendwen,
sondern für enge Verwandte Abrahams, des Uralten und

---

7 Die Sure 6, Vers 145 verbietet als Speise ausdrücklich Schweinefleisch, Krepiertes und vergossenes Blut, sowie alles, über dem ein anderer angerufen wurde als Allah. Ausnahmen sind erlaubt, wenn man
gezwungen wurde, ohne Begehr gegessen hat und ohne Ungehorsam
gegen Allah.
8 Das genaue Datum ist umstritten, möglicherweise war es der letzte
Samstag oder der letzte Donnerstag im April 571 (nach christlicher Zeitrechnung), ich weiß das nicht so genau, was übrigens auf das gesamte Kapitel zutrifft, wie ich an dieser Stelle ein für alle Mal festhalten möchte.

Stammvaters, dem Gott praktisch ständig im Nacken gesessen hat, wie auch die Juden und Christen wissen. Zu dieser Zeit nannte er sich allerdings noch Abram. Sollte in der Gegend einmal gerade kein Kriegszustand herrschen, könnten Sie in den Südirak reisen und sich ansehen, wo er geboren ist: in der Stadt Ur. Sie fahren von Bagdad auf der Straße Nummer acht nach Südosten in Richtung Basra und biegen dann bei Nasiriyah rechts ab. Nasiriyah ist die viertgrößte Stadt des Irak. Das jüngste Glaubensereignis wurde von dort während der Invasion des Irak durch die USA berichtet: In Nasiriyah wurde 2003 die von irakischen Truppen gefangen genommene junge blonde US-Soldatin Jessica Lynch von einem Spezialeinsatzkommando der US Army aus einem Krankenhaus befreit – das können Sie glauben, davon gibt es ein Video. Oder Sie glauben daran, was die Iraker sagen: Jessica Lynch hätte schon längst den Amerikanern übergeben werden sollen, was aber nicht gelang, weil die Amerikaner auf den Krankenwagen schossen.

Nicht weit entfernt und viertausend Jahre vorher, gegen Ende der Jungsteinzeit, war die Stadt Ur ebenfalls einer Invasion ausgesetzt. Abram, ein Viehzüchter, floh mit seiner Frau Sarai und weiteren Familienmitgliedern vor den Besatzern. Das Ehepaar hatte keine Kinder, was für Clanchefs eine untragbare Situation ist. Eines Tages kam Abram heim zu Sarai und berichtete, dass ihm Gott erschienen sei, und der habe ihm gesagt, er, Abram, werde einen Sohn bekommen, und dieser Sohn werde später mal die Familiengeschäfte weiterführen und dazu ein großes Stück Land (ungefähr das Gebiet des heutigen Palästina) erben. Doch das Kind blieb weiter aus – kein Wunder, waren Abram und Sarai zu dieser Zeit doch schon weit im Pensionsalter. Dann aber hatte Sarai eine Idee: Von einem Familienaufenthalt in Ägypten hatte sie die junge Sklavin Hagar mitgebracht. Solle Abram doch mit der ein Kind machen[9], das wäre dann so gut wie ihres. Eine Idee, die Abram gerne aufgriff und in die Tat umsetzte. Schon in der Jungsteinzeit war die Leihmutter ein probates Mittel gegen Kinderlosigkeit für wohlhabende, aber unfruchtbare Senioren.

Die Sklavin wurde bald schwanger und fühlte sich infolge dieses Umstandes nicht mehr wie eine Sklavin, sondern wie die künftige Mutter des Sohnes Abrams, des Chefs. Und so verhielt sie sich auch. Als Sarai sich bei Abram über die zunehmende Respektlosigkeit Hagars beschwerte, erklärte er Hagar kurzerhand zu ihrem Problem, solle sie mit ihr doch machen, was sie wolle. Und das tat Sarai dann auch.

Für die schwangere Hagar wurde die Situation daraufhin dermaßen unerträglich, dass sie sich selbst in die Wüste schickte. Dort wurde sie allerdings umgehend von einem Engel angewiesen, gefälligst ihre Arbeitsstelle bei Sarai wieder anzutreten. Sie werde schon sehen, dass ihr Sohn, den sie übrigens Ismael nennen solle, einmal eine Menge Nachkommen haben würde, geradezu unzählige sogar. Das gefiel Hagar, also kehrte sie zurück in den Haushalt Abrams und Sarais und gebar Ismael.

Nachdem jedoch Abram[10] schließlich doch noch wundersamerweise seinen zweiten Sohn mit der mittlerweile neunzigjährigen Hauptgattin Sarai gezeugt hatte, wurden Hagar und Ismael wieder in die Wüste vertrieben. Durstig,

9 Ein solches Angebot war damals nicht ganz so unüblich, wie es sich heute anhört.

10 Der sich zu dieser Zeit auf Gottes Anweisung hin bereits Abraham nannte, seine Frau hieß jetzt Sarah. Zeichnet Gott die, die er liebt, mit dem Buchstaben H aus?

orientierungslos und zunehmend verzweifelt liefen sie siebenmal zwischen zwei Hügeln hin und her. Plötzlich griff Gott ein, und da war sie, die Quelle von Zamzam. Mutter und Kind waren nicht nur wie durch ein Wunder, sondern tatsächlich durch ein Wunder gerettet worden. Neben die Zamzam-Quelle ist viel später die große Moschee von Mekka gebaut worden, die Quelle speist den Brunnen im Hof der Moschee noch heute. Die beiden Hügel, zwischen denen Hagar und Ismael irrten, heißen Safa und Marwah. Während der Pilgerfahrt müssen die Muslime siebenmal betend zwischen beiden hin und her gehen, in vorgeschriebenem Tempo, um sich an Hagars und Ismaels Rettung zu erinnern.

Der Großvater Mohammeds war Zamzam-Wächter, weil er aus einem Clan stammte, der selbst von Abraham abstammte, wie infolgedessen auch Mohammed von Abraham abstammte, wie ja praktisch jeder, der es in heiligen Schriften[11] zu etwas bringen will, von Abraham abstammen sollte. Der Clan von Mohammeds Großvater war im Übrigen auch für die Bewachung eines ganz besonderen schwarzen Steins zuständig. Auch diesen werde ich sehen, wenn ich in Mekka bin.

Genaugenommen dreht sich die gesamte Pilgerfahrt um diesen schwarzen Stein. Früher dachte ich, der schwarze Stein sei dieser schwarze Quader, den ich schon im Gebets-Video gesehen habe, doch er ist nur ein Teil davon. Er ist an der Ostecke des Quaders angebracht. Der Stein ist Adam, dem ersten Menschen, von Gott gegeben worden. Er war ursprünglich weiß, ist dann aber angesichts der Sünden der Menschheit schwarz geworden. Unter Verwendung

---

11 Zumindest in abrahamitischen. Der Name ist Programm.

des Steines hat Adam das Haus Gottes gebaut, die Kaaba. Zwischenzeitlich ist die Immobilie für lange Zeit in Vergessenheit geraten, bis Abraham, wer sonst, sie gemeinsam mit seinem Sohn Ismael von Grund auf renoviert beziehungsweise wieder errichtet hat – an der Stelle, wo sie heute noch steht. Direkt davor liegen die Gräber von Hagar und Ismael.

Anfang des 19. Jahrhunderts hat der Schweizer Orient-Abenteurer Jean Louis Burckhardt den Stein aus der Nähe gesehen. Er beschreibt ihn in seinen Aufzeichnungen als unregelmäßig oval, ungefähr achtzehn Zentimeter im Durchmesser, mit gewellter Oberfläche, zusammengefügt aus ungefähr einem Dutzend kleinerer Steine unterschiedlicher Größe und Form, gut zusammengehalten mit ein wenig Zement, perfekt abgeschliffen. Es sehe so aus, als sei der Stein einmal durch heftigen Gewalteinfluss zerbrochen und dann wieder zusammengefügt worden. Es sei sehr schwer, die Art des Steines zu bestimmen. Er ist viele Millionen Mal berührt und geküsst worden, auch ich soll das tun als Pilger, einmal im Leben als Muslim.

Burckhardt kam das Material vor wie Lava, dunkelrotes Braun, fast schon schwarz, mit weißlichen und gelben Einsprengseln. Eingefasst ist der schwarze Stein mit einem breiten silbernen Band. Vielfach wird angenommen, dass es sich um einen Meteoriten handelt. Dagegen spricht aber die Legende, dass er im Wasser schwimmt, was aber seit über tausend Jahren niemand mehr ausprobiert hat. Auch wurde er niemals wissenschaftlich untersucht. Warum auch? Die Gläubigen wissen ja schon, woher er kommt: direkt von Gott.

Unter dem schwarzen Stoffwürfel der Kaaba befindet sich ein fast quadratischer Ein-Zimmer-Ziegelbau mit einer kleinen Kammer, dem »Bußeraum«, in den man durch die »Tür der Buße« gelangt. Die Innenwände sind mit Koranversen ausgestattet. Die Decke wird von drei prunkvollen Säulen gestützt. Manchmal kommen die heutigen regionalen Herrscher vorbei, das sind die aktuellen Vertreter der Saud-Dynastie. Anders als die normalen Pilger dürfen sie das Haus Gottes betreten.

Gott scheint die Saud-Familie wirklich zu mögen, man bedenke nur, wie viel Öl er ihr geschenkt hat und dem Rest der Welt den Verbrennungsmotor. Die Herrschaft der Saudis in Arabien begann, als sich vor zweihundertfünfzig Jahren die Familie der Sauds mit der Glaubensgemeinschaft der Wahhabiten verbündete. Grundlage dieser Allianz: Die Sauds versprachen, in ihrem Einflussbereich den von den Wahhabs vertretenen Islam durchzusetzen, einen Islam, der sich streng am Althergebrachten orientiert. Die Wahhabs versprachen dafür, die weltliche Herrschaft der Sauds religiös zu legitimieren. Darum ist es auch heute noch verboten, in Saudi-Arabien öffentlich eine andere Religion auszuüben als den Islam. Kirchen oder Synagogen gibt es im ganzen Land nicht.

In Mohammeds Jugend waren die religiösen Verhältnisse in Mekka längst nicht so klar. Praktisch jeder Stamm hatte seinen eigenen heiligen Stein, seine eigene heilige Quelle (damals noch Wasser statt Öl) und seine eigenen Götzenbilder. Abrahams Monotheismus war völlig in Vergessenheit geraten, und die Kaaba zwar ein wichtiges, aber nur ein Heiligtum unter vielen. Als Mohammed acht Jahre alt war, starb sein Großvater. Danach kümmerte sich Abu Talib, ein Bruder seines Vaters, um Mohammed. Der Onkel war ein erfolgreicher Geschäftsmann und Karawanenbetreiber, er trieb Handel mit Syrien. Mohammed durfte später seine Karawanen leiten. Als junger Mann trat der Nachwuchshandelsreisende Mohammed schließlich dem Unternehmen einer reichen Geschäftsfrau bei. Er galt als vertrauenswürdig und guter Vorgesetzter.

Nach einiger Zeit fragte ihn seine fünfzehn Jahre ältere Chefin, eine zweifache Witwe, ob er sie nicht heiraten wolle. Und das tat Mohammed. Mit dieser Hochzeit hatte er materiell ausgesorgt. Er konnte es sich offenbar sogar leisten, einmal im Jahr für einen Monat eine Auszeit zu nehmen und seine arbeitsfreien Tage in einer Höhle zu verbringen, um ungestört über Gott und die Welt nachzudenken. In seinem Meditationsurlaub im Jahr 510 nach der Geburt eines gewissen Jesus von Nazareth ist ihm das allerdings nicht ganz gelungen. Denn als sich Mohammed eines Abends zu Bett legte, erschien ihm der Erzengel Gabriel persönlich. Mohammed wollte eigentlich lieber schlafen, doch Gabriel ließ nicht locker. Wie es heißt, soll er Mohammed viermal und mit zunehmend rabiaten Methoden genötigt haben, ihm zuzuhören, bis dieser schließlich nachgab, damit Gabriel ihn endlich in Ruhe ließe. Mit dieser Hoffnung hatte sich Mohammed allerdings gründlich getäuscht.

Stellen Sie sich vor, Sie können nicht schlafen, weil Ihnen ein übermächtiges Wesen Botschaften von höchster Wichtigkeit mitteilen möchte[12] – Botschaften von Gott an alle Menschen. Was würden Sie tun? Mohammed ist aufgesprungen, aus seiner Höhle nach Hause gerannt, und hat seiner Frau von seinem Horrortrip berichtet. Sie packte ihn erst mal in eine warme Decke. Und dann ging es schon wieder los. Die Eingebungen waren für Mohammed augenscheinlich keine schönen Erlebnisse. Es wird berich-

---

12 Haben Sie ein kleines Kind? Dann kennen Sie das.

tet, dass sie ihn körperlich stark mitgenommen haben. Mohammed hat gelernt, mit den beschwerlichen Visionen zu leben – gemäß der Bedeutung des Wortes »Islam«: Hingabe zu Gott, vollständige Unterwerfung. Die Eingebungen verließen Mohammed die nächsten zwanzig Jahre nicht mehr, bis zu seinem Tod.

Es heißt, der Prophet konnte weder lesen noch schreiben, also musste er die umfangreichen Äußerungen Gottes notgedrungen auswendig lernen. Er verkündete sie seinen Gefährten, die sie ebenfalls auswendig lernten. Einmal im Jahr trug Mohammed die empfangenen Verse dem Erzengel Gabriel vor – zur Kontrolle. So konnte er sicherstellen, dass er keinen Fehler gemacht hatte. Auch nach Mohammeds Tod wurde der Koran zunächst mündlich überliefert, erst ungefähr zehn Jahre später wurde er schriftlich fixiert – wobei großer Wert darauf gelegt wurde, dass die Überlieferung nicht verfälscht wird. Für die Muslime steht es außer Frage, dass der Koran ein direkt von Gott gegebenes Buch ist.

Kleine Abschweifung: Der fast perfekte Gottesbeweis

Gottesbeweise sind eine schwierige Angelegenheit, aber die Vorstellung ist dafür umso verführerischer, dass tatsächlich einmal ein unwiderlegbarer gelingen könnte. Mit einem Schlag wären alle Zweifel ausgeräumt, Glaube wäre nicht mehr nötig, auch eingefleischte Atheisten und Agnostiker müssten akzeptieren, dass es Gott gibt.

Ganz nah dran, dieses Ziel zu erreichen, war ein Mann namens Rashad Khalifa, der Vater Sammy Khalifas, des ersten arabischstämmigen Spielers in der nationalen US-

Baseball-Liga. Khalifa senior wurde am 19. November 1934 in einer ägyptischen Kleinstadt geboren und studierte später Biochemie in den USA. Während seiner wissenschaftlichen Arbeit hatte er mit Computern zu tun, und so benützte er die gerade aufgekommene elektronische Datenverarbeitung dazu, den Koran zu untersuchen. Ihm war da etwas aufgefallen: eine mathematische Regelmäßigkeit. Khalifa zählte die Buchstaben des ersten Verses im Koran: neunzehn. Ihm fiel auf: Die Anzahl der Suren im Koran (es sind einhundertvierzehn) geteilt durch sechs ergibt neunzehn.

Khalifa zählte sechstausendzweihundertvierunddreißig nummerierte und einhundertzwölf nicht nummerierte Verse, insgesamt sechstausenddreihundertsechsundvierzig. Addieren Sie nun die Ziffern sechs, drei, vier und sechs. Das Ergebnis: Neunzehn. Fällt Ihnen langsam ein Muster auf? Oder sind Sie noch nicht überzeugt?

Dann nehmen Sie bitte Folgendes zur Kenntnis: Fast jede Sure des Korans beginnt mit dem Ausruf »Bismillah«, nur die neunte Sure nicht. Dafür steht »Bismilla« zweimal in Sure siebenundzwanzig, also insgesamt einhundertvierzehnmal im Koran, beziehungsweise sechsmal neunzehnmal. Von Sure neun, wo das »Bismillah« fehlt, bis Sure siebenundzwanzig, wo es zweimal drinsteht, sind es genau neunzehn Suren, und wenn man die Ordnungszahlen dieser Suren addiert, kommt man auf dreihundertzweiundvierzig, also achtzehnmal neunzehn.

Konzentrieren Sie sich bitte, nehmen Sie notfalls einen Taschenrechner zur Hand, denn jetzt wird es erst richtig spannend. Dreihundertzweiundvierzig nämlich ist ebenfalls die Anzahl der Wörter zwischen dem ersten und dem zweiten »Bismillah« in Sure siebenundzwanzig. Khalifa zählte auch die Anzahl der Wörter in den ersten fünf Versen der Sure sechsundneunzig, also in der ersten Sure, die Mohammed damals in der Höhle aufgezwungen wurde – neunzehn Wörter, die aus sechsundsiebzig Buchstaben bestehen, also viermal neunzehn. Insgsamt hat diese Sure neunzehn Verse, die aus zusammengerechnet dreihundertundvier arabischen Schriftzeichen bestehen, was, wie Sie unschwer errechnen können, sechzehnmal neunzehn ist.

Auch die Sure einhundertzehn, die letzte Offenbarung, besteht aus neunzehn Wörtern, der erste Vers dabei wiederum aus neunzehn Buchstaben. Das Wort »Gott« wird im Koran zweitausendsechshundertachtundneunzigmal erwähnt, was durch einhundertzweiundvierzig geteilt selbstverständlich was ergibt? Neunzehn.

Khalifa ging noch weiter. Er addierte alle Nummern der Verse im Koran, in denen das Wort »Gott« vorkommt. Es wird Sie jetzt nicht sehr wundern, dass er auf die Einhundertachtzehntausendundeinhundertdreiundzwanzig kam, also sechstausendzweihundertsiebzehnmal neunzehn. Und neunzehn Engel sind es, die laut Sure vierundsiebzig das Höllenfeuer (Saqar) bewachen.

Khalifa zählte und addierte und dividierte und kam immer wieder zum selben Ergebnis: neunzehn. Er gelangte zu der Überzeugung, dass der Koran von vorne bis hinten mathematisch komponiert ist. Und dass eine solche Struktur, die unabhängig von ihrem Inhalt einer derart komplexen Regelmäßigkeit folgt, unmöglich von einem Menschen geschaffen worden sein konnte. Sondern nur von Gott. Und Gott hatte seiner Botschaft einen fälschungssicheren Mechanismus eingewoben. Eine Prüfsumme: die Neunzehn.

Eine großartige Entdeckung. Und Rashad Khalifa wäre wohl noch heute ein höchst geachteter Mann in der muslimischen Gemeinschaft, wenn er sich mit dieser Entdeckung zufriedengegeben hätte. Hat er aber nicht. Denn er glaubte, noch mehr entdeckt zu haben.

Zur Zeit von Khalifas Entdeckung schrieb man das Jahr 1974, also Wunderzahl neunzehn und Sure Nummer vierundsiebzig als Jahreszahl, nach christlicher Zeitrechnung zwar, aber egal, das konnte kein Zufall gewesen sein. Und war nicht Khalifa selbst an einem Neunzehnten geboren? Das musste etwas bedeuten. Und nach einiger Zeit wusste Rashad Khalifa auch, was das bedeuten musste: Gott hatte ihn auserwählt. Er war sein Verkünder. Kein neuer Prophet, da war er bescheiden, aber doch der Überbringer des Wunders der Zahl Neunzehn.

Überdies fiel Khalifa zu diesem Zeitpunkt ein, dass er sogar schon einmal sämtliche Propheten getroffen hatte, auf seiner Pilgerreise nach Mekka an einem Dienstagmorgen Ende Dezember 1971 nämlich. Da sei, berichtet Khalifa, seine Seele entführt worden an einen unbekannten Ort, und dort sei jeder einzelne Prophet zu ihm gekommen und habe ihn angesehen, Moses, Jesus, Mohammed, alle waren sie da. Und einer sei dabei gewesen, der kam ihm bekannt vor, der sah so aus, als sei er mit ihm verwandt, und er fragte sich: »Wer ist dieser Prophet, der aussieht wie meine Verwandten?«, und die Antwort kam: »Abraham.« Auch Rashad Khalifa war also ein Mitglied der Familie Abraham, dieser höchst einflussreichen Dynastie mit besten Kontakten nach ganz oben.

Mit dieser Verkündung hatte sich Khalifa allerdings etwas weit aus dem Fenster gelehnt, und man kann sich vorstellen, dass er sich damit im islamischen Establishment keine Freunde machte. Sich selbst zum Botschafter und Bekannten der Propheten zu erklären, das muss man sich erst einmal trauen. Zumal er nebenbei noch den Islam, wie man ihn vor Khalifa kannte, empfindlich umkrempeln wollte. Denn weil nur der Koran so kunstvoll kodiert war, konnte auch nur allein der Koran als Grundlage der Religion gelten, und nicht die im herkömmlichen Islam wichtigen Beschreibungen des Lebens des Propheten, deren Beispiel der Muslim folgen soll. Je nach Glaubensrichtung beziehungsweise Traditionslinie innerhalb des Korans gelten hier unterschiedliche Schriften. Khalifa lehnte sie alle ab.

Ach ja: Und dann baute Rashad Khalifa auch noch seinen eigenen Namen in den Koran ein. Von da an ging es rapide bergab mit seiner Popularität in der muslimischen Welt. Er wurde geschmäht, es wurde ihm Kindesmissbrauch vorgeworfen, er wurde per Fatwa des Ajatollah Khomeini zum Ungläubigen und Gotteslästerer erklärt[13] und war damit praktisch vogelfrei. Am 31. Januar 1990, einem Mittwoch, wurde er erstochen – angeblich von muslimischen Extremisten.

Wer nicht glauben will, muss fühlen: Wie der Islam nach Mekka kam

Mohammed hatte anfangs Probleme, seine Mitmenschen von der Göttlichkeit seiner Eingebungen zu überzeugen. Der erste Mensch, der ihm glaubte, war seine Frau, erst später wuchs der Kreis seiner Anhänger über die Familie

13 Zur selben Zeit wurde der Schriftsteller Salman Rushdie mit einer Fatwa faktisch zum Tode verurteilt, weil er in seinem Buch »Die satanischen Verse« unterstellte, einige Suren, die Mohammed als Einflüsterungen des Satans verworfen hatte, seien doch vom Erzengel Gabriel gekommen.

hinaus. Die meisten der damaligen Bewohner von Mekka hielten jedoch nicht viel von Mohammeds Weisheiten. Die strengen Lebensregeln des von Gott instruierten Warners aus der Höhle waren nicht sonderlich populär, und als seine Frau und sein Onkel starben, verließen Mohammed und seine Anhänger Mekka, weil sich das dortige Establishment von Mohammeds Monotheismus bedroht fühlte und es auch schon zu Handgreiflichkeiten gekommen war.

In dem etwa 380 Kilometer nördlich gelegenen Ort Yathrib zeigten sich die Einwohner aufgeschlossener und waren sogar bereit, vertraglich die Sicherheit Mohammeds und seiner Leute zu garantieren. Also machte er sich am 16. Juli 622 (1. Muharram) auf die Reise[14]. Einige seiner Anhänger waren bereits in Richtung Äthiopien ausgewandert, andere wohnten schon seit einiger Zeit in Yathrib. Hier konnte sich Mohammed mit seiner laufend durch neue Eingebungen aktualisierten Religion etablieren. Bald unternahm Mohammed von seiner in Medina (»die Stadt

14 Die islamische Zeitrechnung beginnt.

des Propheten«) umbenannten Wahlheimat erste Angriffe auf die in Mekka und bei der Vielgötterei verbliebenen Stämme – immer mit dem Ziel, den Glauben an den einzigen Gott zu verbreiten. Nach wechselhaften Schlachten konnte er Mekka und damit die heiligen Stätten Kaaba und Zamzam schließlich erobern. Noch zu Lebzeiten Mohammeds war die gesamte arabische Halbinsel islamisch. Und von hier aus zog die islamische Idee von Sieg zu Sieg.

Mohammed starb am 10. Rabi al-Awwal 11[15] im Alter von 62 Jahren in Medina. Leider hatte er vorher keine Anweisungen getroffen, wer einmal sein Nachfolger sein sollte. Obwohl er nach dem Tod seiner geliebten ersten Frau mehrfach und zunehmend gleichzeitig verheiratet war, hinterließ er keinen männlichen Erben. So spaltete sich seine Religion kurz nach Mohammeds Tod auf: Die einen waren dafür, einen seiner engsten Vertrauten zum religiösen und politischen Anführer zu machen, und wählten Abu Bakr zum ersten Nachfolger des Gesandten Gottes, Kalif genannt. Seine und seiner Nachfolger Anhänger sind die heutigen Sunniten. Die anderen wollten, dass die Macht in der Familie Mohammeds bleibt – allen voran Mohammeds jüngste Tochter aus erster Ehe, Fatima, verheiratet mit Ali, dem ersten Mann, der an die Eingebungen des Propheten geglaubt hat, und zwar bereits als Neunjähriger. Einen treueren Fan konnte es nicht geben. Er sollte der rechtmäßige Nachfolger Mohammeds sein. Seine und seiner Nachfolger Anhänger sind die heutigen Schiiten. Das endgültige Zerwürfnis von Sunniten und Schiiten ist

---

15 Beziehungsweise am Freitag, dem 8. Juni 632 nach der Geburt von Mohammeds populärem Vorgängerpropheten Jesus.

der Legende nach entstanden, nachdem der dritte Kalif umgebracht wurde. Aisha, die jüngste Witwe Mohammeds und Tochter des ersten Kalifen Abu Bakr, streute Gerüchte, nach denen Ali und Fatima den Kalifen hätten ermorden lassen, damit Ali Kalif anstelle des Kalifen werden könne. Es folgten unschöne bewaffnete Familienauseinandersetzungen, die mancherorts bis heute andauern.

Unter Glaubensbrüdern (1):
Hartmut, der Doktor des Friedens

»Was meinst du: Sollten wir besser Sunniten oder Schiiten werden?«, frage ich meine Frau. Sie hat gerade unseren Sohn gestillt und reicht ihn mir, damit ich ihm einen Rülpser entlocke. »Ich glaube nicht, dass ich dabei mitmachen werde. Wenn du unbedingt gläubig sein willst, bitte schön. Aber ohne mich«, sagt sie. »Denk doch mal nach!«, sage ich, denn es gefällt Gott, wenn ich Ungläubige bekehre. Die guten Taten eines durch mich Bekehrten werden mir am Tage der Abrechnung angerechnet. Fette Beute für mein Bonuspunkteprogramm fürs Paradies. »Das hätte nur Vorteile für dich. Du kommst nach deinem Tod ins Paradies.« »Und dafür muss ich hier einen Schleier tragen und alles tun, was du sagst, weil du mich sonst verprügeln darfst? Nein danke!«

Da ist sie der westlichen Propaganda aufgesessen. Ganz im Gegensatz dazu verbietet mir als Muslim das Wort Gottes ausdrücklich, sie zu verprügeln. Nur in dem einen Fall, dass sie mir fortgesetzt untreu wäre, dürfte ich, um die Scheidung zu vermeiden, Ratschläge erteilen, sie auch beschimpfen, und wenn alles nichts hilft, auch, na ja, züchtigen – aber nur mit einem »nichtschmerzenden« Schlag. Einem Klaps. Und ansonsten dürfte ich ihr keinerlei Vorschriften machen, die über das hinausgehen, was sowieso ihre Pflicht als meine Ehefrau wäre: mein Eigentum und mein Privatleben zu schützen. Und ihre Treue zu mir zu bewahren. Ich wäre komplett für den Unterhalt der Familie verantwortlich, sie könnte mir sogar das Stillen unseres Sohnes in Rechnung stellen. Und wenn sie sich entscheidet, selbst Geld zu verdienen, was ich ebenfalls nicht von ihr verlangen darf, dann kann sie dieses Geld allein für sich verwenden und muss keinen Cent in die Haushaltskasse zahlen. Es wäre mir bei Höllenstrafe verboten, mit einer anderen Frau zu schlafen, die mir nicht nach den Regeln des Islam erlaubt ist.

»Erlaubt? Nach welchen Regeln des Islam?« Ich muss zugeben: Da gibt es Möglichkeiten für Männer, sich auszuleben. Mir als Mann ist es nach dem Koran erlaubt, mit bis zu vier Frauen gleichzeitig verheiratet zu sein. Voraussetzung ist allerdings, dass ich alle versorgen kann. Doch auch für Männer, die sich keine vier Haushalte leisten können, ist gesorgt – jedenfalls bei den Schiiten. Hier gibt es die Ehe auf Zeit. Sie erlaubt, heimlich eine beliebige Frau oder beliebig viele Frauen gegen eine vorher vereinbarte Zahlung für einen vorher vereinbarten Zeitraum (von einer Stunde bis zu neunundneunzig Jahren) zu heiraten. Während dieser Zeit ist sie mir »erlaubt«, danach gibt es keinerlei Verpflichtungen mehr zwischen uns. Die Zeit-Ehe heißt Mut'a-Ehe, was so viel wie »Ehe des Genusses« bedeutet. Im streng sunnitischen Saudi-Arabien allerdings gilt so etwas naheliegenderweise als Prostitution, und alle Beteiligten werden hingerichtet.

»Betrachte mich in dieser Hinsicht als saudische Sunnitin«, sagt meine Frau. »Na gut«, sage ich. »Aber dann musst du dich auch an die dortigen Gepflogenheiten halten und dich in der Öffentlichkeit komplett verschleiern. Sonst setzt es was.« Sie äußert sich in nicht zitierfähiger Weise. »Ich sehe schon, du glaubst nicht.« »Und du? Du glaubst doch nicht im Ernst, dass du glaubst? Du kannst es doch nicht einmal einen einzigen Tag aushalten ohne Schweinebraten und Weißbier.« »Das werden wir ja sehen. Und jetzt gehe ich zu meinen Brüdern im Geiste, zu meinen Vorbildern im Glauben«, sage ich ihr und erhebe mich. »Du aber bleibe hier und hüte unseren Sohn. Bis ich wiederkehre, schütze mein Eigentum und bewahre deine Treue zu mir.« »Das hättest du wohl gerne«, sagt sie, doch ich überhöre dieses Bemerkung und mache mich auf die Suche nach einem Ort, wo man mich besser versteht.

Das ist allerdings gar nicht so einfach. Zwar hat Bundespräsident Christian Wulff zur Einheitsfeier 2010 verkündet, der Islam gehöre »mittlerweile auch zu Deutschland«[16] – aber wo sind sie, die deutschen Muslime? Wir leben zwar in Berlin-Kreuzberg, und hier gibt es zahlreiche Moscheen, die von eingewanderten Türken gegründet worden sind, man kann sie besichtigen[17], sich den Islam von freundlichen Öffentlichkeitsbeauftragten erklären lassen und auch bei einem Gebet zusehen. Ein Problem aber bleibt: Die Umgangssprache ist Türkisch, und wer das nicht versteht, versteht kein Wort, weder bei der Predigt noch beim anschließenden geselligen Beisammensein in der Teestube. Viele der Vorbeter, Imame genannt, werden von der türkischen Religionsbehörde nach Deutschland geschickt und sprechen oftmals die hiesige Sprache nicht.

Durch Gottes Fügung finde ich dann aber doch noch die »Islamische Gemeinschaft deutschsprachiger Muslime Berlin« (IGDMB) bei Google. Sie nennt sich auf ihrer Homepage »dialog-offen« und »der Gesellschaft zugewandt«[18]. Das klingt doch nicht schlecht. Ihr Gründer und Vorsitzender heißt Mohammed Herzog. Er hat Zeit für mich.

16 Worauf ihm der frischgebackene Innenminister Hans-Peter Friedrich ganz im gefühlten Sinne seiner CSU-Parteifreunde widersprach: »Dass aber der Islam zu Deutschland gehört, ist eine Tatsache, die sich auch aus der Historie nirgends belegen lässt.« Das mag ihm die eine oder andere Sympathie von islamophoben Zeitgenossen eingebracht haben, ist aber trotzdem nicht richtig. Wenn Friedrich schon von »der Historie« spricht, sollte er auch wissen, dass Europa eben nicht ausschließlich christlich-jüdisch geprägt ist. Das wissenschaftliche und philosophische Werk der Antike, für die abendländische Kultur von größter Bedeutung, ist vor allem durch die islamische Welt über das Mittelalter gerettet worden, weil man es im christlichen Europa damals vorgezogen hat, solchen heidnischen Unfug zu ignorieren, zu verbieten oder zu verbrennen.

17 Nicht nur am »Tag der offenen Moschee«.

18 http://www.allaha.de/index.php/ueber-uns (abgerufen im Mai 2011).

Als ich in Herzogs »Interkulturellem Haus«, einem kleinen Kulturzentrum in einer Seitenstraße in Berlin-Schöneberg, ankomme, ist der Amir, der Anführer, gerade noch beim Frühstück. Er sitzt in der Cafeteria, sortiert die Post und gibt Anweisungen an drei Frauen, die hier offenbar für die Bewirtschaftung zuständig sind. »Geht ihr bei Aldi? Könnt ihr mir Wasser mitbringen?«, fragt Herzog, ein unüberhörbarer Ur-Berliner von vierundsechzig Jahren mit Glatze, Brille und Bart. Früher hieß er nur Hartmut mit Vornamen. Er nimmt einen Schluck Kaffee und entdeckt eine Tasche, die eine der Frauen an die Rückenlehne eines Stuhls gehängt hat, es ist eine Einkaufstasche aus einer Parfümeriekette. Eine Frau im knappen Badeanzug ist darauf zu sehen, von hinten. »Dreh mal um, die Tasche!«, ruft der Amir, und dann, gespielt enttäuscht: »Ist ja hinten detselbe drauf wie vorne, dit ist ja Betrug!« Und beißt in sein Wurstbrötchen. Nach dem Frühstück bittet er in sein Büro.

Imam, erklärt Herzog, heiße er heute nur noch ehrenhalber, denn vorbeten könne er nicht mehr: »Ich komme nicht mehr auf den Boden. Das heißt, ich komme schon runter, aber nur einmal, und dann komme ich nicht mehr hinauf.« Er zwinkert lustig mit den Augen und zündet sich ein Zigarillo an. Um was es mir denn ginge, will er wissen. Um den Islam, den richtigen, sage ich. Na ja, sagt Herzog, das kommt darauf an, ob man Sunnit ist oder Schiit. Und dann darauf, welcher Rechtsschule man angehört, da gibt es dann wieder verschiedene. Mal heißt es zum Beispiel, man muss fünfmal beten, aber dann gibt es auch welche, die sagen, man müsse nur dreimal. Man könne von der einen Rechtsschule das eine nehmen und von der anderen etwas anderes. »Aber ich finde das nicht richtig«, sagt Herzog. »Denn wenn ich jetzt sage, bei denen steht über das was Besseres drin, dann nehme ich das, und bei dem steht wieder was Besseres drin, dann nehme ich den. Der eine sagt, man muss ein Kopftuch tragen. Der andere sagt, man muss nicht. Da sage ich: Nun gut.«

Denn an erster Stelle stehe bei den Muslimen der Koran[19], und da spiele es keine Rolle, ob Sunnit oder Schiit. Und dann käme die Sunna des Propheten Mohammed, also das, was er gesagt und getan hat. Davon handeln die Hadith-Bücher. »Deswegen sagt man: Wir Muslime leben nach dem Koran und der Sunna. Maßgebend ist der Koran. Wenn ich wirklich nicht genau weiß, was sagt der Koran darüber, dann kann ich in den Hadith-Büchern nachschauen. Zum Beispiel steht im Koran nicht, wie man zu stehen hat beim Gebet. Das liest man aus der Sunna des Propheten.« Und was das Kopftuch betrifft: »Der Islam sagt nicht, dass die Frau ein Kopftuch tragen muss. Das Arabische kannte in der damaligen Zeit gar kein Wort für Kopftuch. Heute werden sie schon ein Wort dafür haben, das ist klar.« Er zündet sich ein weiteres Zigarillo an.

Mohammed Herzog war, bevor er zum Islam gefunden hat, ein überzeugter Christ, aufgewachsen in einer protestantischen Familie. Als junger Mann schloss sich der damalige Hartmut Herzog dem Baptisten-Prediger Billy Graham an, dem »Maschinengewehr Gottes«. Im Auftrag des Baptisten missionierte Herzog in Österreich, Belgien, Holland, Dänemark, Frankreich, England und schließlich in der Türkei. Als die Baptisten auch in arabischen Ländern missionieren wollten, wurde Herzog die Sache zu heikel. Schon in der Türkei war man nicht erfreut über die Missio-

---

19 Ist Ihnen schon aufgefallen, dass es sich hierbei um die 19. Fußnote handelt? Hat aber wohl nichts zu bedeuten.

nare gewesen und hatte Herzog und seine Gruppe verhaftet. Er beschloss, nach Berlin zurückzukehren, und arbeitete zwei Jahre lang in einem evangelischen Krankenhaus als Pfleger, wurde dort wieder Lutheraner und lernte als evangelischer Gemeindehelfer einige Türken kennen. Sie inspirierten ihn dazu, den Koran zu lesen.

Herzog reiste mehrmals nach Jordanien und konvertierte dort 1979 zum Islam. Die Hadsch hat er noch nicht angetreten. Er sei kein Freund großer Menschenansammlungen, sagt er. Er habe ja schon »Angst, wenn die Hertha spielt«. Was er im Koran las, fand er von Anfang an einleuchtend. Keine spektakuläre Auferstehung vom Kreuz, an die hatte er schon in seinem früheren Leben als Christ schwer glauben können. Keine seltsame Dreifaltigkeit, viel zu kompliziert. Der Koran war viel einfacher: ein Gott, ein Buch, und er, Mohammed Herzog. Ganz praktisch.

»Zum Beispiel die Speisevorschriften«, sagt Mohammed Herzog, »die sind bei uns eigentlich am leichtesten. Wir können alles essen, da spielt es keine Rolle, auf welchem Teller ich das esse, bei uns heißt es nur: kein Schweinefleisch und kein Alkohol. Ist eigentlich ganz einfach. Es kann Ihnen zwar passieren, dass Sie zu Muslimen kommen und dann Schweinefleisch vorgesetzt bekommen – aber sehr selten. Alkohol ja, das sehen sie nicht so eng.« Dabei könne man die Einhaltung der islamischen Speisevorschriften durchaus genussvoll gestalten: »Es gibt auch Leberwurst vom Rind.« Dafür müsse man allerdings beim jüdischen Metzger einkaufen, »der hat Wurstsorten, das gibt es gar nicht«. Und stelle sie praktischerweise auf mit dem Islam vollkommen vereinbare Weise her. Traurig hingegen das türkische Wurstangebot, sagt Herzog: »Die haben drei Sorten, und alle schmecken wie die erste, sieht nur die Farbe anders aus.« Auch bei Christen zu essen verbiete der Islam nicht, es sei nur jeweils der Segensspruch »Bismillah« über dem Rindfleisch zu sprechen, »dann ist es doch egal, ob das nun ausgeblutet ist oder nicht.«

Das Telefon klingelt. Ein Mann will sich von Herzog trauen lassen, die Ehefrau will vorher noch schnell konvertieren. Vom Mann liegen von der letzten Hochzeit noch alle Unterlagen vor? Mal nachsehen. Mohammed Herzog erhebt sich und geht zu einem großen Aktenschrank, sucht den richtigen Ordner des richtigen Jahrgangs. Tatsächlich, vom Gatten ist noch alles da. Die Frau soll eine Geburtsurkunde mitbringen, zwei Passbilder und die Bescheinigung über den Austritt aus der Kirche. Den nötigen Zeugen könne er selbst machen.

Herzog verheiratet Muslime auch mit Juden oder Christen, wichtig ist nur der gemeinsame Ein-Gott-Glaube. »Es steht nicht da, er muss übertreten. Das ist eine Auslegungssache.« Ja, aber kommen dann beide ins Paradies? »Du lebst dreißig Jahre mit einer Frau zusammen und sollst sie dann nicht im Paradies wiedersehen? Was wäre das denn für ein Gott?« Gott, nach der Auffassung von Mohammed Herzog, ist da nicht so, und dem Gläubigen ist wenig zu verbieten. Was Herzog jedoch nicht tun kann: schwule oder lesbische Paare muslimisch trauen. Damit käme er in Teufels Küche. »Im Islam ist das leider verboten«, sagt Herzog. »Aber nun gibt es nun mal solche Leute. Nun muss ich ja nicht sagen, die sind krank und ich will mit denen nichts zu tun haben.« Und wenn ein Homosexueller den Wunsch hat, Muslim zu werden? »Bitte schön, dann soll er doch Muslim werden. Das soll nicht gehen? Aber das muss der doch selbst verantworten vor Gott, nicht ich.« Jeder Gläubige, sagt Mohammed Herzog, sei für sich selbst verantwortlich: »Es ist immer eine Sache zwischen sich selber und Gott.«

Die Islamische Gemeinschaft Herzogs, erfahre ich, ist eine außerordentlich tolerante Gemeinde. Wenn Frauen und Männer hier getrennt sitzen, dann nur, weil sie mit ihren Schwestern und Brüdern im Glauben ungestört vom anderen Geschlecht plaudern wollen. Der Islam wird so ausgelegt, dass er in Einklang mit den Gepflogenheiten des jeweiligen Heimatlandes gelebt werden kann. Wer als Deutscher Muslim wird, bleibe doch Deutscher. Auch werde kein Mensch vom Koran gezwungen, Pluderhosen zu tragen oder seltsame Hüte. Das Beste sei sowieso, sagt Herzog, nicht zu sehr nach den Traditionen zu leben, sondern nur nach den wirklich religiösen Vorschriften. Und kann man hier auch zum Beten herkommen und seine Predigt hören? Nein, sagt Herzog, das mache er nicht mehr. Die Gläubigen seiner Gemeinde gehen zum gemeinschaftlichen Freitagsgebet mit deutscher Predigt in die Bilal-Moschee nach Berlin-Wedding oder in die Al-Nur-Moschee nach Berlin-Neukölln.

Bei Mohammed Herzog könnte ich sofort konvertieren, könnte vor ihm als Zeugen das Glaubensbekenntnis aussprechen und bekäme von ihm ein in der arabischen Welt anerkanntes Zertifikat, das mich als Muslim ausweist. Aber etwas hält mich zurück. Die Sache hier kommt mir nicht ganz halal[20] vor. Das klingt alles viel zu einfach. Das hier ist seit dreißig Jahren in Deutschland praktizierter, völlig unkomplizierter Islam. Kein Gotteskrieg, keine Bomben, keine Abspaltung von der Mehrheitsgesellschaft, auch keine Frauen werden unterdrückt, mal abgesehen von Gelegen-

20 Bzw. koscher.

heiten, bei denen Mohammed Herzog sie zu Aldi schickt, um ihm von dort schwere Mineralwasserflaschen herbeizuschaffen. Irgendwie zu schön, um wahr zu sein.

Und dann ist mir da noch etwas aufgefallen: die seltsamen Diplome und Zertifikate, die Herzog an der Wand seines Büros hängen hat und die ihn als Ehrendoktor sowie als Botschafter des Friedens ausweisen. Auf einem Tisch in der Ecke liegen Flyer, die für den überreligiösen Weltfrieden werben.

Nun ist überreligiöser Weltfrieden an sich eine sehr schöne Sache. Allerdings ist sie auch das Markenzeichen der Bewegung des koreanischen Religionsgründers Sun Myung Moon. Die sogenannte Moon-Sekte ist bekannt für ihre Massentrauungen, hält ihren Anführer für den Sieger des Universums und den Herrn der Schöpfung, besitzt im Diesseits Anteile an einer nordkoreanischen Autofabrik und kontrolliert angeblich den gesamten Handel mit Sushi in den USA – und das ist längst nicht alles, es würde nur zu weit führen, sämtliche Beteiligungen und Besitztümer des international agierenden Moon-Konzerns aufzuzählen. Was Moon hier dann zu suchen hat? Nun ja. Eine seiner zahlreichen Organisationen ernennt auch »Friedensbotschafter«, und seine »Universal Life Church, Inc.« verleiht ehrenhalber den Titel »Doctor of Divinity«.

Man kann Mohammed Herzog nicht den Vorwurf machen, dass er ein Geheimnis daraus machen würde, woher er seinen Doktorhut hat – die Urkunde prangt stolz auf der Webseite seiner »Islamischen Gemeinschaft«[21], man muss sie nur lesen. Auf Nachfrage sagt Herzog freimütig, er sei

---

21 http://www.allaha.de/index.php/ueber-uns/igdmb-vereinsvorstand/auszeichnungen (abgerufen im Mai 2011).

zwar kein Mitglied von Moons Vereinigungskirche, aber Friedensbotschafter. Ich habe es hier also nicht nur mit einem islamischen Gelehrten, sondern auch mit einem schrulligen Botschafter der Moon-Sekte zu tun. Hier bin ich falsch. So wird das nichts mit den Jungfrauen. Schnell weg.

Unter Glaubensbrüdern (2): Der komische Vogel

Ich weiß jetzt, was ich zu tun habe. Ich muss dorthin, wo sich die härtesten Muslime von Berlin treffen. Das kann nur in Neukölln sein, dem härtesten Stadtteil von Berlin. Wie hatte Herzog gesagt? Al-Nur-Moschee? Da muss ich hin. Kurz vor der Autobahn nach rechts abbiegen. Ein trostloses Industriegebiet. Hier hat Philip Morris eine Zigarettenfabrik. Auf dem Dach dreht sich ein riesiger Marlboro-Cowboy. Gegenüber ist die Moschee. Gerade strebt ein Paar dem Eingang zu. Der Mann trägt ein wallendes Gewand, einen dichten schwarzen Bart und eine weiße Häkelkappe. Die Frau ist in einen aparten cremefarbenen Ganzkörperschleier gehüllt. Hier bin ich richtig. Draußen bauen zwei Bärtige Büchertische auf. Ob ich mir wohl den Vortrag anhören darf?

Heute spricht hier Pierre Vogel aus Bonn, »einer der bekanntesten Islam-Prediger Deutschlands« (Eigenwerbung), im Internet aktiver Wanderprediger, ehemaliger Profiboxer, Mitte dreißig, fließend Arabisch sprechend und sehr erfolgreich dabei, junge Leute mit oder ohne Migrationshintergrund zu streng gläubigen Muslimen zu machen. Er sammelt Geld, um eine Million Flyer zu drucken. Jeder Mensch in Deutschland soll eine »Einladung zum Paradies« bekommen. Wenn ihm Gehirnwäsche vorgeworfen wird, nimmt Vogel das als Kompliment – denn er will die Gehirne tatsächlich reinwaschen von den falschen Einflüssen der Welt und sie füllen mit dem wahren Glauben. Pierre Vogel will alle retten.

Drinnen hocken schon gut fünfzig Männer auf dem Teppich, weit hinten in der langgezogenen Moschee, die vorher eine Industriehalle gewesen ist. Viele andere wuseln im Eingangsbereich. Die meisten haben einen Bart. Ich habe keinen Bart. Ich trage auch keine Pluderhosen und keine Kappe. Ich ziehe meine Schuhe aus. Die Jacke hänge ich, da schon in Socken, an einen Haken an der Wand. Es ist ein bisschen kühl. Und schon juckt es in der Nase. Ungefragt bietet mir ein junger Mann ein Taschentuch an. Er gibt mir zur Sicherheit gleich zwei. Und gleich fühle ich mich nicht mehr ganz so fremd, denke ich für einen Moment, aber dann: Ich soll mich gleich nicht mehr fremd fühlen, darum reicht der mir ein Taschentuch.

Ich gehe die zwanzig Meter nach vorne, um später einen guten Blick auf Pierre Vogel zu haben, schaue mich um, es sind überwiegend junge Männer mit Migrationshintergrund, und gedankenlos schneuze ich meine Nase, und noch während ich es tue, fährt es in mich wie ein Blitz: Schneuzen! In der Moschee! Zwanzig Augenpaare richten sich auf mich. Meine Tage sind gezählt. Zwei durchtrainierte junge Männer in weit geschnittener Sportbekleidung stehen auf. Sie kommen in meine Richtung. Und gehen vorbei. Mit lächelndem Blick. War doch nicht so schlimm. Erst mal beruhigen. Hinsetzen.

Der Teppich ist weich. Er duftet. Nicht etwa nach dem Schweiß der Unbeschuhten, sondern nach orientalischem Parfum. Meine Handflächen riechen bereits danach. Es werden immer mehr Menschen. Vielleicht zweihundertfünfzig Männer hocken jetzt auf dem Boden, schwatzen, warten. Ein älterer Mann mit grauem Bart in einem wallenden weißen Gewand hat sich gleich in meiner Nähe auf einen der wenigen Plastikgartenstühle gesetzt. Er hat eine Tasche dabei, aus der zieht er ein digitales Aufnahmegerät und einen Klemmblock, den legt er sich auf den Schoß. Er sieht aus wie ein wichtiger Mann. Lächelnd und nach allen Seiten nickend grüßt er die Umsitzenden, von manchen wird er per Handschlag begrüßt. Auch mich lächelt er an, aber es ist ein musterndes Lächeln. Ich lächle zurück, aber gleichzeitig bekomme ich schon wieder Angst. Was ist das für ein Mann? Ein Gelehrter? Der Chef des Moscheevereins? Oder irgendwer Schlimmes? Im Fernsehen bedeuten solche Männer selten etwas Gutes. Jetzt setzen sich zwei vermutlich Deutsche in seine Nähe, gleich vor mich, sie wirken so deplaziert wie ich: ein untersetzter, bulliger Mann über fünfzig, der aussieht, als hätte er schon mehrere Jahre im Gefängnis gesessen oder aber noch länger Gefangene bewacht, und mit ihm ein junger, vielleicht dreißig, Glatze, Ohrring, sportlich. Sind die vom BKA?

Ausgeschlossen ist das nicht. Immerhin ist die Al-Nur-Moschee schon durchsucht worden, weil hier arabische Studenten für Terroranschläge angeworben worden sein sollen. Der damalige Vorbeter Salem El Rafei ist verhaftet worden, allerdings wurde der Verdacht der Staatsanwaltschaft nicht bewiesen, er habe die Moschee als Trainingshalle für Nahkampfübungen zur Verfügung gestellt. Er galt als gefährlicher Radikaler, sein Einbürgerungsantrag wurde abgelehnt, er soll den Feinden des Islam die Hölle und den islamistischen Kämpfern in Palästina, Tschetschenien und im Irak alles Gute gewünscht haben. Zwei Jahre später haben die Behörden den Umstand ausgenützt, dass

Salem El Rafei in seine alte Heimat, den Libanon, verreiste. Bei der Rückreise verweigerte ihm der Staat den Grenzübertritt. Seine Aufenthaltsgenehmigung sei abgelaufen, weil er keine gültige Wohnadresse vorweisen konnte.

Das Geld für Erwerb und Umbau der öden Fabrikhalle in die Al-Nur-Moschee stammt von einem Mann, der, bevor das Grundstück auf seinen Namen übertragen wurde, auf die Terrorliste der USA geriet[22]. Das Geschäft wurde vom Staat eingefroren. In der Al-Nur-Moschee wird der Salafismus praktiziert, eine Ausprägung des Islam mit strenger Orientierung an den sogenannten »Altvorderen«, ein nach eigenem Verständnis purer, unverfälschter Islam. Der Wahhabismus, die saudi-arabische Staatsreligion, ist eine Spielart des Salafismus. Die Ganzkörper- inklusive Gesichtsverschleierung ist in Saudi-Arabien selbstverständlich, ebenso scheint sie es in der Al-Nur-Moschee zu sein. In Saudi-Arabien dürfen Frauen kein Auto steuern und keinen Umgang mit Männern pflegen, die nicht mit ihnen verwandt sind. Es gelten die Strafen der Scharia für Alkoholkonsum, Unzucht und die Ausübung einer anderen Religion, und Glück hat, wer nur öffentlich ausgepeitscht wird. Im Extremfall gilt die Todesstrafe. Aus den Reihen der Wahhabiten stammen die meisten islamischen Selbstmordattentäter. Pierre Vogel hat in Saudi-Arabien studiert und dort, wie er in einer Talkshow sagte, einen jungen Mann aus der späteren »Sauerland-Gruppe« kennengelernt, der Gruppierung, die einen verheerenden

22 Auf dieser Liste stehen mittlerweile ungefähr eine Million Namen; viele Personen sind mehrfach oder falsch erfasst, weil die Transkription arabischer Namen so ihre eigenen Probleme mit sich bringt. Von der Liste wieder herunterzukommen ist praktisch unmöglich, eine richterliche Überprüfung findet nicht statt.

Bombenanschlag in Deutschland geplant hatte, aber noch rechtzeitig aufgefallen und verhaftet worden ist. Vogel sagt, er habe dem jungen Mann damals schon vom Terrorismus abgeraten.

Da kommt er. Pierre Vogel schreitet in langem schwarzen Gewand, eine schlichte Kappe auf dem Kopf, langer, rötlicher Bart. Vogel braucht eine Weile, bleibt oft stehen, schüttelt Hände, dann ist er vorne und nimmt am Rednerpult Platz. Den Alten mit dem Klemmblock begrüßt er persönlich. Heute spricht er über die Sünde der Unzucht. Er redet anderthalb Stunden, zusammengefasst lautet die Botschaft seiner mit vielen Koranversen gespickten Predigt: Kein Sex vor der Ehe, sonst Hölle. Selten hat man jemanden dieses Thema so ausschmücken hören wie den begabten Religionsentertainer Vogel. Es darf gelacht werden, wenn er davor warnt, allein mit einer Frau zu sein und dann »reinzurutschen« – in die Sünde selbstverständlich. Denn es droht die schreckliche Hölle. Aber bitte, wer unbedingt sündigen wolle, dem mache er ein Angebot: Dreißig Sekunden müsse man in einem glühend heißen Ofen verbringen. Danach könne man für den Rest seines Lebens »Halligalli machen«. Wer, fragt Vogel, würde so ein Angebot annehmen? »Ich«, ruft tatsächlich einer. Alle lachen. Pierre Vogel sagt: »Du bist noch jung. Du kennst den Ofen nicht.«

Vogel kommt häufig etwas vom Thema ab, er redet offensichtlich sehr gerne und gibt Anekdoten aus seinem Leben zum Besten, die Gottes Allmacht illustrieren sollen. Einmal zum Beispiel, da sei er noch ein frisch konvertierter Muslim gewesen und längst nicht so gefestigt wie heute, da wurde er auf eine Party eingeladen, aber er wusste schon, dass dort Alkohol getrunken würde, ein Ort also, den es für ihn zu meiden galt. Doch er wollte trotzdem hin, redete sich ein, etwas Gutes zu tun, wenn er vielleicht einige der anderen Partygäste für den Islam interessieren könnte. Doch dann, er war gerade losgefahren, riss der Keilriemen seines Autos. Damit konnte keiner rechnen. Für Vogel war das ein Zeichen, dass Gott ihn vom Ort der Sünde fernhalten wollte.

Und weil er gerade bei Gottes Verkehrsplanung ist, erzählt er auch noch die Geschichte vom bereits verpassten Flugzeug, das er dann doch noch erreichte, ein etwas kompliziertes Reiseerlebnis in Saudi-Arabien, das Vogel begeistert in aller Ausführlichkeit schildert, wo das Flugzeug zwischenlandete, wo er hinflog, um es doch noch zu erreichen, die abenteuerliche Geschichte eines Weitgereisten, lange Rede, selbe Botschaft: Vogel war in Saudi-Arabien. Und außergewöhnliche Dinge geschehen, wenn Allah das will. Darum kehre um, Mensch, noch heute, mach einen Schritt hin zu Gott, und Gott wird dir entgegenkommen. Halte dich fern von der Sünde! Denn während du sündigst, bist du kein Gläubiger mehr, und wer als Ungläubiger stirbt, kommt in die Hölle. Und wie schnell kann das gehen! Stell dir vor, du bist auf der Straße, ein Lkw-Fahrer passt nicht auf, die Lkw-Fahrer sind sowieso die Gefährlichsten, viel mehr Leute sterben durch Lkw-Fahrer als durch Bomben von Terroristen, der Lkw-Fahrer pennt – und du bist tot, bumms!

In der Pause schleiche ich durch die Moschee und versuche nicht aufzufallen, was mir aber nicht gelingt. Ich streife am Rand entlang, übe den gesenkten Blick, der Pierre Vogel zufolge dem anderen Geschlecht gegenüber angewandt werden soll, und begutachte den umfangreichen Moschee-Bücherladen, wo es wahhabitisch inspirierte Fachliteratur für alle Lebenslagen gibt, neben Büchern über die islamische Kindererziehung auch einen Ratgeber, der die zentrale Regel schon im Titel trägt: »Scheidung! Scheidung! Scheidung!«[23] Im Moschee-Shop nebenan wird alkoholfreies Duftwasser verkauft. Es herrscht reger Andrang. Gegenüber gibt es noch einen Verkaufsstand für Süßigkeiten und Getränke, aber der ist leider nicht besetzt.

Ziellos schlendere ich in der Moschee umher, suche mir eine Ecke und blättere das Büchlein durch, das ich mir am Büchertisch für zwei Euro fünfzig gekauft habe: »Ein kurzer illustrierter Wegweiser, um den Islam zu verstehen«, neunzig Seiten, bunt illustriert – da steht eigentlich alles drin, was man wissen muss. Zum Beispiel weitere Beweise dafür, dass der Koran tatsächlich Gottes Wort ist. Zwar kein Wort über die Entdeckung Rashad Khalifas, dafür jedoch einleuchtende Beispiele der wissenschaftlichen Genauigkeit der über eintausendvierhundert Jahre alten Offenbarung.

Laut dieser Broschüre ist der Koran in praktisch allen wissenschaftlichen Disziplinen seiner Zeit weit voraus, so auch in der Geologie (Berge sind wie Pflöcke), Kosmologie (Himmel und Erde sind aus demselben Feinstaub), Neurologie (die Fähigkeit zur Sünde sitzt direkt hinter der Stirn), und ich lese gerade, was der Koran über die moderne Meeres- und Wolkenkunde zu sagen hat, da steht plötzlich vor mir ein junger Mann, er ist sehr groß und trägt selbstverständlich einen Bart. Und ein breites Lächeln

---

23 Tatsächlich genügt es formal, dreimal die Trennung zu verkünden, um eine muslimische Ehe aufzulösen. Allerdings nur für den Ehemann – zwar ohne Pflicht zur Begründung, aber doch nicht jederzeit. Neuerdings auch per SMS. Für Frauen, die sich scheiden lassen wollen, ist das zwar ebenfalls möglich, aber wesentlich komplizierter.

im Gesicht. Ob ich zum ersten Mal hier sei? Wir kommen ins Gespräch. Er ist Palästinenser, sagt er, aber in Deutschland geboren. Und, ja, die Moschee sei zufällig genau richtig auf Mekka ausgerichtet, obwohl sie vorher eine Fabrikhalle gewesen sei. Und er könne schon verstehen, dass die Leute schlecht über die Muslime denken, dass die gewalttätig seien und mit Drogen handeln – er sei ja selbst so gewesen, bevor er zum Glauben gefunden habe. Er will mich unbedingt noch einigen Leuten vorstellen. Da kommt der Alte mit dem Klemmblock, den ich vorher für eine Art Terrorpaten gehalten habe oder mindestens für den geistigen Anführer einer fundamental-islamistischen Geheimorganisation. Er scheint hier bekannt und beliebt zu sein und ist, wie er freimütig erzählt, ein Konvertit aus der ehemaligen DDR.

Bevor sich herausstellen kann, ob das noch größerer Anlass zur Sorge sein sollte als mein erster Eindruck, bricht das Gespräch ab, denn Pierre Vogel nähert sich. Dem soll ich doch unbedingt noch die Hand geben. Vogel ist umringt von Moscheebesuchern, die mit ihm sprechen wollen, in der Hand hat er viele kleine Zettel, auf welchen die Frauen ihre Fragen an ihn aufgeschrieben haben. Die Männer können ihre Fragen direkt stellen. Er unterbricht sein Gespräch, schüttelt meine Hand und sieht mich fragend an. Ich muss ihm jetzt irgendeine Frage stellen, aber es fällt mir keine gute ein, also frage ich ihn nach einer guten Koranübersetzung, dabei hätte ich ihn doch fragen können, was ich tun kann, um ins Paradies zu kommen, zu den Jungfrauen. Er sagt aber, es solle unbedingt die Übersetzung eines Muslims sein. Und lädt mich ein, sich später noch zu unterhalten. Aber jetzt muss er weitermachen mit seinem Unterricht. Pierre Vogel ist ein beschäftigter Mann. Er entfernt sich, umschwärmt von seinen Bewunderern, und verschwindet alsbald in einem Pulk.

Ein Typ neben mir stupst mich an: Schau mal, da drüben. Ich sehe rüber, da steht ein junger Mann mit auffälliger Tätowierung am Hals, umringt von Freunden. »Das ist Bushido«, sagt der Typ. Ach – Bushido? Der Rapper? Das ist ein ganz Harter. Immer gut für eine Geschichte. Sagt, er sei so hetero, sein Sohn könne gar nicht schwul werden. Als im ganzen Land diskutiert wurde, ob sogenannter »Porno-Rap« verboten werden muss, weil frauenfeindlich, ging es um Bushidos Musik, um Stücke wie »Fick-Rap«, »Arschfick« oder »Gangbang«. Seine Musik wird auch von rechten Jugendlichen konsumiert, wegen ihrer authentischen Aggressivität – trotz seines tunesischen Vaters. Der Künstler Anis Mohamed Youssef Ferchichi ist durchaus in der Lage, zwischen sich selbst und der populären Kunstfigur »Bushido« zu trennen. Privat liegt Ferchichi gerne mal auf dem Sofa und schaut Wissenschaftssendungen des Bayerischen Fernsehens auf DVD. Sein Geld verdient er mit Immobilienhandel und dem Verkauf von Bushido-CDs an Jugendliche, soweit sie nicht indiziert sind, was aber in der Regel schnell passiert.

Auch Bushido soll ins Paradies, meint Pierre Vogel. Er soll ablassen von Koks und Nutten, soll umkehren und mit seiner Popularität bei den Jugendlichen für den Islam werben. Oder vielmehr kämpfen mit flammendem Schwert, sagt Pierre Vogel in einem Video, das er extra für Bushido aufgenommen und dann auf youtube.com[24] gestellt hat.

24 http://www.youtube.com/watch?v=fozVThatQ9A (abgerufen im Juni 2011). Die Videobotschaft hat Vogel augenscheinlich aufgenommen, während er ein Auto auf der Autobahn steuerte. Wenn er so weitermacht, sieht er das Paradies wohl recht bald.

Denn wenn er, Bushido, so weitermache, dann sehe er, Pierre Vogel, keine andere Bestimmung für Bushido als die Hölle. Wenn er sich aber zum Islam bekenne, wenn er umkehre, wenn er all die Jugendlichen, die er erreichen könne, für den Islam begeistern würde, dann wären ihm alle seine Sünden verziehen. Und dann wäre ihm vielleicht sogar ein ganz besonderer Platz im Paradies sicher. Denn all der Ruhm hier auf Erden, der sei doch hohl und leer, das wisse Bushido doch selbst. Man stelle sich einmal vor, wie viele Bonuspunkte bei Gott Pierre Vogel einsammeln würde, wenn es ihm tatsächlich gelingen sollte, Bushido zu bekehren, der dann vielleicht selbst wiederum Tausende bekehren könnte. Immerhin hat Vogel es geschafft, dass Bushido heute gekommen ist, um sich seine Predigt über das Reinrutschen anzuhören.

»Will noch jemand konvertieren?«, ruft Pierre Vogel per Mikrophon in die Menge. Das wäre es. Jetzt den Schritt machen. Vor all diesen Brüdern das Glaubensbekenntnis sprechen und dann in ihre Gemeinschaft aufgenommen werden, mit Umarmungen und Glückwünschen und wiederholter freudiger Preisung Gottes durch meine neuen Brüder, und auch ich würde einfallen, wenn sie rufen: »Allahu akbar!« Aber ich bin mir nicht sicher.

Da fällt mir etwas ein. Ich muss noch mal kurz telefonieren. Ich verlasse die Moschee und wähle die Nummer des Kundenservice der INITIATIVE GLAUBENSOFFENSIVE FÜR ALLE an.

»Guten Tag, ich hätte da noch eine Frage zum Islam: Wie ist das eigentlich mit den Jungfrauen, die im Paradies meine Gespielinnen sein werden? Die sind garantiert, oder?«

»Ach ja, die Jungfrauen, das wollen alle wissen. Es wundert mich, dass Sie noch nicht gefragt haben. Nein, Jungfrauen können wir nicht garantieren. Es könnte sich bei dem Versprechen von Jungfrauen auch um einen Überlieferungsfehler handeln. Möglicherweise sind eigentlich weiße Trauben gemeint.«[25]

»Wenn ich alles richtig mache, bekomme ich also nur frisches Obst – und wenn ich Fehler mache, lande ich in der Hölle?« Ich fasse es nicht.

»Bedenken Sie: Es sind sehr leckere Trauben«, sagt die Stimme vom Kundenservice.

Ich gehe wieder in die Moschee. »Will niemand mehr konvertieren?«, ruft Vogel gerade noch mal ins Mikrophon, und ich frage mich: Will ich wirklich so leben? Ist das mein Weg? Zu Gott? Mir wöchentlich die selbstverliebten Anekdoten von Pierre Vogel anhören, mich von ihm möglicherweise noch zum Gebet für einen toten Terroristen aufrufen[26] lassen und hinterher ein wenig Tee trinken? Nein. Ich will heute auf keinen Fall vorzeitig einen Vertrag abschließen, aus dem ich nur schwer wieder her-

---

25 Statt »Jungfrauen« heißt es eigentlich »weiße Trauben«. Das jedenfalls nimmt ein deutscher Semitist an, der sich aus Sicherheitsgründen Christoph Luxenberg nennt und das Buch »Die syro-aramäische Lesart des Korans. Ein Beitrag zur Entschlüsselung der Koransprache« (Verlag Hans Schiler, 3. Auflage 2007) geschrieben hat.

26 Anfang Mai 2011 hatte Vogel tatsächlich den Einfall, ein öffentliches Totengebet für den erschossenen Massenmörder Osama Bin Laden halten zu wollen. Und es mag ja sein, dass es die Pflicht eines Moslems ist, für einen Toten zu beten, ohne Ansehen seiner Taten im Leben. Vogels obszöner Drang, sich mit dieser Posse vor Publikum zu produzieren, kann jedoch trotzdem wohl weniger mit dem Koran als mehr mit dem Wort »Knalltüte« erklärt werden. Am Ende sollte es dann auch nicht zum Totengebet kommen: Vogel, mal wieder von allen total missverstanden, predigte dann doch lieber gegen den Terrorismus. Behördlich war ihm vorher untersagt worden, den Namen Osama Bin Ladens auch nur zu nennen.

auskomme. Beziehungsweise: nie wieder. Wer sich vom Islam abwendet, wer zweifelt, kommt nach dem Tod in die Hölle.

»Niemand? Schade!«, ruft der komische Vogel.

Ich will da lieber in nichts hineinrutschen.

2. Kapitel
Das Christentum
Oder: Eine Geschichte voller
Missverständnisse

Mal wieder schlecht geschlafen. Noch immer keinen Glauben gefunden. An den Tod gedacht und mich gewälzt. Was, wenn ich jetzt mitten in der Nacht sterbe, das Herz hört auf zu schlagen, aus und vorbei? Und dann? Was, wenn nach dem Sterben überhaupt nichts käme? Nur das große, gähnende Nichts, das Vergessen, die Leere?

Am besten gar nicht erst darüber nachdenken. Um mich abzulenken, höre ich ein wenig Musik mit dem MP3-Player. Ich suche mir etwas Beruhigendes heraus: diese Mönchsgesänge, die vor einiger Zeit so erfolgreich waren: »In Paradisum«, vorgetragen vom Chor eines Klosters in Österreich, Originalmönche singen Originalmönchsgesänge, *In paradisum deducant ti angeli* ... einfach schön, so stimmungsvoll, gerade will ich wohlig wegdämmern, direkt ins Paradies. Da quält mich eine neue Frage: Was singen die da eigentlich?

So ist das bei mir. Es ist nur eine Banalität, aber bis die nicht geklärt ist, werde ich nicht schlafen können, das weiß ich genau. Besonders wenn es um Liedtexte geht, bin ich geradezu zwanghaft. Hilft also nichts: Ich muss aufstehen und nachsehen. »Ins Paradies geleiten dich die Engel«, lautet die erste Zeile übersetzt, gut so, denke ich noch, aber dann lese ich weiter, dass das ganz wörtlich zu verstehen ist: Dieser Choral wurde im Mittelalter als Sterbebegleitmusik gesungen, um den Übergang vom Leben ins Jenseits zu, nun ja, untermalen. Beinahe hätte ich mich von den singenden Zisterziensern aus Heiligenkreuz einlullen lassen!

Jetzt ist an Schlaf natürlich nicht mehr zu denken. Zum Glück klingelt das Telefon.

»Guten Morgen, im Namen des HÖHEREN WESENS, DAS WIR VEREHREN. Wir wollten uns mal erkundigen, wie Sie es mit der Religion halten?«[27]

»Ach, ich weiß immer noch nicht. Ich bräuchte etwas Beruhigung. Hätten Sie nicht etwas im Angebot, das mir ganz schnell die Angst vor dem Tod nehmen könnte – und mit möglichst wenig Hölle?«

»Da hätten wir etwas sehr Schönes für Sie: das ewige Leben, Wiederauferstehung inbegriffen.«

Nicht schlecht. Wenn das stimmen würde, wäre es eine sensationelle Geschichte: den Tod besiegen! Sterben, und danach wieder aufstehen. Wenn es das gäbe, hätte ich keinen Grund mehr, mich zu fürchten – warum auch, es könnte mir ja nichts Ernsthaftes mehr geschehen. Selbst der Tod wäre nur eine vorübergehende Episode.

»Klingt gut«, sage ich. »Was muss ich dafür tun?«

»Das kann ich Ihnen gleich … Moment! Mir wird hier in unserer Datenbank angezeigt, dass Sie ja bereits Christ sind. Da haben Sie doch schon alles: Vergebung der Sünden, Auferstehung von den Toten, das ganze Programm. Die Grundsätze Ihres Glaubens werden Sie ja wohl noch kennen.«

Ach Gott, die guten alten Zehn Gebote. Den Sabbat heiligen. Nicht begehren meines Nächsten Rind. Sonst noch

---

27 Es lässt sich zwar seltsamerweise schwer sagen, ob es sich bei der Stimme am anderen Ende der Leitung um einen Mann oder eine Frau handelt – sollte es sich allerdings um eine Frau handeln, dann heißt sie mit Sicherheit Gretchen.

was? »Davon habe ich schon einmal gehört, ist aber schon eine Weile her. Es könnte sein, dass meine Kenntnisse ein wenig eingerostet sind.«

»Ja, da sind Sie nicht der Einzige. Das haben wir öfter. Keine Sorge, zur Sicherheit lassen wir Ihnen die Vertragsbedingungen noch mal per E-Mail zukommen. Da können Sie sich dann schön dran halten, und alles wird gut.«

»Ich bin mir aber gar nicht sicher, ob ich immer noch Christ bin.«

»Doch, sind Sie. Sie werden hier als zahlendes Mitglied geführt. Aber um die letzten Zweifel auszuräumen, wird sich unser Außendienst bei Ihnen melden. Wir wünschen einen schönen Tag!« »Außendienst? Ich will eigentlich lieber keinen Besuch vom Außendienst«, sage ich. Aber die Kundenservicestimme hat schon wieder aufgelegt.

Ich lege mich wieder zu meiner Frau ins Bett. Sie schläft. Ich kann nicht. Ich muss über eine Frage nachdenken, die ich mir schon lange nicht mehr gestellt habe: Bin ich Christ?

Die peinlichen Jahre: Berufsziel Jesus

Christ sein, das bedeutet, daran zu glauben, dass vor etwa zweitausend Jahren eine junge Frau aus dem Örtchen Nazareth in Palästina Besuch von einem Geistwesen bekam, das ihr ankündigte, bald schwanger zu werden, und zwar nicht von ihrem Ehegatten, dem Bauhandwerker Josef, sondern vom Heiligen Geist. An den man dann natürlich auch glauben muss. Und es bedeutet, daran zu glauben, dass Josef ihr diese Geschichte nicht nur abnahm, sondern seinerseits im Traum von einem Geistwesen über den Umstand informiert wurde, dass seine Frau demnächst ein Kind bekommen werde, aber nicht von ihm, sondern vom Heiligen Geist. Christ zu sein bedeutet ferner, daran zu glauben, dass dieses Kind später zu dem jungen Mann Jesus heranwuchs, welcher in der Lage war, Lebensmittel zu vervielfältigen, auf dem Wasser zu laufen, Schwerkranke zu heilen und Tote wieder ins Leben zu rufen, um nur einige seiner außergewöhnlichen Fähigkeiten zu nennen. Christ zu sein bedeutet schließlich, daran zu glauben, dass dieser Jesus, nachdem er von der römischen Besatzungsmacht auf Betreiben des lokalen Establishments auf grausame Weise hingerichtet worden ist, nach drei Tagen aus dem Reich der Toten wieder zu den Lebenden zurückkehrte, sich ausgewählten Anhängern als Geistwesen zeigte und dann in den Himmel zu Gott aufstieg, von wo er eines Tages wieder auf die Erde herabsteigen wird, um mit der Menschheit endgültig abzurechnen. Glaube ich das alles? Bin ich Christ?

Es gab eine Zeit, da hätte ich diese Frage noch voller Überzeugung mit »Ja« beantwortet. Das ist allerdings schon über zwanzig Jahre her. Damals war ich mir noch ganz sicher, gerade frisch konfirmiert, ein Teenager, und der evangelische Konfirmationsunterricht hatte mich schwer beeindruckt. Unser Pfarrer war ein sehr frommer Mann, für ihn war es das Wichtigste, uns das Leiden Christi zu vermitteln, dieses außergewöhnlichen Menschen, der für alle anderen Menschen sämtliche Sünden auf sich genommen hat und sogar in den Tod gegangen ist, um alle zu erlösen. So einen konnte ich damals gut gebrauchen, war ich doch, wie gesagt, ein Teenager und als solcher voller Sünde.[28]

---

28 Sie wissen schon.

Immer wieder neu belud ich mich mit Schuld und immer wieder neu suchte ich nach Vergebung. In der Kirche bekam ich sie. Also ging ich jeden Sonntag hin. Vor allem die Gottesdienste mit Abendmahl hatten eine besonders heilsame Wirkung: gemeinschaftlich am Tisch des Herrn speisen, alle Sünden vergeben bekommen und sich gestärkt in die Woche begeben, die aus Alltag bestand und Enttäuschungen – und selbstverständlich aus neuen Sünden. Und am Sonntag reinigte mich der Gottesdienst wieder von neuem.

Ich besuchte eine evangelische Jugendgruppe, ich war befreundet mit dem damaligen Vikar, einem Pfarrer in Ausbildung namens Volker, und unter seiner Regie führten wir bei Gemeindefesten kleine Szenen auf, die zum Beispiel die Gefahren der Umweltzerstörung zum Thema hatten und die Bewahrung der Schöpfung. Ich meldete mich für den Mesnerdienst in unserer Gemeinde und hatte fortan die Aufgabe, am Sonntag die Kirche aufzusperren, die Kerzen anzuzünden und im Gottesdienst die Kollekte einzusammeln. Und wenn es ein Gottesdienst mit Abendmahl war, dann war ich dafür zuständig, mit einem in Alkohol getränkten Tüchlein den Kelch zu reinigen vom Lippenstift der Rentnerinnen, die daran nippten.

Am Ende war in dem Kelch noch viel Wein übrig, und eine nicht unbeträchtliche Menge von Reinigungsalkohol vermischt mit gelöstem Lippenstift war hineingesuppt, aber es war doch der geweihte Wein, und so war es meine Aufgabe, den Kelch leer zu trinken, nach dem Gottesdienst. Wenn alle heimgegangen waren und sich auch der Pfarrer nach nebenan ins Pfarrhaus zurückgezogen hatte, zählte ich die Sonntagskollekte und leerte den Kelch, es muss widerlich gewesen sein, aber es kam mir nicht widerlich vor, und manchmal musste ich zweimal zählen, weil ich schon etwas betrunken war. Und wenn mich in dieser Zeit jemand nach meinem Vorbild gefragt hat, dann sagte ich »Jesus«, voller Überzeugung, wahrscheinlich mit einem Glänzen in den Augen, wie man es sonst nur aus japanischen Zeichentrickserien kennt. Mit anderen Worten: Ich war eine unglaublich peinliche Figur.

Im Laufe der Jahre aber verlor ich meinen Glauben. Ich kann nicht mehr sagen, wie es geschah und warum, wahrscheinlich hat es damit zu tun, dass ich kein Teenager mehr war. Ich weiß noch, dass ich irgendwann erkannte, wie erbärmlich mein ständiger Kreislauf aus Sünde und Vergebung war, wie ich erkannte, dass ich die letzten Jahre über gedacht hatte, mit Gott handeln zu können: Ich verhalte mich sehr fromm. Und er gibt mir, was ich will, nämlich erstens ein gutes Abitur und zweitens endlich eine Freundin. Beziehungsweise umgekehrt. Aber so funktionierte es selbstverständlich nicht. Und von da an war es vorbei. Ich gab meinen Kirchenschlüssel zurück und besuchte den Gottesdienst nicht mehr. Kirchen sah ich nur noch von innen, wenn jemand aus meinem Bekanntenkreis kirchlich heiratete (und das taten die wenigsten), wenn ich zu einer Taufe eingeladen war oder eine Beerdigung besuchen musste. An Weihnachten? Schon lange nicht mehr. Immerhin: Die Gebete kann ich noch auswendig, und wenn alle aufstehen und sich dem Gemurmel des Pfarrers anschließen, dann stehe auch ich auf und murmele mit.

Das ist so ungefähr alles, was mir von meinem Christsein geblieben ist.

Kleine Abschweifung:
Wohin gehen eigentlich die Babys?

Unser Sohn schreit. Das Bett ist leer. Meine Frau ist wohl aufgestanden. Ich schaue auf die Uhr. Es ist schon neun. Offensichtlich habe ich doch geschlafen. »Willst du nicht endlich mal aufstehen und dich um unser Kind kümmern?«, ruft meine Frau aus dem Wohnzimmer. Das sollte ich wohl.

Er liegt noch in seinem Bettchen, hat sich auf den Bauch gedreht, und freut sich sehr, dass er Gesellschaft bekommt. Aber irgendetwas scheint ihn zu stören. Mal sehen. Aha. Volle Windel. Ich wickle ihn. Und während er auf dem Wickeltisch liegt und mich mit großen Augen anschaut, fällt mir wieder ein, dass ich längst meine Tante hätte anrufen sollen. Sie plant schon seit zwei Monaten ein Familienfest für unseren Kleinen. Seine Taufe. Sie würde alles zahlen. Wir müssen uns nur auf einen Termin einigen. Sehr praktisch.

Der Haken ist nur: Wir wissen nicht, ob wir ihn taufen lassen wollen. Warum sollten wir? Allein aus Tradition? Damit er später leichter einen Platz im evangelischen Kindergarten um die Ecke bekommt? Damit die Familie zufrieden ist? Das wären naheliegende Gründe, aber die falschen. Die Familie würde es überleben, wenn wir keine Taufe feierten. Einen Kindergartenplatz bekommen wir auch so. Und eine Tradition ohne Inhalt ist sinnlos. Wenn wir ihn taufen ließen, dann, weil wir daran glauben, dass er von Anfang an mit Gott verbunden sein sollte. Weil wir glauben, dass sein Seelenheil damit gerettet würde. Weil wir glauben, dass er dann auf der sicheren Seite wäre. Weil wir Angst davor hätten, was mit ihm geschähe, würde er ungetauft sterben.

Die Frage, was mit ungetauft verstorbenen Babys geschieht, wird im Vatikan ernsthaft diskutiert. Einerseits geht man davon aus, dass der Mensch ein sündiges Wesen ist, seit Adam und Eva die Frucht vom Baum der Erkenntnis gegessen haben und dafür aus dem Paradies vertrieben worden sind – daher bedarf der Mensch der Taufe, um gerettet zu werden. Andererseits liebt Gott doch alle Menschen – wie kann er ausgerechnet Babys vom Heil ausschließen, die ja nun überhaupt nichts dafür können, wenn sie ungetauft sterben?

In der katholischen Kirche hat sich lange die Vorstellung einer Art Vorhölle für solche Ungetauften gehalten, dieser Zustand wurde »Limbus« genannt. Es gab demnach sogar zwei Arten des Limbus: Im einen Limbus saßen all die Propheten und guten Menschen, die gestorben waren, bevor Jesus ans Kreuz geschlagen wurde. Dieser Limbus ist allerdings heute wüst und leer, denn Jesus ist gleich nach seiner Kreuzigung zu diesen Toten hinabgestiegen und hat alle Limbus-Insassen in den Himmel überführt. Der zweite Limbus war der für die ungetauften Kinder. Wie es dort zugeht, war nicht ganz klar. Man konnte aber davon ausgehen, dass die Säuglinge dort zumindest nicht leiden, allerdings würden sie Gott nicht sehen können. Möglicherweise stimmt das aber alles auch gar nicht, jedenfalls hat der jetzige Papst Benedikt XVI. schon, als er noch Ratzinger hieß, angeregt, auf den Limbus zu verzichten und darauf zu hoffen, dass Gott schon einen Weg finden würde, die ungetauften Babys zu retten. Aber diese Hoffnung Ratzingers gilt wahrscheinlich sowieso nur für Babys, die katholisch getauft worden wären. Und man müsste daran glauben – was wir aber nicht tun.

Erste Prüfung: Deine Rede sei »Ich bin nicht da«

Es klingelt an der Tür. Meine Frau geht ran. Ich höre, wie sie in die Gegensprechanlage spricht: »Hallo?« Längere Pause. »Aha.« Längere Pause. »Aha.« Pause. Hängt ein. Und drückt den Türöffnerknopf. »Wer war das denn?«, will ich wissen. »Ach, da hat jemand gefragt, ob es sich heutzutage noch lohnt, die Bibel zu lesen. Und er würde gerne hochkommen und mit uns darüber diskutieren. Und da dachte ich mir: Du bist doch zur Zeit so aufgeschlossen, nicht wahr?«

»Was? Um Himmels willen! Du hast die Zeugen Jehovas ins Haus gelassen!«

»Ach so? Na dann, viel Spaß.«

Na vielen Dank. Die Zeugen Jehovas. Religion hin oder her, aber das wollte ich nicht. Vielleicht ist noch etwas zu retten. Ich übergebe ihr unseren Sohn und hechte zum Haustelefon: »Hallo? Sind Sie noch da? Meine Frau hat sich geirrt! Kommen Sie nicht hoch!« Doch niemand antwortet. Die Zeugen Jehovas sind bereits im Treppenhaus.

Jetzt schnell überlegen. Selbst wenn ich Christ sein wollte – ein Zeuge Jehovas will ich auf keinen Fall werden. Ich kann mir Schöneres vorstellen, als meine Wochenenden damit zu verbringen, an einer Straßenecke zu stehen und fromme Schriften anzubieten. Andererseits ist es vielleicht ein Fehler, die Zeugen Jehovas abzuweisen, sind sie doch die Einzigen, die einen vor der absoluten Vernichtung retten können.[29]

Etwa 1870 begann Charles Taze Russell, Inhaber einer Herrenbekleidungskette im US-Staat Pennsylvania, sehr in-

---

29 Selbstverständlich nur nach ihrer eigenen Lehre.

tensiv in der Bibel zu lesen. Er gründete zu diesem Zweck einen Bibelkreis, und mit seinen befreundeten Bibellesern kam er nach fünf Jahren unter anderem zu der Erkenntnis, dass die Seele nicht unsterblich und Jesus bereits 1874 zurückgekehrt sei, es aber niemand gemerkt habe, weil Jesus nicht wolle, dass es jemand merkt. Später fanden Russell und die Bibelforscher heraus, dass im Jahr 1914 zunächst sämtliche religiösen Organisationen außer ihrer eigenen und dann auch sämtliche weltlichen Regierungen zerstört werden, sämtliche Bösen fallen der Vernichtung anheim, und Satan, der abgefallene Engel und Widersacher, wird für tausend Jahre in ein Gefängnis für Geistwesen gesteckt. Anschließend wird die Erde in ein Paradies umgestaltet.[30]

Russell widmete sich bis zu seinem Tod im Jahr 1916 voll und ganz dem Bibelstudium. 1912 brachte er die erste Multimediashow der Welt heraus: Auf handkolorierten Dias, vertont mit Schallplatten, erklärte sie Millionen von begeisterten Zuschauern den göttlichen Plan.

Als das Jahr 1914 verstrichen war, ohne dass die Welt untergegangen wäre, vertagten die Zeugen Jehovas die Apokalypse auf 1925. Als auch dann nichts passierte, auf 1975. Aber auch 1975 ging entgegen ihrer Erwartungen folgenlos vorüber. Seither sind die Zeugen Jehovas vorsichtiger geworden und verzichten auf exakte Datumsangaben.[31] Zu

---

30 Es handelt sich dabei um eine sehr wörtliche Auslegung der im Prinzip auch in den Amtskirchen geltenden Offenbarung des Johannes ganz am Ende des Neuen Testaments. Exklusiv haben die Zeugen Jehovas allerdings ihre Weltuntergangsdatumsangaben sowie den festen Glauben daran, dass ausschließlich Zeugen Jehovas gerettet werden.

31 Andere sind da weniger vorsichtig: Zuletzt hat der US-Amerikaner Harold Camping, Chef des christlichen »Family Radio« aus Kalifornien, genau nachgerechnet und die »Rapture«, die Entrückung der Gläubigen zu Gott, auf den 21. Mai 2011 festgesetzt. Tage vorher konnte man auf

einem unbestimmten Zeitpunkt jedoch, in nicht allzu ferner Zukunft, wird die Welt nach wie vor untergehen und alle außer den Rechtgläubigen (wie die Zeugen Jehovas meinen: die Zeugen Jehovas, und nur die) stehen dann erst mal ziemlich dumm da.

Denn nur die besonders Auserwählten dürfen im Paradies bleiben. Nach tausend Jahren hat Satan seine Gefängnisstrafe abgesessen, und es kommt zu einer letzten unschönen Auseinandersetzung, bei der (ohne jetzt zu viel verraten zu wollen) Satan unterliegt und endgültig vernichtet wird, ebenso wie alle, die nicht genügend gute Taten geleistet haben, was für Zeugen Jehovas bedeutet: keine Zeugen Jehovas gewesen sind.

Da das Ende der Welt also schon geraume Zeit auf sich warten lässt, haben sich die Zeugen Jehovas offenbar dazu entschlossen, ausgewählte Teile der Menschheit schon vorher zu prüfen – mit penetranten Besuchen. Ich weiß noch, dass meine Mutter früher immer so getan hat, als wäre niemand zu Hause, wenn sie aus dem Küchenfenster die Zeugen gesehen hat, die sich in Gestalt zweier älterer Damen durch unseren Vorgarten der Türklingel näherten. Einmal hatte sie geöffnet und sich auf ein Gespräch eingelassen. Nach einer Stunde waren sie immer noch da. Meine Mutter entschied sich dann für eine Verzweiflungstat. Sie dachte, wenn sie ihnen eine Kinderbibel abkauft, dann hat sie dauerhaft Ruhe vor den frommen Besuchern. Das war ein Irr-

der Webseite seiner Bewegung keine Autoaufkleber mit apokalyptischen Warnungen mehr bestellen, weil diese ja doch nicht mehr rechtzeitig ankommen würden. Sollte Camping seine Internetrechnung immer noch bezahlen, können Sie ja mal nachsehen, ob mittlerweile schon die neuen Aufkleber mit dem aktualisierten Datum eingetroffen sind: http://www.familyradio.com.

tum. Mit dem Kauf hatte sie den missionierenden Damen gezeigt, dass bei uns möglicherweise Erweckungspotential vorhanden ist. Von da an kamen die beiden wöchentlich. Und wir versteckten uns regelmäßig im hinteren Teil des Hauses, bis sie wieder abzogen.

Das könnte auch jetzt wieder funktionieren. Ich schalte die Klingel aus. Meine Frau verzieht sich scheinheilig mit dem Kleinen ins Wohnzimmer, da klopft es schon an unserer Tür.

Sie sind da.

»Guten Tag! Ist jemand zu Hause?«, ruft eine energische Stimme durch die Tür. Ich verspüre einen starken Fluchtimpuls. Aber etwas hält mich zurück. Wenn ich es ernsthaft noch mal mit dem Christsein versuchen möchte, dann muss ich mich an die Zehn Gebote halten. Und eines der Zehn Gebote lautet doch: Du sollst nicht lügen. Wäre es nicht eine Lüge, so zu tun, als wäre ich nicht daheim? Andererseits: Lügen durch Schweigen, geht das überhaupt? Egal. Ich kann das Risiko nicht eingehen.

Wieder wird an der Tür geklopft. »Hallo, sind Sie da? Wir wollen mit Ihnen über Gott reden«, ruft es durch die Tür.

Zweite Prüfung: Grundkurs Gott

Mir bleibt keine Wahl: Wenn ich nicht lügen will und trotzdem nicht mit den Zeugen Jehovas debattieren mag, muss ich die Wohnung verlassen. Durch die Eingangstüre kann ich nicht, davor stehen die Zeugen. Ich muss über den Balkon.

Vor einem halben Jahr ist Raquel neben uns eingezogen.

Wir haben denselben Balkon, der nur durch eine Trennwand geteilt ist. Sie ist Pianistin, oft hören wir sie Klavier spielen, und manchmal unterhalten wir uns über die Wand hinweg. Mit ihr hat sich eine sehr nette Nachbarschaft entwickelt, auch wenn sie selten daheim ist. Sie wird sicher nichts dagegen haben, wenn ich schnell mal auf ihren Balkon hinübersteige – dann bin ich technisch gesehen nicht mehr in unserer Wohnung und belüge also die Zeugen Jehovas nicht, wenn ich nicht aufmache. Und von hier aus kann ich auch sehen, wann sie das Haus wieder verlassen haben. Oder gibt es in der Bibel ein Gebot, das lautet »Du sollst nicht klettern auf deines Nächsten Balkon«?[32] Wohl kaum. Perfekt.

Jetzt muss ich nur noch hinüber. Vorsichtig steige ich über das Geländer, wobei ich mich so gut wie möglich an der Trennwand festhalte. Wir wohnen zwar nur im zweiten Stockwerk, aber wenn ich jetzt abrutsche, dann weiß ich schnell, was nach dem Tod kommt. Jetzt noch den linken Fuß nachziehen … ich rutsche beinahe ab. Und will schon fluchen, Zefix![33] da fällt mir ein, dass ich mich zurückhalten muss. Die Zehn Gebote zwingen mich.

Ich stehe auf dem Balkon meiner Nachbarin. Ein kalter Wind weht. Ich sehe mich um. Hinter dem Fenster sitzt meine Nachbarin am Frühstückstisch und sieht mich ent-

32 Möglicherweise existiert das Gebot »Du sollst nicht klettern auf Deines Nächsten Balkon« in einer extrem apokryphen Schriftrolle, die noch gut verkorkt in einer Felsspalte irgendwo am Toten Meer auf ihre Entdeckung wartet. Dann hätte ich allerdings Pech gehabt.

33 Kurzform von: Kruzifix!, Varianten beispielsweise: Zefix Halleluja! Der Tabubruch durch den Missbrauch sakraler Begriffe beim Fluchen, der für den gläubigen Christenmenschen einen besonderen Schockeffekt hervorrufen muss, hat eine lange Tradition, zumal im süddeutschen Sprachraum. Vgl. auch: »Himmelherrgottsakrament« und »Heilandsack!«.

geistert an. Ihr gegenüber sitzt ein junger Mann. Jetzt hat auch er mich bemerkt. Er steht auf und kommt zur Balkontüre. »Kann ich helfen?« »Ich bin der Nachbar«, erkläre ich etwas lahm. Warum ist da ausgerechnet heute[34] jemand zu Hause? Jetzt steht auch Raquel an der Balkontür. Sie ist doch sonst nie daheim. Was soll ich jetzt sagen? Die Wahrheit. Muss ich ja laut Vertragsbedingungen. »Entschuldigt bitte die Störung, aber ich musste aus meiner Wohnung fliehen. Christen verfolgen mich. Sie stehen vor meiner Tür und wollen mit mir über Jesus sprechen.« »Über Jesus?«, sagt meine Nachbarin. Und: »Wie schön. Komm rein.« Auch ihr Freund nickt mir freundlich zu. Ich nicke freundlich zurück. Was bleibt mir schon übrig? Ich bin gerade vor penetranten Christen geflohen, nur um dann bei gastfreundlichen Christen zu landen. Das ist zwar nicht ganz, was ich mir vorgestellt habe, aber immerhin ein Fortschritt.

Ich wusste über Raquel, dass sie gerne Chopin auf ihrem Flügel spielt, Ende zwanzig ist, Amerikanerin, aus New York nach Berlin gekommen ist und hier als Klavierlehrerin und Übersetzerin arbeitet. Sie hat Obama gewählt. Was ich nicht wusste, aber vielleicht hätte ahnen können: Raquel ist überzeugte, praktizierende evangelikale Christin, wie sehr viele US-Amerikaner[35]. Sie ist hocherfreut, einen Anlass dafür zu haben, mit mir über Jesus sprechen zu können. Denn Jesus ist ihr sehr wichtig. Wie sich herausstellt, auch ihrem Freund. Er heißt Wigbert.

Raquel steht auf und holt ihre Bibel. Ich habe den dringenden Impuls, wieder auf meinen Balkon zurückzuklet-

---

34 Göttliche Vorsehung?
35 Schätzungen gehen von einem guten Viertel der Bevölkerung aus.

tern, aber es wäre unhöflich, jetzt zu verschwinden. Und wahrscheinlich sind die Zeugen Jehovas immer noch im Haus. Da kann ich genauso gut auch versuchen, einige Antworten zu finden – schließlich sind die beiden Nachbarn Experten. »Vielleicht könnt Ihr mir helfen«, sage ich, »mich verfolgt gerade die Frage, ob ich Christ bin oder nicht.« Wigbert nickt weise und rät mir, einen Kurs zu besuchen: einen »Grundkurs Glauben«. Er könne mir da gerne eine Adresse geben. In so einem Grundkurs, erzählt er, lese man gemeinsam in der Bibel, diskutiere und lerne, das Wort Gottes zu verstehen. Mit Gott zu sprechen. Gott zu begegnen.

Wigbert ist Baptist, Angehöriger einer Glaubensrichtung, die hierzulande in evangelischen Freikirchen praktiziert wird. Er sagt, dass ihm Gott schon oft begegnet sei. Manche Leute sagen so etwas vielleicht, wenn sie ein besonders schönes Naturschauspiel erlebt haben, Wigbert meint es wörtlich. Gottes Gegenwart zu spüren, zum Beispiel, wenn man sich wohl fühlt in der Gemeinschaft mit anderen Gläubigen, das meint er ebenfalls nicht, das sei etwas ganz anderes, sagt er, und es klingt fast ein wenig abschätzig. Nein, bei Wigbert ist das anders: Manchmal hat Gott ihm schon geantwortet, als er zu ihm gebetet hat. Und was hat Gott gesagt, möchte ich ihn fast fragen, aber dann traue ich mich doch nicht. Wigbert hat auch schon in Zungen geredet, erzählt er. Das kannte ich bisher nur aus der Bibel, nicht als real. »Was in der Bibel steht, ist real«, sagt Wigbert. In Zungen, also in einer unverständlichen Sprache, reden Menschen, über die der heilige Geist gekommen ist.

Gott, Gott und Gott sind Gott:
Die drei Fragezeichen des Christentums

Der heilige Geist ist eine der Unterpersönlichkeiten des schwer zu begreifenden Drei-Komponenten-Gottes der Christen. Neben dem Glauben an die unbefleckte Empfängnis ist diese Dreiecksbeziehung eine der größten Herausforderungen an den Christen. Er soll nämlich Folgendes glauben: Erstens gibt es einen Gott »Vater«, der alles gemacht hat, insbesondere zweitens einen Gott »Sohn« namens Jesus. Und zwar durch übernatürliche Befruchtung Marias unter seiner weiteren Identität als drittes Gott »Heiliger Geist«[36]. Es steht zwar so nicht in der Bibel, aber die großen Kirchen glauben seit ungefähr 1600 Jahren daran, dass Gott aus diesen drei ebenfalls »Gott« genannten Einheiten besteht und dabei doch eine untrennbare Einheit ist. Für diese höchst komplizierte Konstruktion hat man sich später das Wort »Dreifaltigkeit« ausgedacht. Nehmen Sie das einfach hin, und stellen Sie keine weiteren Fragen, wenn Sie als Katholik oder Protestant in den Himmel kommen wollen. Gott, Gott und Gott sind Gott, so dreifach ist das.

Seinen berühmtesten Auftritt hatte der Heilige Geist, kurz nachdem Jesus gekreuzigt, gestorben und auferstanden war, an einem Pfingstfest Mitte der dreißiger Jahre des ersten Jahrhunderts. Die Jünger, nach der Himmelfahrt ihres Anführers etwas planlos, hatten sich versammelt, um das Schawuot-Fest zu feiern, den Gedenktag an die Offenbarung der Thora, der heiligen Schrift der Juden. Sie saßen zusammen, als plötzlich ein Brausen vom Himmel kam

---

36 Schreiben wir ihn besser mal groß ab jetzt.

und sich Flammen von oben ihren Köpfen näherten. Aber das Haus stürzte nicht ein, und sie verbrannten sich auch nicht die Haare, sondern der Gott »Heiliger Geist« kam über sie, und sie begannen in Lauten zu sprechen, die ihnen direkt vom Heiligen Geist eingegeben wurden. Diese Laute gingen allen Umstehenden sehr zu Herzen.

Das Zungenreden an Pfingsten war einer der ersten großen Publikumserfolge des Christentums seit dem Rückzug seines Hauptdarstellers in den Himmel[37]: Dreitausend Menschen ließen sich anschließend taufen, die erste Kirche war entstanden. Das Zungenreden ist seither nicht etwa ausgestorben, sondern immer wieder vorgekommen. Bis heute kann man es zum Beispiel in der Flughafengemeinde von Toronto in Kanada erleben. Seit dort im Januar 1994 zum ersten Mal der Heilige Geist über die dort versammelte Gemeinde kam, hat sich der »Toronto-Segen« in die ganze Welt ausgebreitet. Es gibt Bilder und Videos von der Wirkung des Heiligen Geistes im Internet zu sehen, zwar kein Brausen und auch keine Feuerzungen, aber die Laute, die die Gläubigen von sich geben, gehen ebenfalls sehr zu Herzen. In der Flughafenkirche von Toronto nennt man das »Soaking«, was normalerweise »triefnass« bedeutet, in diesem Zusammenhang aber mit »durchdrungen sein« übersetzt werden kann.

Die Triefnassen sind so begeistert von ihrem Eintauchen in den Heiligen Geist, dass sie beschlossen haben, diese Erfahrung auch an andere weiterzugeben. Bei den angeschlossenen »Catch The Fire Ministries« lernen Interessierte aus aller Welt nach einem genau ausgearbeiteten Stundenplan

37 Ein Comeback ist längst angekündigt, lässt aber noch auf sich warten.

die Anbetung und Verehrung Gottes. Die komplette Ausbildung gibt es für 18 440[38] Dollar.

Pray and Pay: Reinhard Bonnke, der Groevaz

Wo der Heilige Geist wirkt, kann er nicht fern sein: Reinhard Bonnke, der Retter Afrikas und »Mähdrescher Gottes«. Schon in früher Jugend hörte Bonnke, 1940 als Sohn eines Pastors in Königsberg geboren, den Ruf des Herrn.

»Reinhard«, sagte Gott sinngemäß, »mache Afrika zu einem Kontinent, gewaschen im Blute Jesu Christi, anders ausgedrückt: zu einem blutgewaschenen Afrika, gehe jedenfalls dorthin und gewinne die Menschen für Jesus Christus. Den Ausdruck ›blutgewaschenes Afrika‹ darfst du übrigens gerne und oft verwenden.« Und das tat Reinhard Bonnke dann auch – bis heute lässt ihn die Vision eines blutgewaschenen Afrika nicht ruhen: »Ob ich esse oder trinke, wache oder schlafe, die Vision ist immer gegenwärtig, sie lässt mich nie los.«

Zunächst einmal wurde er aber Pastor in einer Hamburger Freikirche. Nach sieben Jahren in Hamburg reiste Bonnke 1967 dann als Missionar nach Lesotho, baute eine Kirche auf und brachte mit einem Bibelfernkurs Tausenden Menschen das Christentum näher. Aber das war nicht genug, wie sich besonders im Jahr 1972 zeigte, als er mehrere Nächte hintereinander wieder das Bild des im Blute gewaschenen Kontinents Afrika vor sich sah und dazu die Stimme des Heiligen Geistes in seinem Herzen hörte, der ihm in ständiger Wiederholung zuflüsterte: »Afrika soll gerettet werden!« Was blieb ihm anderes übrig: Er wurde der Groevaz, der größte Evangelist aller Zeiten, missionierte im eigens konstruierten größten Zelt aller Zeiten, und als auch das zu klein wurde, in Sportstadien.

Bei seinen sogenannten »Kreuzzügen« bekommen die Teilnehmer Kärtchen zum Ausfüllen, auf denen sie sich zu Christus bekennen können. Allein im Zeitraum von 1987 bis 2000 sollen nach Angaben seiner Organisation CfaN (»Christ for all Nations«) 53 Millio-

---

38 Immerhin inklusive Unterkunft und Verpflegung.

nen Menschen Veranstaltungen Bonnkes besucht haben, wovon sich 16 Millionen zu Jesus Christus bekannt haben sollen. Ob diese neu gewonnenen Gläubigen tatsächlich alle seither einen christlichen Lebenswandel führen, ist nicht bekannt. Ebenso wenig, ob manche zwischenzeitlich Abgefallenen mehrmals Jesus-Kärtchen ausgefüllt haben.

Schwerpunkt von Bonnkes Evangelisationsbemühungen ist Nigeria, ein Land, dessen 140 Millionen Einwohner zur Hälfte Muslime sind und wo Fundamentalchristen wie Bonnke mit islamischen Eiferern, die von saudischen Wahhabiten finanziert werden, um die Macht über das Volk ringen – weswegen es auch schon zahlreiche gewalttätige Ausschreitungen mit vielen Todesopfern gegeben hat. Für acht Jahre durfte Bonnke deshalb nicht einreisen.

Seit 1999 ist er jedoch auch in Nigeria wieder präsent und stellt wie gehabt neue Rekorde im blutgewaschenen Kontinent auf: 500 000 Menschen lauschten ihm in Benin City, 600 000 in Aba, vier Millionen Jesus-Kärtchen bei vier Auftritten, 210 000 Zuhörer in Khartum (Sudan), dortselbst 130 000 ehemals muslimische Konvertiten in sechs Tagen, sechs Tage in Lagos (Nigeria) mit sechs Millionen Besuchern, 1,6 Millionen davon allein bei der Abschlussveranstaltung.

2008 waren es sogar über fünf Millionen Bekehrte – sein Christian Broadcast Network (CBN) dankte den Unterstützern: »A very big thank to you all of who have PRAYED and PAID for it. Jesus Himself will reward you as only HE can.« Nicht dass jemand auf die Idee kommt, Bonnke selbst würde sich jemals revanchieren.

Vielleicht ist die teure Toronto-Ausbildung aber gar nicht nötig. Wigbert hat sie jedenfalls nicht gemacht und trotzdem Gott getroffen. Das könne ich auch – wenn ich erst im Glaubenskurs gelernt habe, richtig zu glauben. Viele Gemeinden bieten solche Kurse an. Ihm habe so einer sehr geholfen. »Nein, vielen Dank, ich wäre da nicht ernsthaft genug bei der Sache«, sage ich, und denke: Dann hätte ich ja gleich die Zeugen Jehovas hereinlassen können. Raquel greift schon wieder nach ihrer Bibel. »Ich möchte euch nicht länger stören«, sage ich eilig.

Auf dem Weg zur Tür fällt mir aber doch noch eine Frage ein, bei deren Beantwortung mir die beiden helfen könnten: »Sagt mal, wenn wir unseren Sohn nicht taufen lassen und es passiert ihm etwas, kommt er dann eurer Ansicht nach in den Himmel, in die Hölle oder in den Limbus?« »Wir Baptisten sind nicht der Ansicht, dass Säuglinge getauft werden sollen, sondern nur Menschen, die für sich Jesus Christus als ihren Herrn anerkannt haben und ihm bewusst nachfolgen wollen«, sagt Wigbert, »deshalb heißen wir ja Baptisten. In der Bibel steht übrigens nichts davon, dass Säuglinge getauft werden sollen. Es wird nur von Erwachsenentaufen berichtet. Allerdings ist nach unserem Verständnis die Taufe nicht heilsnotwendig, sondern ein Symbol des Glaubens, den der Mensch vorher schon hat.« »Das heißt, unser Sohn müsste sich später selbständig für das Christentum entscheiden, wenn er alt genug ist, um zu wissen, was das bedeutet?« »Genau«, sagt Wigbert.

Vielleicht doch keine so schlechte Sache, das Baptistentum. Mein Verdacht war ja schon lange, dass die großen Kirchen die Kindstaufe nur deshalb betreiben, damit sie möglichst viele Mitglieder haben. Vielleicht sollte ich mir das mit dem Glaubensgrundkurs doch noch mal überlegen. Da fällt mir noch etwas ein: »Aber ihr hättet kein Problem damit, wenn er schwul wäre?« Er ist zwar noch kein Jahr alt, aber man kann ja nie wissen. Wigbert macht ein ernstes Gesicht. »Das ist ein heikles Thema.« Er meint: ein Problem. Denn die Baptisten lehnen Homosexualität ab – weil schon die Bibel sie ablehne. Sein Bruder, erzählt

Wigbert, sei leider schwul. Er habe schon versucht, ihn mit Hilfe eines christlichen Therapeuten von diesem falschen Weg abzubringen.

Christliche Organisationen wie »Wüstenstrom«[39] haben den alten Streit, ob Homosexualität angeboren oder erlernt ist, eindeutig so entschieden: Niemand muss schwul oder lesbisch sein, wenn er oder sie das nicht will. Homosexualität sei die Folge eines gestörten Verhältnisses zu den Eltern, das in einem gestörten Verhältnis zum eigenen Körper resultiere. Wenn man aber wirklich wolle und sich sehr anstrenge, könne man diese Störung beseitigen, gottgefällig leben und sogar eine Familie gründen. Dann ist man ein »Ex-Gay«. So weit die Wüstenstrom-Theorie, die jedoch von der Mehrheit der Sexualwissenschaftler abgelehnt wird – diese sind der Meinung, eine homosexuelle Neigung lasse sich nicht wegtherapieren.[40]

Für diese Ansicht spricht die Geschichte des ersten Wüstenstrom-Geschäftsführers, der seine Tätigkeit aufgeben musste, weil er einen homosexuellen »Rückfall« hatte. Jetzt ist er ein »Ex-Ex-Gay« und arbeitet im Verein »Zwischenraum«, der christlichen Schwulen und Lesben, die ein Problem mit ihrer Sexualität haben, dabei hilft, mit ihrem Problem zurechtzukommen.

Wigbert seufzt. Leider habe sein Bruder kein großes Interesse gezeigt und sich kein zweites Mal mit dem Therapeuten treffen wollen. Ich seufze auch. Die Baptisten sind doch nichts für mich. Ich danke für das Gespräch und verabschiede mich. Immerhin habe ich genug Zeit gewonnen,

39 Die deutsche Filiale der US-amerikanischen evangelikalen »Desert Stream Ministries«.
40 Was, wenn man mit sich selbst im Reinen ist, in einer offenen Gesellschaft wie der unseren zum Glück auch gar nicht nötig ist.

um die Belagerung durch die Zeugen Jehovas auszusitzen. Jedenfalls stehen sie nicht mehr vor unserer Tür. Ich klingle. Kein Geräusch. Da fällt mir ein: Ich habe vorhin die Klingel ausgeschaltet. Meine Frau kann mich nicht hören. Und ich habe weder Schlüssel noch Mobiltelefon eingesteckt. Also beschließe ich, einen kleinen Spaziergang zu machen. Vorsichtig schleiche ich durch das Treppenhaus hinunter.

Die Christenverfolgung

Wie jede neue Religion hatte es das Christentum am Anfang nicht leicht: Mit zunächst nur wenigen Anhängern waren die Christen beim Kampf um Macht und Ressourcen stets in der Unterzahl. Jesus selbst war der erste verfolgte Christ: Das weltliche wie das religiöse Establishment im römisch besetzten Judäa wollte den falschen oder jedenfalls höchst unwillkommenen Messias loswerden, weil er, selbst wenn er nicht, aber noch mehr, wenn er tatsächlich der echte Messias wäre, die herrschende Ordnung umstürzen[1] könnte, was selbstverständlich nicht im Interesse der aktuellen Machthaber lag.

Und so ging es erst mal weiter: Dreihundert Jahre lang verfolgte der römische Staat die Christen, bis das Christentum zunächst toleriert und dann Staatsreligion wurde. Für eine offiziell dem Frieden und der Liebe zugewandte Religion hat das Christentum eine erstaunliche Machtposition erlangt. Bereits 732[2] Jahre nach dem Kreuzestod des Erlösers hatten sich die Christen die Vorherrschaft über Europa[3] diesseits des Balkans gesichert. Bis 1683 gab es zwar noch die sogenannte »Türkengefahr«, aber nachdem es den Osmanen auch beim zweiten Versuch und bei dreifacher Überlegenheit der Truppen nicht gelungen war, die Stadt Wien zu erobern, war davon bald keine Rede mehr.[4]

Irgendwann unterwegs muss es dann geschehen sein, dass Christen nicht mehr verfolgt wurden, sondern selbst zu Verfolgern wurden. Macht verführt, und sie waren ja nicht Jesus, die Christen. Was »Verfolgung« angeht, gibt es keine zweite Religion, die eine so lange, so blutige und geographisch so ausgedehnte Geschichte der Unterdrückung anderer Religionen hätte, insbesondere auch, wenn man dabei nicht nur an die großen Weltreligionen denkt, sondern auch die Stammesreligionen und Glaubenssysteme der ganzen Völker berücksichtigt, die von dezidiert *christlichen* Eroberern fertiggemacht worden sind.

In Deutschland geht es den christlichen Kirchen seit jeher sehr gut, was wohl auch ihrer erstaunlichen Anpassungsfähigkeit der Kirchen an die gerade herrschenden Verhältnisse zu verdanken ist. Auch im Nationalsozialismus gab es keine systematische Christenverfolgung, obschon Geistliche eingesperrt und auch ermordet worden sind. Unter anderem, weil sie sich weigerten, den Hitlergruß zu zeigen oder Wehrdienst zu verrichten, ging es den Zeugen Jehovas unter der Naziherrschaft besonders schlecht. Für die Zeugen ist der Staat Teufelszeug, das dereinst von Jehova und Jesus ausgetilgt wird, und als Adolf Hitler beginnend im Herbst 1934 zwanzigtausend Protesttelegramme aus aller Welt erhielt, die ihm ein schlimmes Ende prophezeiten, wenn er nicht die Zeugen Jehovas besser behandelt, da half dies den Zeugen wenig: Hitler befahl ihre Vernichtung.

Gibt es die Christenverfolgung auch heute noch? Man könnte sagen: Ja, wenn in islamisch geprägten Staaten die private Ausübung der Religion zwar geduldet wird, die missionarische Verbreitung des christlichen Glaubens dabei aber unter Androhung der Todesstrafe verboten ist – das ist Christenverfolgung. Man könnte aber auch sagen, es gibt vor allem die Art von Christenverfolgung, die Christen selbst betreiben und schon immer betrieben haben: Sie verfolgen ihre Mitmenschen, die Nichtchristen. Man muss ihnen zugutehalten, dass sie nicht anders können. Ihr Meister hat ihnen nun mal aufgetragen, alles und jeden von Jesu Herrlichkeit zu überzeugen. Und so nahm das Unglück seinen Lauf. Bei den Kreuzzügen begingen die Christen grausame Taten, weil sie dem Wahn verfallen waren, den Boden, auf dem Jesus gewandelt ist, kontrollieren zu müssen. Die christliche Mission und die Kolonisierung Afrikas und Lateinamerikas hat diese Erdteile in tiefe Krisen gestürzt, von denen diese sich bis heute nicht erholt haben. Aber die Christen haben nichts aus ihren Fehlern gelernt. Sie sind Getriebene, sie machen weiter. Sie stehen an der Ecke und verteilen fromme Schriften. Sie erzählen in den Schulen, dass Sex vor der Ehe schlimm und Homosexualität schlecht sei. Sie sitzen in den Rundfunkräten und bestimmen das Programm mit. Sie beeinflussen politische Parteien und schreiben mit an Gesetzen. Sie sind auf klebrige Art und Weise mitleidig allen Nichtchristen gegenüber, denn diese müssen gerettet werden, ob sie wollen oder nicht.

[1] Viel später sollte Jesus noch mal mit demselben Problem konfrontiert werden, als er, wie angekündigt, nach seiner Himmelfahrt noch mal zu den Menschen herabgestiegen war, in das Spanien zur Zeit der Inquisition, wo er nicht nur schweigend umherwandelte, sondern sich nicht zurückhalten konnte und sogleich einige Wunder wirkte, was schließlich die Behörden auf ihn aufmerksam machte. Jesus wurde verhaftet, mal wieder. Und der Großinquisitor, als er ihn sah, ließ ihn in den Kerker werfen; nicht etwa deswegen, weil er nicht erkannt hatte, dass Gottes Sohn vor ihm steht, sondern gerade weil er es erkannt hat. Jesus musste verschwinden, sonst war es vorbei mit der Macht des Inquisitors. Wie diese spannende Geschichte ausgeht und noch viele spannende Geschichten mehr, entnehmen Sie bitte dem Roman »Die Brüder Karamasov« von Fjodor Dostojewski.
[2] Als Karl »der Eisenhammer« Martell die von Spanien her einfallenden Mauren zurückschlug und damit Westeuropa dem Christentum erhielt.
[3] Teile Spaniens waren allerdings noch länger muslimisch. Wie es genau an der Südostgrenze des christlichen Abendlands um 1000 nach Christus ausgesehen hat, weiß das nächstliegende Geschichtsbuch.
[4] Ebensowenig übrigens von Großwesir Kara Mustafa Pascha, dem Befehlshaber der türkischen Besatzungstruppen. Sein Chef, der Kalif, war nach dem verpatzten Feldzug sehr enttäuscht und ließ den Großwesir noch auf dem Heimweg erdrosseln.

**Dritte, vierte und fünfte Prüfung:
Die gesegnete Unterhose**

Keine Spur mehr von den Zeugen Jehovas. Glück gehabt. Doch ich komme nur bis zur nächsten Straßenecke – dann schlägt die Christenverfolgung wieder unerbittlich zu. Diesmal in Gestalt einer Gruppe junger Menschen. Einer von ihnen hat eine Gitarre dabei. Sie fragen mich, ob sie für mich beten dürfen. Nein, vielen Dank. Sie würden aber gerne. Nein, danke. Aber wenn ich eine Krankheit hätte, könnten sie die wegbeten. Danke, ich fühle mich gesund. Sie drücken mir dennoch einen Zettel in die Hand, der sie als Mitglieder der internationalen Vineyard-Bewegung ausweist, einer charismatischen Gruppe aus den USA, die auch in Europa aktiv ist. Eine Internetadresse ist auch dabei – falls ich doch noch Interesse haben sollte.

Die jungen Leute sind im »Einsatz«, wie sie das nennen. Gerade haben sie einen »Power Teaching«-Kurs absolviert und wollen jetzt Jesus und das Evangelium möglichst jedem Menschen näher bringen, dem sie begegnen. Auf ihrer Homepage[41] sind unter der Rubrik »Godstories« ihre Erfolge aufgelistet: »Nach 12 Jahren von Bulimie geheilt« (nach einem Gottesdienst in Bern, August 2007), »Keine Spur mehr von Hepatitis C!« (ebenfalls Bern, Februar 2008), »Bein ist nachgewachsen« (so geschehen im Januar 2008 in Berlin: »… schien das kürzere Bein nach dem Gebet plötzlich deutlich länger zu sein als das andere! Die Beteiligten machten schon Scherze, dass sie das Gebet früher hätten beenden sollen.« Der Geheilte hatte aber nur vergessen, die nicht mehr benötigte Einlage herauszunehmen), »Von Rückenschmerzen geheilt« (Langenthal/Schweiz, Januar 2008), »Knieschmerzen sind weg!« (Operation nicht mehr nötig, Biel/Schweiz, Februar 2008), »Ohren öffnen sich« (am Rande einer Esoterikmesse in Bern, November 2007), »Spezielle Kräfte?« (Heilung in einer Döner-Bude, Olten/Schweiz, Februar 2008: »Hey, ich fühle mich gut, ist das psychologisch?«) sowie »Gebet im Möbelladen« (Verkäufer mit schwerem Wirbelsäulenleiden lässt für sich be-

41 http://www.vineyard-dach.net (abgerufen im Mai 2011).

ten, Ergebnis wird nicht mitgeteilt, Langenthal/Schweiz, April 2008).

Meine Lieblingsgeschichte jedoch trägt den Titel »Gesegnetes Unterhosengeschäft«. Sie spielt ebenfalls im April 2008 in Langenthal. Der umtriebige Vineyard-Anhänger, der gerade noch im Möbelgeschäft zugange war, wendet seine Aufmerksamkeit sogleich dem nächsten Ziel zu: »Später war ich in einem anderen Laden und kaufte mir Unterhosen. (…) Ich spürte irgendwie das Verlangen Gottes, wie sehr er sich wünscht, dass die Besitzerin und ihre Tochter Jesus kennenlernen dürfen. Dann sagte ich, hey, wenn ich gerade hier bin, möchte ich euch segnen. Dann betete ich kurz und laut: Ich segne dieses Geschäft in Jesu Namen. Ich segne euer Tun und euch. Amen. Die Besitzerin war so berührt. Sie hatte Tränen in den Augen. Die anderen Kunden schauten etwas komisch, weil sie wohl noch nicht so oft erlebt hatten, dass man während dem Unterhosenkaufen auch den Segen Gottes weitergeben kann.«

Ich lasse die Vineyard-Beter hinter mir, bevor sie mich segnen können. Hundert Meter weiter quält mich zwar der Gedanke daran, dass die Unterhose, die ich gerade trage, höchstwahrscheinlich aus einem ganz und gar ungesegneten Kaufhaus stammt – aber nur kurz. Denn nach etwa zweihundert Metern, auf einer Brücke über den Kanal, laufe ich dem nächsten Christen in die Hände. Dass es ein Christ ist, kann ich im ersten Moment zwar noch nicht erkennen, eigentlich sieht er aus wie einer der üblichen Irren, denen man in der Stadt jeden Tag begegnet, wie der ganz normale Durchgeknallte des Tages.

Eigentlich beachte ich solche Leute nicht. Aber er blockiert die ganze Brücke. Dazu macht er seltsame Bewegungen, als hätte er ein großes Schwert in den Händen, mit dem er um sich schlagen würde. Ich versuche an ihm vorbeizukommen. Er scheint eine Vision zu haben und ruft wild wirre Worte[42]. »Dies ist Mein Schwert«, ruft er, »dies ist nicht das Schwert eines Menschen, dies ist Mein goldenes Schwert!« Er hält ein und sieht mir direkt in die Augen, als ob er eine Antwort erwarten würde. »Schönes Schwert«, sage ich, man soll Irren ja nicht widersprechen, »aber bitte keinen Unsinn damit machen.« Da antwortet er, und seine Antwort ist wie ein Donnergrollen: »Die Art, wie ihr Meine Waffen benützt habt, die Methoden, welche ihr in der Vergangenheit angewendet habt, ihr müsst sie verwerfen, denn ich gebe euch jetzt Mein Schwert, und jetzt wird es nicht mehr so weitergehen wie bisher.« »So so«, sage ich, immer noch versuchend, mich an ihm vorbeizumogeln, aber ich hätte ihm vorher besser gar nicht antworten sollen, jetzt hat er mich als Zuhörer im Visier.

»Lass mich bitte in Frieden«, sage ich hilflos – doch er redet weiter: »Ich bin ein Gott der Barmherzigkeit, aber mir ist es ernst, denn die Zeit ist kurz. Der Bräutigam erwartet begierig Seine Braut, darum sollen diejenigen, die wollen, dass ich sie läutere, kommen und das goldene Schwert aufnehmen, denn ich werde sie in einer Weise einsetzen, in einer Weise, die ihr euch nicht vorstellen könnt. Aber ich muss euch erst reinigen.« Er ist mir jetzt auf den Fersen. Ich renne. Er hinterher. Keine Ahnung, was er mit »reinigen« meint, aber ich will es auch gar nicht wissen. »Ich habe bereits gesegnete Unterhosen!«, rufe ich, aber er lässt nicht

---

42 Es handelt sich bei seinen Äußerungen zufälligerweise um die wörtliche Wiedergabe einer Prophezeiung, die Carol Arnott, Mitbegründerin der bereits erwähnten Flughafengemeinde in Toronto, dortselbst am 20. Januar 1997 empfangen hat.

von mir ab, und da fällt es mir siedend heiß ein, das war ja eine Lüge, und lügen darf ich doch auf keinen Fall, das ist ein Verstoß gegen die Zehn Gebote, und die muss ich einhalten, so war doch die Vertragsbedingung – was mache ich jetzt nur? Ich renne weiter. Verfolgt mich der Mann mit dem goldenen Schwert noch?

Ich sehe mich nicht um. Ich muss eine ganze Weile gerannt sein, denn als ich meine Umgebung wieder wahrnehme, ist der irre Prophet verschwunden, und ich stehe vor einer katholischen Kirche. Ich wusste gar nicht, dass es so etwas hier gibt. Aber das trifft sich gut: Da kann ich gleich meine Sünden beichten. Denn das ist die eine Sache, die mir am katholischen Glauben immer gefallen hat: Die Katholiken müssen nicht ihr ganzes Leben lang schuldbeladen durch die Gegend laufen wie die Protestanten – sie können ihre Sünden einfach wegbeichten und mit frisch gewaschener Weste wieder versuchen, gottgefällig zu leben, scheitern, wieder beichten, und so weiter, bis sie am Lebensende die Letzte Ölung erhalten und in den Himmel kommen.

Der zweite große Vorzug der katholischen Kirche sind die Kunstwerke, die in ihrem Namen entstanden sind, beziehungsweise, ohne jetzt zu sehr ins Detail gehen zu wollen, große Teile der sogenannten abendländischen Kultur. Die Pforten katholischer Kirchen sind immer offen, und wenn man eine betritt, besteht immer die Möglichkeit, einen Moment später sprachlos unter einem beeindruckenden Deckengemälde zu stehen oder zufällig einem Organisten lauschen zu dürfen, der gerade Bach[43] auf einer grandios klingenden Orgel spielt. In dieser Kirche aber ist

43 Ein auch von Katholiken anerkannter Protestant.

es still. Ich scheine der einzige Gast zu sein. Ich setze mich in eine der hinteren Bänke. Besonders prunkvoll ist es hier nicht. Immerhin gibt es eine große Marienstatue beim Seitenaltar zu meiner Rechten.

Maria, die Mutter Gottes beziehungsweise Jesu wird in der katholischen Kirche als ein so vollkommener Mensch betrachtet, dass davon ausgegangen wird, sie sei ohne den für alle anderen vorgesehenen Umweg über das Jüngste Gericht und das Fegefeuer direkt in den Himmel gekommen, was sie jedoch nicht davon abhält, von Zeit zu Zeit ausgewählten Menschen auf Erden zu erscheinen und bei dieser Gelegenheit Wunder zu wirken und/oder große Geheimnisse unter dem Siegel der Verschwiegenheit auszuplaudern.

Insgesamt gibt es zwölf von der katholischen Kirche anerkannte Marienerscheinungen. Meist erscheint Maria in Gegenden, in denen wenig los ist, was sich nach ihrem Auftauchen schlagartig ändert und ein wahrer Segen für die lokale Gastronomie ist. Ab Februar 1858 erschien sie beispielsweise der 14-jährigen Bernadette Soubirous in einer Grotte nahe des französischen Ortes Lourdes und ließ an dieser Stelle eine Quelle entspringen, die bis heute sprudelt und deren Wasser heilende Kräfte haben soll. In insgesamt 68 Fällen aus Lourdes spricht die katholische Kirche nach gründlicher, auch medizinischer Prüfung von Wunderheilungen.

1917 erschien Maria drei Hirtenkindern in der Nähe des portugiesischen Ortes Fátima und erzählte ihnen, wie es in der Hölle aussieht[44] und dass der Zweite Weltkrieg kom-

---

44 Ein Feuermeer, in dem Teufel und verkohlte Verdammte schwimmen.

men würde – was sie aber beides erst etwa dreißig Jahre später verraten durften. Da war es leider schon zu spät, um den Weltkrieg noch aufzuhalten. Offenbar, um die Sache spannender zu machen, gab es noch ein drittes Geheimnis, das erst 1960 öffentlich gemacht werden durfte. Eines der drei Kinder, Lucia dos Santos, schrieb das dritte Geheimnis 1944 auf und steckte es in einen Umschlag, der ins päpstliche Geheimarchiv wanderte.

Obwohl nicht wenige Leute brennend am Inhalt interessiert gewesen sein dürften, wurde der Inhalt erst im Jahr 2000 von Joseph Ratzinger bekanntgegeben: die Beschreibung des gewaltsamen Todes des Papstes und vieler seiner Anhänger. Und tatsächlich: Hatte nicht auf den Tag genau 64 Jahre nach der ersten Marienerscheinung von Fátima der Attentäter Mehmet Ali Agca am 13. Mai 1981 versucht, Papst Johannes Paul II. umzubringen? Hier irrte Maria glücklicherweise: Der Papst überlebte, was Marias Popularität aber keinerlei Abbruch tat.

Nach Fátima pilgern jedes Jahr mehr als vier Millionen Gläubige, nach Lourdes kommen jährlich bis zu sechs Millionen. Es ist beeindruckend, die Menschenmenge zu beobachten, die sich jeden Tag vor die Grotte schiebt, und besonders nachhaltig beeindruckend ist es, wenn einem dabei mehrere aus dem Heer der auf Heilung hoffenden Rollstuhlfahrer über die Füße fahren, wie es mir einmal passiert ist, als ich für eine Zeitung den damaligen katholischen Militärbischof Walter Mixa[45] auf eine Soldatenwallfahrt be-

45 Wegen eines aufgeflogenen Devisenschmuggels zeitweilig auch bekannt als »Mixa Bargeld«, im Sommer 2010 unter dem Verdacht der Untreue, der Misshandlung und des sexuellen Missbrauchs äußerst widerwillig zurückgetreten. Er selbst wollte sich nur daran erinnern, vielleicht dann und wann Ohrfeigen an Lausbuben verteilt zu haben.

gleiten durfte. Um überhaupt in die Nähe der Grotte zu kommen, hatte ich mir den Wecker auf drei Uhr morgens gestellt. Noch immer waren um diese Uhrzeit Menschen an der Grotte und beteten. Zunächst still in respektvoller Entfernung, dann sich teilweise bäuchlings heranrobbend. Sie waren sich offenbar sehr sicher, dass es helfen würde.

Das ist der dritte Umstand, der mich am katholischen Glauben beeindruckt: das unerschütterliche Selbstvertrauen. Dieses Selbstvertrauen gründet sich auf einen Satz, den Jesus zu seinem Jünger Simon gesagt hat: »Auf diesem Felsen (lateinisch petra) will ich meine Kirche bauen.«[46] Simon hatte fortan den Beinamen Petrus – und die katholische (zu deutsch: allgemeine) Kirche hatte ihren ersten Papst, in dessen ungebrochener Nachfolge sich alle Päpste verstanden und verstehen. Alle waren und sind ausgestattet mit der Macht, die Jesus dem Simon übertragen hatte: Sie haben »die Schlüssel des Himmelreichs« und können bereits auf Erden bestimmen, was dereinst im Himmel gebunden oder gelöst sein wird. Mit dieser Macht sind allerdings nicht alle besonders verantwortungsvoll umgegangen.

Nach einer halben Stunde in der Kirche bemerke ich, dass ich doch nicht alleine bin: Ein Priester macht sich an den Kerzen vor der Marienstaue zu schaffen und schaut immer wieder kommunikationsbereit zu mir herüber. Vielleicht wäre das die Lösung: katholisch werden, Mitglied der ein-

---

Die Betroffenen sprachen von schweren Züchtigungen. Mixa zeigte sich dermaßen uneinsichtig, dass man ihn nur unter Drohungen zur Aufgabe seiner Residenz bringen konnte. Die Ermittlungen wegen sexuellen Missbrauchs sind später ergebnislos eingestellt worden.
46 Matthäus 16,18.

zigen und wahren Kirche, wie sie Jesus Christus gewollt hat. Der Priester kommt näher. Vielleicht habe ich eine halbe Sekunde zu lange zu ihm herübergeblickt.

Bevor er mich anspricht, erinnere ich mich wieder, dass es bei allem Respekt vor den kulturellen Leistungen, vor der höchst praktischen Absolution sowie dem Selbstbewusstsein, das einen Katholiken erfüllt, für mich absolut unmöglich ist, Katholik zu werden. Es sind nicht die Kreuzzüge, die im Namen Gottes von den Katholiken angezettelt wurden, die mich abhalten – das ist lange her. Es ist auch nicht die üble Schwulenfeindlichkeit der Kurie – immerhin könnte man die katholische Kirche als größte Schwulenorganisation der Welt bezeichnen.[47] Schlimm finde ich auch das Verbot von Kondomen, an dem der Vatikan immer noch festhält, auch für übervölkerte oder von Aids halb ausgerottete Völker[48] – aber auch das ist nicht der ausschlaggebende Grund, warum ich nicht Katholik werden kann. Genauso wenig wie die zuletzt durch ihren Bischof Richard Williamson und seine Holocaust-Leugnungen aufgefallenen Pius-Brüder[49],

47 Es gibt zwar keine verlässlichen Zahlen (woher auch?), geschätzt wird jedoch, dass etwa zwanzig bis vierzig Prozent aller katholischen Priester schwul sind.

48 Man könnte hier womöglich berechtigter von »Mord« sprechen als das bei Abtreibungen von besonders fanatischen Katholiken (aber längst nicht nur Katholiken) getan wird. Zwar hat der Papst das Kondomverbot in seinem Buch »Licht der Welt« (2010) insofern relativiert, als er männlichen HIV-infizierten Prostituierten dessen Benutzung zugesteht – doch abgesehen von solchen Ausnahmen bleibt er hart: »[Das Präservativ] ist nicht die eigentliche Art, dem Übel der HIV-Infektion beizukommen. Diese muss wirklich in der Vermenschlichung der Sexualität liegen.«

49 Einer ultrakonservativen Gemeinschaft innerhalb der katholischen Kirche, die alle Reformen der Lehre und Praxis strikt ablehnt und sich selbst der beim Zweiten Vatikanischen Konzil (1962 bis 1965) beschlossenen sanften Modernisierung und Öffnung der Kirche widersetzt.

**Päpste, wie sie nicht sein sollten
(höchst unvollständige Aufzählung)**

Stephan VI., der ab Mai 896 für nur etwa ein Jahr regierte, ließ seinen verhassten Vorvorgänger *Formosus* exhumieren, um dessen Leichnam den Prozess zu machen[1]. Der bereits in Verwesung begriffene Körper des Formosus wurde zu diesem Zweck in päpstliche Gewänder gesteckt und auf den päpstlichen Thron gesetzt, um ihn dann in einem Schauprozess endgültig aller seiner Würdenzeichen zu entledigen, dazu noch des Schwurfingers seiner rechten Hand. Der verstümmelte Leichnam wurde sodann auf Stephans Geheiß in den Tiber geworfen; allerdings soll ein hartgesottener Mönch die menschlichen Überreste später herausgefischt und ordentlich bestattet haben. Der unheilige Stephan überlebte seine Freveltat dann auch nur kurz: Zwei Wochen später wurde er von seiner Verwandtschaft vergiftet beziehungsweise eingekerkert und stranguliert – die Quellen sind hier widersprüchlich.

Sergius III., Gegenpapst im Jahr 898 und regulärer Papst von 904 bis 911, verdanken wir die erregende Staatsform der »Pornokratie«, die Herrschaft der Mätressen. Wie sämtliche Päpste des Mittelalters nahm es auch Sergius mit den Zehn Geboten nicht so genau. Angeblich ließ er seine beiden Vorgänger Leo V. und Christophorus umbringen, möglicherweise hat aber auch Christophorus Leo umbringen lassen, um sich selbst zum Papst zu machen, und wurde dann nach kürzester Zeit von Sergius aus dem Weg geräumt. Sergius hatte ein Verhältnis mit einer gewissen Marozia (Tochter des Grafen Theophylakt I. von Tusculum und seiner Gattin Theodora I.), aus dem, so behaupten manche Historiker, ein Sohn entsprang: der spätere Papst Johannes XI. Die päpstliche Mätresse Marozia wurde zur mächtigsten Frau Roms und kontrollierte nicht nur Sergius, sondern auch die folgenden Päpste Johannes X., Leo VI., Stephan VII. und schließlich den mutmaßlichen Sohnemann Johannes XI. Sergius selbst war ein Anhänger seines Vorvorgängers Stephan VI. und ließ als solcher die zwischenzeitlich rehabilitierte Leiche des armen Formosus ein weiteres Mal ausgraben, um ihr diesmal auch noch die restlichen Finger der rechten Hand sowie den Kopf abschlagen zu lassen. Wieder wurden Formosus' Überreste in den Tiber geworfen, wieder wurden sie von besonders treuen und geruchsresistenten Getreuen herausgefischt und diesmal hoffentlich endgültig bestattet[2]. Gerechterweise muss man anfügen, dass es sich bei Sergius' Lotterleben auch um Propaganda des papstkritischen Geschichtsschreibers Liutprand von Cremona handeln könnte und wir deswegen zumindest halbwegs davon ausgehen wollen, dass Sergius ein kreuzbraver Mann mit tadellosem Lebenswandel gewesen sein könnte.

Bonifatius VIII., Papst von 1294 bis 1303, tat sich nicht nur durch die ausgiebige Verfolgung der Juden hervor, sondern war möglicherweise eine komplette Fehlbesetzung als Anführer der katholischen Gläubigen, da er privat höchst pragmatische Ansichten vertrat: »Geschlechtsverkehr und die Befriedigung der Naturtriebe ist so wenig ein Vergehen wie Händewaschen«, soll er gesagt haben, Paradies und Hölle sah er nur im Diesseits (»Wer gesund, reich und glücklich ist, hat das Paradies auf Erden«), und noch heute allgemein anerkannte Glaubensgrundsätze waren für ihn nichts als Unfug: »Die christliche Wahrheit ist, dass ein Gott existiert, dagegen ist die Reihe des Unwahren lang, sie schließt Dreieinigkeit, jungfräuliche Geburt, Menschwerdung Christi, die Verwandlung von Brot und Wein in den Leib Christi und die Auferstehung der Toten mit ein.« Zumindest wird Bonifatius VIII. so von Zeugen in einem Prozess zitiert, der 1310 posthum gegen das Andenken dieses Papstes geführt wurde, und zwar auf Betreiben des französischen Königs Philipp IV., der Bonifatius sowieso nie leiden konnte. Der Prozess blieb insgesamt ergebnislos; womöglich hatte man mittlerweile Besseres zu tun, als gegen tote Päpste zu prozessieren.

Gregor XVI., Papst von 1831 bis 1846, bleibt unvergessen für sein Lehrschreiben »Mirari Vos«, in welchem er nicht nur jeden Reformbedarf für die katholische Kirche kategorisch als »völlig absurd« ausschloss, sondern auch gleich noch die Gewissensfreiheit als »Wahnsinn« und »seuchenartigen Irrtum« verdammte und die »schrankenlose Denk- und Redefreiheit« anprangerte. Der Kirchenkritiker Otto von Corvin behauptet, dass man bei Gregor für den Preis von 100 000 Gulden die angenehme Aussicht erwerben konnte, nach dem Tod heilig gesprochen zu werden. Und in seinem Buch »Das Sexleben der Päpste« berichtet Nigel Cawthorne[3], Gregor habe so engen Kontakt zur Frau seines Barbiers gepflegt, dass er nicht weniger als sieben Kinder mit ihr zeugen konnte.

Papst Pius IX. (Amtszeit von 1846 bis 1878) schließlich verdanken wir das Dogma der unbefleckten Empfängnis, also der nach menschlichem Ermessen vollkommen unmöglichen Zeugung des Menschensohnes Jesus ganz ohne Sex – womit er es den Katholiken nicht unbedingt leichter gemacht hat, rechtgläubig zu leben. Zudem verbot Pius den italienischen Gläubigen 1874 die aktive und passive Teilnahme an demokratischen Wahlen, weil der italienische Staat den Vatikan annektiert hatte. Auch erklärte er sich selbst und seine Nachfolger als unfehlbar in Glaubensdingen, was nachhaltig zur noch heute andauernden Reformunfähigkeit des Vatikan beigetragen hat: Denn wenn ein unfehlbarer Papst einmal etwas verkündet hat, kann es einer seiner Nachfolger kaum noch ändern oder gar zurücknehmen, ohne seinen Vorgänger als doch nicht ganz so unfehlbar dastehen zu lassen. Und er müsste fürchten, dass einer seiner Nachfolger wiederum etwas verändert, was er selbst als unfehlbar festgeschrieben hat. Das geht selbstverständlich gar nicht, deshalb lassen es die Päpste lieber bleiben.

---

[1] Die Gründe für diesen als »Leichensynode« bekannten Prozess sind einigermaßen verworren. Kurz gesagt ging es darum, dass Stephan VI. sich gegen den Vorwurf wehren wollte, nicht rechtmäßig Papst, also Bischof von Rom, geworden zu sein, weil er vorher schon Bischof von Anagni gewesen sei. Der Wechsel von einem Bischofsamt (die sogenannte Translation) zum anderen aus Ehrgeiz war jedoch verboten. Für Stephan traf es sich daher gut, dass auch Formosus vor seiner Papstwahl bereits anderweitig Bischof gewesen war. Im Zuge der Leichensynode wurde dem toten Formosus wegen verbotener Translation die Papstwürde aberkannt, was alle seine päpstlichen Amtshandlungen ungültig machte – und dazu gehörte die Weihe Stephans zum Bischof von Anagni. Da Stephan also von

einem Nicht-Papst geweiht worden war, war er gar kein echter Bischof, als er Papst wurde – und alle Vorwürfe, er habe sich der Translation schuldig gemacht, waren vom Tisch. So jedenfalls der Plan.

[2] Wenn nicht Benedikt XVI. oder einer seiner Nachfolger irgendwann auf dumme Ideen kommt.

[3] Dieser Autor ist zweifellos höchst glaubwürdig: Cawthorne hat es mit seinem Werk immerhin ganzseitig in den »Spiegel« gebracht (Ausgabe 11/1997) und kennt sich so gut in den Betten der Reichen, Schönen und Mächtigen aus, dass er auch »Das Sexleben der Hollywood-Göttinnen«, »Das Sexleben der amerikanischen Präsidenten«, »Das Sexleben der englischen Könige und Königinnen«, »Das Sexleben berühmter Schwuler«, »Das Sexleben berühmter Lesben« und noch einige weitere »Sexleben« beschreiben konnte. Unbedingt, obschon ungeprüft, möchte ich Ihnen auch seine Werke »The World's Greatest Serial Killers«, »The World's Greatest Alien Abductions« sowie den etwas überraschenden Band »Katzenbilder« ans Herz legen.

die ausgerechnet vom deutschen Papst Benedikt XVI. rehabilitiert wurden – eine Splittergruppe ohne wirklichen Einfluss auf die Weltkirche. Es ist auch nicht die Frauenfeindlichkeit, das widernatürliche Zölibat oder die Kirchensteuer. Selbst die im Frühjahr 2010[50] aufgekommenen Fälle des sexuellen Missbrauchs an Schülern und Ministranten durch katholische Priester könnte ich verzeihen, versucht doch die katholische Kirche immerhin, diese Fälle aufzuarbeiten – wenngleich sie sich neben allen Entschuldigungsreden und Schweigegeldzahlungen immer noch nicht dazu durchringen kann zu erkennen, dass ihre verquere Sexualmoral ein Teil des Problems ist, nicht der Lösung.

50 In den Medien waren zu dieser Zeit häufig »Karten des Missbrauchs« zu sehen, auf denen die zahlreichen Tatorte der Vergewaltigungen und Misshandlungen eingezeichnet waren wie Standorte von Atomreaktoren. Seit das Berliner Canisius-Kolleg, eine Jesuiten-Schule, im Januar 2010 öffentlich machte, dass hier in den siebziger und achtziger Jahre zahlreiche Kinder von ihren Lehrern missbraucht worden sind, werden immer mehr Fälle von sexuellem Missbrauch unter dem Dach der katholischen Kirche bekannt. Belegt sind mittlerweile über hundert Fälle in 25 Bistümern.

Nein, der wahre Grund dafür, dass ich nicht katholisch werden kann, ist Fürstin Gloria von Thurn und Taxis. Diese vorbildliche Katholikin ist häufig als herausragende Vertreterin ihres Glaubens im Fernsehen zu sehen, schlimmstenfalls in Gemeinschaft mit einer Frau namens Gabriele Kuby[51], und dann wird munter drauflosgeplappert. Berüchtigt ist Fürstin Glorias Ausspruch über »den Schwarzen«, der zu »gerne schnackselt« und deshalb leider an Aids stirbt, was sie später, als man ihr vorwarf, sie sei rassistisch, mit den Worten zu relativieren versuchte, die Afrikaner seien »mitnichten anders drauf als wir. Dass die mehr schnackseln, hat mit den klimatischen Bedingungen da unten zu tun«, man trage dann halt weniger Kleidung.

Zum Thema Abtreibung erklärte sie einmal der erstaunten Moderatorin Sandra Maischberger, dass hierzulande jährlich 46 Millionen Kinder abgetrieben würden, denn auch die Einnahme der Pille sei letztlich Abtreibung und damit Mord, sogar staatlich subventionierter Mord.

Und für dieses Geschwätz hat ihr Papst Benedikt XVI. die höchste Auszeichnung verliehen, die der Vatikan an Laien zu vergeben hat: den Gregorius-Orden, der sie dazu berechtigt, mit einem Pferd in den Petersdom zu reiten, wenn sie will. Soll sie. Aber mir ist es unmöglich, derselben Religion anzugehören wie diese Frau. Sie ist mir einfach eine zu dumme Nuss.

51 Die Tochter des berühmten Publizisten Erich Kuby wird immer dann eingeladen, wenn eine besonders fundamental-katholische Position in Talksendungen gebraucht wird: Kinderkrippen? Machen psychisch krank! Deutschland? Stirbt aus! Die Missbrauchsdebatte? Ein Versuch, die Kirche in die Knie zu zwingen! Und so weiter und so fort.

Worüber der Papst nicht gerne spricht

Es geschehen schlimme Dinge in der katholischen Kirche, die sind dem Papst höchst unangenehm und peinlich. Dinge, die an den Grundfesten des römisch-katholischen Glaubens rütteln. Sie müssen unterbunden werden und bestraft. Damit die Organisation keinen Imageschaden erleide, werden solche schlimmen Verstöße von der Öffentlichkeit möglichst ferngehalten. Weil sich der Papst nicht selbst mit der Bestrafung der Sünder die Finger schmutzig machen will, beschäftigt er dafür einen Mann fürs Grobe: den Präfekten der Glaubenskongregation. Bevor er selbst Papst wurde, bekleidete Joseph Ratzinger dieses Amt und schrieb im Mai 2001 einen internen Rundbrief an alle Kleriker, der heute noch gilt. Sein Inhalt: Ein Katalog von Verstößen gegen das Priesteramt, die so schlimm sind, dass sie direkt an die Glaubenskongregation gemeldet werden müssen. Der Brief heißt auf Deutsch »Über die schweren Verbrechen«[1]. Es gibt davon nicht so viele, wie man vielleicht glauben möchte. Die ersten vier handeln davon, was man als Priester nicht mit geweihten Hostien tun sollte: auf keinen Fall respektlos verspeisen, speziell: nicht im Namen des Teufels oder gar mit Leuten, die sich zwar Christen nennen, aber keine richtigen sind, also keine Katholiken[2]. Die nächsten drei schweren Dienstvergehen begeht der schlechte Priester bei der Buße: Er nimmt einem Sexpartner die Beichte ab[3]. Oder, auch so etwas kommt vor, er behauptet, die Beichte abnehmen zu wollen, um dann Sex mit der Person zu haben, die ihm im Beichtstuhl gegenübersitzt, oder, auch solche gibt's wohl, er behauptet, der beichtenden Person würden ihre Sünden erlassen, wenn sie sich am besten mal schnell freimacht. Oder aber er plaudert aus, was er in der Beichte gehört hat. Und besonders schlimm ist es, wenn ein Priester Sex mit einem Kind oder einem Jugendlichen hat. Alle diese Verbrechen werden als »päpstliche Geheimnisse« behandelt. Wenn ein Vorgesetzter von so einer Sache erfährt, soll er erste Nachforschungen anstellen und dann das Büro des Präfekten informieren. Dort wird entschieden, ob der Fall wegen »besonderer Umstände« fallengelassen oder vor ein lokales Priestertribunal gebracht werden soll. Alle Verbrechen verjähren nach zehn Jahren – bis auf den Kindersex, der verjährt erst zehn Jahre nach dem achtzehnten Geburtstag des vergewaltigten Kindes. Die verhängten Strafen regelt das katholische Kirchenrecht, der Codex des Kanonischen Rechts. Der sündige Kleriker kann seiner Ämter ganz oder zeitweise enthoben werden, es kann ihm ganz oder teilweise die Pension gestrichen werden, er kann auch ganz hinausgeworfen werden. Kinderschändern bleibt der Pranger erspart. Alles soll in der Familie bleiben. Dennoch plaudert manchmal ein Familienmitglied, so wie im Jahr 2002 der damalige Weihbischof im Bistum Essen, Franz Grave. Er sprach in einem Interview von geschätzten zwei Prozent aller katholischen Priester in Deutschland, die in Fälle von Pädophilie verwickelt waren oder sind – das wären etwa dreihundert Kinderschänder in Amt und Würden. Grave nannte diese Zahl, um zu belegen, dass es sich bei der Pädophilie um kein »Massenphänomen« handeln würde, das ausschließlich in der katholischen Kirche vorkomme. Man dürfe die katholischen Priester nicht »unter Generalverdacht« stellen. Die Theologin Uta Ranke-Heinemann, eine Studienkollegin Joseph Ratzingers, sieht das etwas anders: »Solange zwangsentsexualisierte Priester mit Frauen, Männern, Jugendlichen und Kindern in dunklem Beichtstuhlgewisper vereint sind, wird sich der Beichtstuhl immer mehr zur Kontaktbörse für Sexualneurotiker entwickeln, in der Pädophilie nicht ausgeschlossen werden kann, und sollte darum für Kinder und Jugendliche verboten werden«, schrieb sie in ihrem Bestseller »Eunuchen für das Himmelreich« – da hatte ihr der Papst allerdings schon die theologische Lehrerlaubnis entzogen.

[1] »De Delictis Gravioribus«.
[2] Ökumenische Auffassungen hatten es in der katholischen Amtskirche nie besonders leicht.
[3] Sonst könnten sich die miteinander schlafenden Priester gegenseitig Absolution erteilen, was ja eigentlich ganz praktisch wäre.

Der Priester steht jetzt fast neben mir. Gerade will er ansetzen, mich anzusprechen, da stehe ich auf, nicke ihm freundlich zu, sage »Nein, danke« und verlasse das Gotteshaus. Ich bin keinen Schritt weitergekommen. Richtig protestantisch fühle ich mich schon lange nicht mehr, vor den Zeugen Jehovas habe ich Angst, vor den Evangelikalen sowieso, und den Katholizismus hat mir Gloria von Thurn und Taxis verdorben. Was soll ich sagen, wenn der Kundendienst wieder anruft?

Im evangelischen Garten: Hauptsache Mitglied

Ich beschließe, noch einmal zu meinen Wurzeln zurückzukehren. Ich besuche Volker, der damals Vikar gewesen ist, als ich ein frommer evangelischer Teenager war. Vielleicht bin ich das ja immer noch. Vielleicht kann Volker mir das sagen. Er ist längst Pfarrer mit eigener Gemeinde in der Vorstadt. Es sind nur wenige Stationen mit der S-Bahn. Das Auto lasse ich lieber stehen, man weiß ja nie, ob noch kräftige Getränke fließen sollen[52].

Volker ist überrascht, mich zu sehen – und freut sich. Er hat es schön hier. Das Pfarrhaus hat einen großen Garten, in seinem frisch renovierten Büro hängt moderne Kunst, die Kirche ist freundlich, viel helles Holz. Stolz führt er mich herum, dann setzen wir uns auf seine Terrasse, trinken Kaffee und reden über die Religion. Seine

---

52 Dieses überflüssige Scherzchen hat die evangelische Kirche in Deutschland (EKD) ihrer zeitweiligen Vorsitzenden Margot Käßmann zu verdanken, die am späten Abend des 20. Februar 2010 von der Polizei betrunken am Steuer ihrer Dienstlimousine angetroffen wurde – und schnell vorbildlich reagierte: Sie trat zurück. »Zum Wohl der Kirche.«

Frau Martina setzt sich zu uns. Ich erzähle von meinen Nöten: Dass ich früher gläubig gewesen bin. Dass ich irgendwann den Bezug zum Glauben verloren habe. Dass ich unsicher bin.[53]

Volker sagt, was ich fühle, sei ganz normal. Praktisch jeder mache solche Phasen des Glaubens durch. Bei besonderen Ereignissen würden viele aber wieder zum Glauben zurückfinden: Wenn ein nahestehender Mensch stirbt. Wenn ein Kind geboren wird. Oder in Lebenskrisen: Jobverlust, Trennung oder Ähnliches. Ob ich denn noch Mitglied in der Kirche sei? »Ja«, antworte ich, »das bin ich. Aber ich weiß nicht, warum.«

Aber das interessiert Volker gar nicht – Hauptsache, ich bin noch dabei. Das sei doch schon ein gutes Zeichen.

»Aber die Wunder? Die Auferstehung? Die Dreifaltigkeit? Ich habe echt Mühe, das alles zu glauben.« »Das musst du auch nicht«, sagt Volker. Das einzig Wichtige sei, dass ich glaube, dass es einen Gott gibt, und dass dieser Gott etwas von mir wolle. Die Zweifel an den Wundergeschichten seien völlig in Ordnung. Zweifler seien ihm persönlich sogar lieber als überzeugte Eiferer.

Insofern sei ich ein vollwertiges Mitglied der evangelischen Kirche.

Ach so. So einfach hatte ich mir das nicht vorgestellt. Vielleicht sollte ich öfter mit Volker reden. Fast fühle ich mich wieder wie früher. Ich bin mir nicht sicher, ob das ein gutes Gefühl ist. Jetzt will mir aber Martina noch etwas erzählen, nämlich von einem Projekt, das sie unterstützt: in Haiti nämlich. Die Lebensmittelpreise dort sind so hoch gewor-

---

53 Von den Anrufen aus Gottes Call-Center erzähle ich lieber nichts, Volker soll mich ja nicht für verrückt halten.

den, dass sich die Leute deswegen auf der Straße totschlagen, was aber nicht mehr besonders auffällt, weil sowieso praktisch ständig Bürgerkrieg herrscht. Kaum ein Land ist so ausgeplündert worden wie Haiti. Nicht einmal mehr Bäume gibt es, die sind alle abgeholzt worden. Die Hälfte der Bevölkerung ist unterernährt. Haiti ist eines der ärmsten Länder der Welt. Und das war es schon vor dem letzten Erdbeben. Martina gibt mir eine CD, auf der zwei haitianische Künstler musizieren, dazu noch einen Flyer über die Not und einen prall gefüllten Umschlag, darin sind ein kopiertes Blatt mit Zeichnungen von Schülern aus Haiti, ein weiteres kopiertes Blatt mit Fotos verschiedener Haitianer, ein Spendenaufruf, ein Projektbericht, es ist ein ganzes Konvolut. Ich blättere in den Unterlagen und tue so, als würde ich sie lesen, aber ich weiß genau, dass ich das auch daheim nicht machen werde. Und mir wird klar, dass ich nicht zurück in die Vergangenheit kann. Es ist vorbei. Ich weiß jetzt schon, dass ich mir die CD niemals anhören werde. Und wahrscheinlich werde ich auch nicht spenden. Es ist traurig, aber wahr.

Spenden Sie jetzt – wenn ich es schon nicht tue
Ihre Spende für die armen Kinder von Haiti richten Sie bitte an die UNICEF, Spendenkonto 300 000, Bank für Sozialwirtschaft, BLZ 370 205 00, Stichwort: Haiti.

Als ich nach Hause komme, ist es bereits dunkel. Meine Frau spart sich die herzliche Begrüßung und drückt mir wortlos unseren schreienden Sohn in die Arme. Dem Geruch nach zu urteilen muss seine Windel gewechselt werden. Ich mache mich an die Arbeit und bringe ihn ins Bett.

Kaum habe ich die Tür zum Kinderzimmer geschlossen, klingelt das Telefon.

Das Service-Center ist dran. »Guten Abend, im Namen des HÖHEREN WESENS, DAS WIR VEREHREN. Wir wollten uns noch mal erkundigen, ob Sie so weit zufrieden sind?«

»Na ja, ich fürchte, ich bin kein besonders guter Christ. Zum Beispiel fürchte ich, dass ich mehrmals gegen die Zehn Gebote verstoßen habe, nicht würdig des flammenden Schwertes bin und auch auf die Entrückung nicht wirklich gut vorbereitet bin.«

»Schwert, Zehn Gebote, Entrückung? Wovon reden Sie?«

»Na, von den Vertragsbedingungen, wie Sie das nennen. Die waren mir in dieser Tragweite bisher noch gar nicht bekannt, aber Ihre Außendienstmitarbeiter haben ganze Arbeit geleistet. Jetzt fürchte ich mich.«

»Außendienst? Haben wir nicht geschickt. Sie wollten doch keinen. Haben Sie denn unsere E-Mail nicht bekommen?« Die hatte ich ganz vergessen.

»Nein«, sage ich und gehe zum Rechner, und ich finde tatsächlich eine Mail im Posteingang, empfangen heute Morgen, kurz nach dem ersten Anruf.

Im Betreff steht »Vertragsbedingungen« und in der Mail nur ein einziger Satz: »Liebe deinen Nächsten wie dich selbst.«

»Sind Sie noch dran?«, fragt die Service-Person. »Ja«, sage ich. »Aber ich fürchte, ich habe die ganze Sache gründlich missverstanden.« »Sieht ganz danach aus«, sagt die Stimme. »Wir melden uns wieder.«

3. Kapitel
Das Judentum
Oder: Vorsicht, Fettnapf!

Wieder unruhig geschlafen. Mich gewälzt und mich gefragt: Wie kann es sein, dass, wenn es einen Gott gibt, dieser Gott so viel Unrecht und Leid zulässt auf dieser Welt? Will er die Menschheit prüfen? Quälen? Hat er sich vielleicht längst anderen Tätigkeiten zugewandt und uns auf der Erde allein gelassen? Macht er Pause? Sollte ich das nicht auch mal tun? Doch noch eingeschlafen.

Acht Uhr morgens. Kein Anruf bisher. So nervig das war: Ich hatte mich fast schon daran gewöhnt. Sollte nicht längst das Telefon geklingelt haben und ein Mitarbeiter des spirituellen Callcenters mir eine weitere Religion aufschwatzen wollen? Nichts dergleichen. Seltsam. Sie haben angerufen, damit ich Moslem werde. Sie haben angerufen, damit ich Christ bleibe. Sollten sie jetzt nicht anrufen, um mich von der dritten monotheistischen Weltreligion zu überzeugen – dem Judentum? Nichts geschieht. Kein Anruf, kein Besuch, nichts. Als um zehn Uhr immer noch niemand angerufen hat, rufe ich selbst mal beim Glaubensservice an. Wahrscheinlich handelt es sich nur um ein Versehen.

»Guten Tag, im Namen des HÖHEREN WESENS, DAS WIR VEREHREN. Wie kann ich Ihnen helfen?«, sagt die Stimme am anderen Ende der Leitung.

»Ja, guten Tag auch«, sage ich, »ich wundere mich ein wenig. Wollten Sie sich nicht bei mir melden heute?«

»Bei Ihnen melden? Warum?«

»Nun ja, wollten Sie mich nicht noch vom Judentum überzeugen? Ist Ihnen vielleicht durchgerutscht.«

»Vom Judentum überzeugen? Nicht dass ich wüsste.«

»Sehen Sie bitte noch mal nach.«

»Einen Moment bitte«, sagt die Person, tippt etwas in ihren Computer, klickt herum, sagt schließlich: »Nein.«

»Nein?«

»Nein. Das Judentum ist für Sie nicht vorgesehen. Beziehungsweise Sie nicht für das Judentum.« »Das kann doch nicht sein. Sehen Sie noch mal nach.«

Nicht dass ich bis vor einer Sekunde besonders scharf darauf gewesen wäre, Jude zu werden. Aber jetzt bin ich neugierig. Es geht ums Prinzip: Wenn mir etwas vorenthalten werden soll, dann will ich es erst recht.

»Was soll das heißen, nicht vorgesehen?«, frage ich. »Das Judentum sollte doch Ihr Premiumangebot sein. Die älteste der drei abrahamitischen Religionen! Sie wollten mich bisher nur mit den Fortsetzungen abspeisen, aber ich will das Original!«

Erstaunt höre ich mir selbst zu. Ich entwickle offenbar so etwas wie religiösen Eifer.

»Ja, einen kleinen Moment bitte«, sagt die Stimme etwas reserviert, sie scheint jetzt wieder in ihrem Rechner herumzusuchen, »ich sehe gerade: Auf besonderen Wunsch können wir interessierte Kunden zu der Abteilung durchstellen, die bei uns für das Judentum zuständig ist. Bitte bleiben Sie dran, ich verbinde.«

Es folgt ein Schaltgeräusch, dann höre ich eine Stimme vom Band: »Guten Tag und herzlichen Dank, dass Sie sich dafür interessieren, Jude zu werden. Leider ist im Moment kein Berater für Sie frei. Sie werden mit dem nächsten freien Mitarbeiter verbunden. Bitte warten Sie.«

Die Wartemelodie klingt wie ein Lied aus der Werbung, der Refrain lautet: »Du kannst so bleiben, wie du bist.« Nachdem ich einige Minuten zugehört habe, beschleicht mich das Gefühl, dass aufseiten des höheren Wesens offenbar kein Interesse daran besteht, dass ich Jude werde. Und dieses Gefühl wird noch verstärkt durch eine weitere Tonbandansage, die mir vordergründig die Wartezeit verkürzen, mich aber eigentlich von meinem Vorhaben abbringen soll: »Wussten Sie schon, dass Sie gar kein Jude werden müssen, um an allen im Judentum vorgesehenen Vorteilen des Dies- und des Jenseits teilhaben zu können? Befolgen Sie nur die sieben Noachidischen Gebote, die Gott allen Menschen gegeben hat, und Sie können sich die sechshundertdreizehn Regeln sparen, die nur für Juden gelten.«

Sieben für alle

Nach jüdischer Überlieferung hatten die ersten Menschen Adam und Eva einen Urururururururururururenkel namens Noah. Noah war ein frommer Mann und damit eine große Ausnahme, denn die Menschheit war zu dieser Zeit, zehn Generationen nach ihrer Erschaffung, in einen dermaßen verlotterten Zustand geraten, dass sich der Schöpfer dazu genötigt sah, sie kurzerhand von der Erde zu spülen. Einzig den frommen Noah und seine Familie befand er für würdig zu überleben. Also ließ er ihn seine berühmte Arche bauen, jede Menge Tierpärchen einladen, seine Familie einschiffen und die große Flut überleben. Noah löste damit Adam als Urvater der Menschheit ab – alle seither geborenen Wesen stammen von ihm ab.

Gott aber wollte sich nicht bald schon wieder so sehr über die Menschheit ärgern, dass er erneut ihre Ausrottung in Betracht ziehen müsste – also schloss er mit Noah einen Bund. Der Schöpfer verpflichtete sich, keine Sintflut mehr zu schicken. Und Noah verpflichtete sich im Gegenzug und stellvertretend für seine Familie[1], künftig einige Regeln zu beachten: Kein Mord, kein Diebstahl, keine Götzenanbetung, weder Inzucht noch Ehebruch, keine Tierquälerei, keine Gotteslästerung, dafür ein Rechtssystem aufbauen.

Es dürfte Noah nicht besonders schwergefallen sein, diese Gebote einzuhalten: Als frommer Mann mordete und stahl er sowieso nicht und schlief auch nicht mit seinen Töchtern[2]. Für Ehebruch außerhalb der Familie fehlte das Personal. Noah wird auch kaum auf die Idee gekommen sein, die Tiere zu Tode zu quälen, die er gerade erst mühselig mit seiner Arche gerettet hatte. Und schon gar nicht wird er so dumm gewesen sein, nach der gerade erlebten sehr intensiven Machtdemonstration des einen Gottes gegen eben diesen Gott zu fluchen oder sich gar andere Götter zu basteln, um diese anzubeten. Schließlich musste er nur noch ein weltliches Rechtssystem aufbauen – von dem er aber auch nichts zu befürchten hatte, schließlich war er als Anführer der einzigen Menschen automatisch deren oberster Richter[3].

Diese Gebote gelten seither für ausnahmslos alle Menschen. Die Juden haben dann viel später noch zahlreiche Zusatzregeln von Gott erhalten – doch wer nicht Jude ist, muss diese Regeln auch nicht befolgen.

[1] Beziehungsweise: die gesamte Menschheit.
[2] Wie seine nächsten Nachfahren es anfangs geschafft haben sollen, sich zu vermehren, ohne mit der nächsten Verwandtschaft zu schlafen, bleibt allerdings schleierhaft.
[3] Außer, Noah hätte einen Affen mit dem Aufbau der Justizverwaltung betraut – wovon zwar nichts überliefert ist, wofür aber doch einiges spricht, wie jeder bestätigen kann, der jemals mit einer Behörde zu tun hatte.

Wieder die Werbemelodie. Dann: »Wussten Sie schon? Jude zu werden und Jude zu sein ist sehr anstrengend. Vielleicht wollen Sie gar nicht Jude werden. Dann legen Sie jetzt bitte auf.« Wieder der Wartesong: »Du kannst so bleiben, wie du bist.« Und dann wieder von vorne: »Leider ist im Moment kein Berater für Sie frei ...« Nach einer halben Stunde gebe ich auf. Telefonisch hat das keinen Sinn. Offenbar ist hier niemals ein Berater für mich frei.

Aber das wird mich jetzt nicht mehr davon abhalten, Jude werden zu wollen. Ich bin da wie Groucho Marx. Der amerikanische Komiker, einer der genial komischen Marx-Brothers, hatte sich einmal breitschlagen lassen, in einem feinen Hollywood-Club Mitglied zu werden. Schon nach wenigen Besuchen war ihm allerdings klar, dass er sich in dieser Gesellschaft niemals wohl fühlen würde. Also blieb er fern. Und als besorgte Nachfragen der Clubleitung kamen, ob es ihm denn nicht gefalle, entschuldigte er sich mit seinem vollen Terminplan. Doch die Cluboberen glaubten ihm seine Ausflüchte nicht so richtig und wollten wissen, was tatsächlich hinter seinem Fernbleiben steckte. Der so genötigte Groucho antwortete mit einem mittlerweile legendären Telegramm, in dem die nicht zu widerlegende Begründung stand: »Ich möchte keinem Club angehören, der Leute wie mich aufnimmt.«[54] Diskussion beendet.

Als ich zum ersten Mal von diesem Telegramm gehört habe, fand ich es so einleuchtend, dass es seither zu einer Art Lebensmotto geworden ist. Auch in Sachen Religion: Wenn Muslime versuchen, mich in ihre Version des Paradieses zu locken, dann werde ich skeptisch. Wenn Christen meinen, Jesus müsse mich unbedingt retten, dann will ich

54 Wie es der Zufall will, gilt dieser Gag als ein hervorragendes Beispiel für den berühmten jüdischen Humor. Der dänische Filmwissenschaftler Richard Raskin hat ihm in seinem Buch »Life Is Like a Glass of Tea: Studies of Classic Jewish Jokes« (Aarhus University Press, 1992) sogar ein eigenes Kapitel gewidmet. Eine gekürzte Version seines Textes finden Sie unter http://www.16-9.dk/2007-02/side11_inenglish.htm (abgerufen im Mai 2011).

das erst recht nicht. Solchen wenig exklusiven Clubs will ich nicht angehören. Aber wenn mich ein Club als Mitglied weder braucht noch will, dann finde ich ihn hoch interessant. Das muss ja etwas ganz Besonderes sein.

Ein Angebot, das sie nicht ablehnen konnten: Gottes Bund mit den Juden

Und das sind die Juden: das von Gott auserwählte Volk. Wie es dazu kam, steht im Alten Testament der Bibel, beziehungsweise im Tanach, wie die Bibel im Judentum heißt. In aller Kürze, soweit das bei diesem doch recht umfangreichen Werk überhaupt möglich ist, geht es darum: Der Viehzüchter Abram, ein Urururururururururenkel Noahs, und seine Frau Sarai aus der Stadt Ur im heutigen Irak waren vor ungefähr viertausend Jahren bereits weit im Rentenalter, als ein gewisser Gott sich bei Abram meldete und ihm befahl, dass er sich ab sofort Abraham nennen sollte und seine Frau Sarai ab jetzt Sarah. Zudem verkündete er, Abraham werde demnächst einen Sohn bekommen, und nicht nur das: Seine zahlreichen Nachkommen sollten dereinst über das Land Kanaan (heute ungefähr Palästina) herrschen, wohin Gott den Abraham schon bei einer früheren Begegnung geführt hatte. Abraham zeugte zunächst einen Sohn[55] mit einer Sklavin seiner Frau. Gott meldete sich wieder und verlangte, dass ab sofort allen Männern ein Stück der Vorhaut ihres Geschlechtsteils abgeschnit-

---

55 Ismael, den Stammvater der Muslime. Wenn Ihnen diese Geschichte bekannt vorkommt, mag das daran liegen, dass Sie bereits das Kapitel über den Islam gelesen haben.

ten werden sollte. Gesagt, getan. Dann bekam Sarah überraschenderweise doch noch einen Sohn, Isaak. Beinahe wäre Isaak auf Gottes Befehl von Abraham geschlachtet worden, was sich aber gerade noch rechtzeitig als Loyalitätstest des Allmächtigen herausstellte.

Talmud, Tanach, Testament: Was ist was?

Das Judentum geht davon aus, dass Gott seinem Propheten Moses am Berg Sinai nicht nur die Thora, den ersten Teil der jüdischen Bibel mit Namen Tanach, schriftlich überreicht hat, sondern zusätzlich noch zahlreiche mündliche Anweisungen und Handreichungen, die sogenannte Halachah, sowie weitere ethisch bedeutsame Geschichten und Gleichnisse, Agadah genannt. Diese mündliche Überlieferung heißt Mischna. Der Talmud besteht aus der schriftlichen Fixierung der Mischna und deren Diskussion, der Gemara. Das Christentum hat den Tanach als »Altes Testament« übernommen, die Thora ist den Christen als die fünf Bücher Mose bekannt.

Isaak wuchs heran und heiratete die ihm weitläufig verwandte Rebekka. Aus dieser Verbindung gingen die Zwillinge Esau und Jakob hervor. Esau, der etwas Ältere, wurde später mehrfach von seinem Bruder und seiner Mutter übers Ohr gehauen und schließlich um sein Erbe gebracht. Der auf diese Weise zum Familienoberhaupt gewordene Jakob verließ daraufhin sicherheitshalber das Land, um dem Zorn seines Bruders (»Sobald Vater tot ist, erwürge ich ihn«[56]) zu entgehen. Im Exil verliebte sich Jakob in Rachel, die attraktive Tochter seines Arbeitgebers. Er versprach, sieben Jahre unentgeltlich zu arbeiten, wenn

---

56 Genesis 27,41.

er Rachel danach zur Frau bekäme. In der sauer verdienten Hochzeitsnacht wurde ihm dann aber Rachels ältere Schwester Lea zugeführt, keine Schönheit und deshalb mit anderen Methoden offenbar schwer vermittelbar. Jakob war zwar stinksauer auf seinen Schwiegervater, arbeitete aber dennoch weitere sieben Jahre, um schließlich doch noch Rachel zu bekommen. Lea und Rachel lieferten sich in der Folge einen regelrechten Gebärwettstreit, wobei Gott mal die eine, mal die andere fruchtbar werden ließ, beteiligt waren auch noch die beiden Dienerinnen der Schwestern, so dass Jakob am Ende zwölf Söhne und eine Tochter mit insgesamt vier Frauen hatte. Aus den zwölf Söhnen sollten später die zwölf Stämme Israels entstehen, wobei nur elf Stämme ein eigenes Territorium zugesprochen bekamen und der zwölfte Stamm, die Leviten, Nachfahren von Jakobs Sohn Levi, als Priester eingesetzt wurden.

Nachdem Jakob seinen Schwiegervater mit Gottes Hilfe um sein Hab und Gut gebracht hatte, zog er wieder Richtung Kanaan, um sich mit seinem Bruder Esau auszusöhnen. Auf dem Weg nach Kanaan kam es zu einem Zwischenfall. Jakob geriet nachts und angeblich grundlos in eine Schlägerei mit einem Unbekannten, bei der er einige derbe Schläge auf das Hüftgelenk abbekam, was ihn aber nicht daran hinderte, den Widersacher kräftig in den Schwitzkasten zu nehmen, so dass dieser bettelte, Jakob möge ihn ziehen lassen. Wie sich später herausstellte, war der Unbekannte niemand geringerer als Gott und Jakob damit der erste (und seither einzige) Mensch, der sich mit dem Schöpfer persönlich geprügelt und auch noch gewonnen hatte. Zur Belohnung bekam Jakob von Gott einen neuen Ehrennamen: Israel, der »Gottesstreiter«. Solchermaßen gestählt – obschon leicht humpelnd – traf Jakob einige Tage später auf Esau, der ihn wider Erwarten nicht erwürgte, sondern umarmte. Die Familie war versöhnt[57] – allerdings drohte in der nächsten Generation schon wieder Streit.

Von seiner Lieblingsfrau Rachel hatte Jakob zwei Söhne: Josef und den Nachzügler Benjamin. Josef war der Liebling des Vaters, was seine zehn Halbbrüder nicht erfreute. Sie lockten ihn in eine Falle und verkauften ihn als Sklaven nach Ägypten. Dort landete Josef zunächst im Gefängnis, weil er nicht auf die Avancen einer mächtigen Frau eingegangen war, konnte aber nach kurzer Zeit freikommen, weil er im Ruf stand, Träume deuten zu können. Zu Josefs Glück hatte der Pharao schlecht geschlafen und ließ Josef zu sich kommen, damit der ihm erkläre, was es mit seinen seltsamen Träumen auf sich hatte: In einem ging es um fette und magere Kühe, im zweiten um fette und magere Kornhalme. Josef sagte dem Pharao, dass die Träume auf wirtschaftlichen Wohlstand und eine darauf folgende Rezession hindeuteten, und wurde daraufhin im Alter von dreißig Jahren zum ägyptischen Wirtschaftsminister ernannt. Als die Rezession tatsächlich kam, hatte Josef vorgesorgt: Die ägyptischen Kornkammern waren so prall gefüllt, dass der Staat nicht nur die eigenen Leute versorgen, sondern sogar Getreide ins Ausland verkaufen konnte. Eines Tages kamen auch die Halbbrüder Josefs als Bittsteller an den ägyptischen Hof. Die Wirtschaftskrise hatte auch Kanaan erreicht, die Brüder wollten Lebensmittel kau-

---

57 Zumindest halbwegs. In Genesis 36,12 ist dann aber die Rede von einem gewissen Amalek, einem Enkel des Esau. Nach jüdischer Überlieferung habe dieser Amalek von seinem Großvater den Hass auf Jakob und mithin auf sämtliche Juden geerbt. Das Volk der Amalekiter wird später zum Hauptfeind der Juden, es auszulöschen ist ein Gebot Gottes.

fen. Nach einigem Hin und Her sowie einer tränenreichen Versöhnung mit der Verwandtschaft ließ der agile Wirtschaftsminister seine Beziehungen zum Pharao spielen und verhalf seiner Sippe zu Auskommen und Ländereien in Ägypten.

Die bisherige Erzählung[58] war zwar schon mit allen Zutaten versehen, die den Juden das Leben auch später schwergemacht haben – reichlich Zwist[59] unter den eigenen Leuten, dazu ein oftmals unsicheres Leben in der Fremde und über allem ein vollkommen unberechenbarer Allmächtiger, der auch vor absurden Grausamkeiten nicht zurückschreckt –, aber dennoch handelt es sich erst um die Vorgeschichte. Denn noch ist das Volk Israel nicht auserwählt. Das geschieht erst, als Gott sich näher mit einem gewissen Moses beschäftigt. Also zurück nach Ägypten.

Leider war die Dankbarkeit der Ägypter für den weisen Ökonomen Josef und seinen Anhang nicht von langer Dauer. Irgendwann war Josef tot, seine Brüder ebenso und auch der alte Pharao. Dessen Nachfolger wusste nichts mehr von Josefs treuen Diensten – er sah nur, dass da dieses Volk der Hebräer bei ihm im Land immer zahlreicher wurde. Aus der Angst vor Unterlegenheit wuchs Fremdenhass, aus dem Fremdenhass wurde ein staatlich verordneter Genozid: Der Pharao befahl, dass sämtliche männlichen Neugeborenen der Juden in den Nil geworfen werden sollten. Zu dieser Zeit hatten gerade Amram, ein Enkel Levis (der, wir erinnern uns, einer der Söhne Jakobs und Stammvater eines der zwölf Stämme Israels war) und seine Tante

---

58 Wenn es Ihnen hier zu schnell und sprachlich unschön zugegangen ist, lesen Sie jetzt bitte Thomas Manns Roman-Tetralogie »Joseph und seine Brüder«. Wir sehen uns dann in zwei bis drei Wochen wieder.
59 Beziehungsweise »Zores«, wie der Ärger auf Jiddisch heißt.

Jochebed (eine Tochter Levis) einen Sohn bekommen, den Urur- und gleichzeitig Urenkel Jakobs. Als Jochebed sah, dass es ein »feines Kind« war (und nicht etwa eine inzestgeschädigte Missgeburt), versteckte sie den Säugling drei Monate lang aus Angst vor den Schergen des Pharao, und als das nicht mehr ging, setzte sie ihn in einem Weidenkorb im Nil aus, ganz in der Nähe der Badestelle der Tochter des Pharaos. Die entdeckte das Körbchen, ließ das schreiende Kind herausfischen, ahnte sofort, dass es sich um einen kleinen Hebräer handelte, und beauftragte eine der in der Nähe herumstehenden Hebräerinnen damit, ihn zu stillen – praktischerweise seine Mutter Jochebed.

Als der Knabe etwas größer war, brachte ihn Jochebed der Pharaonentochter, die ihm den Namen Moses gab und ihn aufzog. Moses fühlte sich trotz der Barmherzigkeit seiner ägyptischen Ersatzmutter von Herzen den Hebräern zugehörig, wie sich deutlich zeigte, als er, mittlerweile recht kräftig geworden, kurzerhand einen Ägypter erschlug, der gerade einen Hebräer geschlagen hatte. Dummerweise sprach sich das schnell herum, und Moses musste aus Ägypten fliehen. Während er es sich im Exil gutgehen ließ, heiratete und einen Sohn zeugte, ging es seinen Stammesgenossen in Ägypten immer schlechter, so schlecht, dass sie sich laut beklagten. So laut, dass sogar Gott davon hörte.

Das Wehklagen erinnerte den Allmächtigen, der sich zwischendurch offenbar mit anderem beschäftigt hatte, wieder an Abraham und Jakob und die gesamte Sippschaft und er beschloss, dass es mal wieder Zeit wäre für einen ganz großen Auftritt. Gott versteckte sich in brennendem Gestrüpp und befahl von dort aus Moses, dass er zurück nach Ägypten wandern solle, um dem Volk Israel und dem

Pharao zu verkünden, dass er, Gott, plane, das Volk Israel aus der Zwangsarbeit zu befreien. Sein Name sei im Übrigen »Der, der sein wird«[60]. Moses hatte Einwände gegen den Auftrag. Erstens sei er kein besonders guter Redner. Und zweitens werde ihm kein Mensch glauben, dass ihm Gott erschienen sei. Papperlapapp[61], sagte Gott, dann redet eben dein Bruder Aaron für dich, und hier hast du einen Stab, der sich in eine Schlange verwandeln kann, wenn sie so etwas sehen, werden sie dir schon glauben.

So ausgestattet traten Moses und Aaron vor den Pharao und forderten die Freilassung der Hebräer, andernfalls werde Gott die Ägypter schwer bestrafen. Zehnmal lehnte der Pharao ab, zehnmal strafte Gott: Zuerst machte er das Wasser des Nils für eine Woche ungenießbar, dann schickte er jede Menge Frösche, daraufhin Stechmücken, dann Stechfliegen, dann eine Viehpest, später Geschwüre, Hagel, Heuschrecken und eine dreitägige Finsternis. Schließlich tötete Gott höchstpersönlich den erstgeborenen Nachkommen in jedem einzelnen ägyptischen Haushalt und vergaß auch nicht, die ägyptischen Ställe heimzusuchen.

Man mag den Pharao für einen argen Deppen halten, weil er die Israeliten nicht schon schleunigst außer Landes komplimentiert hat, als er sah, wie sich Mosis Stab in

---

60 So wird der Gottesname JHWH übersetzt. Im Judentum durfte dieser Name bis zur Zerstörung des Tempels nur einmal im Jahr vom Chefpriester ausgesprochen werden, wozu die anderen Priester so laut sangen, dass man nicht verstehen konnte, was er sagt. Seit 100 nach Christus ist es auch damit vorbei und der Name absolutes Tabu. Selbst wenn jemand es heute wagen wollte, den Gottesnamen zu nennen, könnte er es wahrscheinlich gar nicht, denn kein Mensch kann mehr mit Sicherheit sagen, wie das Wort richtig ausgesprochen wird.
61 Sinngemäß.

eine Schlange verwandelte – so wäre den Ägyptern einiges erspart geblieben. Tatsächlich hatte der Pharao jedoch gar keine andere Wahl, denn Gott selbst hatte dem Ägypter die mit jeder Wiederholung sinnlosere Ablehnung des Ausreiseantrags der Hebräer in den Mund gelegt, damit er, Gott, anschließend seine große Machtshow abziehen konnte. Da ist es dann auch nicht weiter verwunderlich, dass der Pharao und seine Streitmacht den Israeliten schlussendlich auch noch durch ein von Gott trockengelegtes Meer nachjagten, nur um darin selbstverständlich samt und sonders zu ersaufen. Dreimal dürfen Sie raten, wer dem Pharao diese letzte Schnapsidee seines Lebens eingegeben hatte: Der, der es gewesen sein wird. Wer sonst.

Und alles nur, um die Israeliten zu beeindrucken. Erstaunlicherweise waren die aber selbst von den gerade erst beobachteten Machtdemonstrationen Gottes nicht so leicht zu überzeugen. Kaum den Ägyptern entkommen[62] und in der Wüste Richtung Gelobtes Land unterwegs, begannen sie zu murren. Mal hatten sie nichts zu trinken, mal nichts zu essen, und immer waren Moses und Gott schuld. Lieber wären sie als Sklaven in Ägypten geblieben als hier in der Wüste zu hungern. Gott musste Moses mehrmals mit kleineren Wundern aushelfen, sonst hätten ihn seine Leute glatt gesteinigt.

62 Den Auszug aus Ägypten feiern die Juden alljährlich mit dem Pessach-Fest. In Erinnerung an den überstürzten Aufbruch in die Wüste dürfen sie eine Woche lang nur ungesäuertes Brot (»Mazzen«) essen – Konsumenten von schmackhafterem, gesäuertem Brot werden im Tanach gar mit der Todesstrafe bedroht. Höhepunkt ist der Seder-Abend, ein Familienfest, bei dem nach strengem Zeremoniell die Geschichte des Auszugs nacherzählt, rituell bedeutsame Speisen verzehrt und Loblieder auf Gott gesungen werden – so wird jede neue Generation auf den gemeinsamen Ursprung des Volkes Israel eingeschworen.

Nach langer Reise gelangten die Wüstenwanderer schließlich zum Fuß des Berges Sinai, auf dessen Gipfel es dann zum eigentlichen Bund Gottes mit den Israeliten kommt. Allerdings nicht ohne einen weiteren Zwischenfall: Moses blieb vierzig Tage lang auf dem Gipfel, was wohl auch damit zu tun hatte, dass Gott ihm nicht nur die im Christentum als »Zehn Gebote« bekannten Grundregeln auf eine Steintafel geschrieben hat, sondern dazu noch sehr langatmige und detaillierte Anweisungen für Längenmaße, Möblierung und Innendekoration eines tragbaren Heiligtums mitgab, das »Zelt der Begegnung« heißen sollte.

Als Moses von seiner Bergtour zurückkehrte, hatten sich die durch seine lange Abwesenheit verunsicherten Israeliten bereits einen eigenen Gott gebastelt – das berüchtigte Goldene Kalb – und feierten gerade eine wilde Party. Moses geriet darüber dermaßen in Rage, dass er die gerade erst von Gott empfangenen Steintafeln zerdepperte, das Kalb zerstörte und zur Strafe für ihr mangelndes Gottvertrauen dreitausend Partygänger umbringen ließ. Dann stieg er noch mal auf den Berg, um sich von Gott neue Steintafeln zu holen. Und damit wurden die Juden endlich doch noch Gottes auserwähltes Volk.

Nach jüdischer Überlieferung waren sie sozusagen Gottes letzte Hoffnung – alle anderen Völker hatte er vorher schon versucht, anzuwerben. Allerdings erfolglos. Niemand wollte das umfangreiche Regelwerk Gottes befolgen, auch nicht, wenn man sich dafür fortan »auserwählt« nennen durfte. Auch die Juden haben wohl zunächst gezögert. Die Annahme der Thora scheint dann auch nicht ganz freiwillig gewesen zu sein: Gott habe den Juden erst einen Berg über die Köpfe halten müssen, damit sie seinen Bund akzeptierten, heißt es im Talmud – denn die Stelle im Buch Exodus, die gemeinhin mit »am Fuße eines Berges« übersetzt wird, bedeutet wohl eigentlich »unter einem Berg«[63]. Sie sollen sich an seine Gebote halten, dafür erklärt er das Volk Israel zu seinem Eigentum und führt sie in ein Land, in dem Milch und Honig fließen. Und wehe, sie beten einen anderen Gott an, dann wird er sie und ihre Nachfahren bis zu vier Generationen lang bestrafen, denn, wie er selbst sagt: »Ich bin ein eifernder Gott.« Das haben sich die Juden wohl schon selbst gedacht, nach allem, was ihnen der Schöpfer bis dahin angetan hatte.

Lernen, lernen, lernen: Wie man Jude wird

Vielleicht sollte ich mir das doch noch einmal überlegen. Vielleicht ist es ganz gut so, dass ich nicht für das Judentum vorgesehen bin – und das Judentum nicht für mich. Wahrscheinlich lebt es sich leichter ohne einen eifernden Gott, der offenbar sehr eigentümliche Vorstellungen davon hat, was gut für sein Volk ist. Vielleicht. Andererseits hat das Judentum jedoch eine besondere Eigenschaft, die keine andere Religion anzubieten hat: Es ist unübertroffen realistisch. Als Jude weiß man nie, was Gott als Nächstes mit einem vorhat. Es können einem schöne Dinge widerfahren oder schreckliche, vollkommen unabhängig davon, ob man sich an Gottes Regeln gehalten hat oder nicht – ganz wie im richtigen Leben.

Die tägliche Absurdität und Grausamkeit der Wirklich-

63 Exodus 19,17; Quelle: http://www.jewfaq.org/gentiles.htm (abgerufen im Mai 2011).

keit, seien es nun Kriege, Erdbeben, Flugzeugabstürze – alles hat seinen Sinn: Gott wollte es so. Die oft verzweifelt gestellte Frage, wie Gott all das zulassen kann, hat eine Antwort: Weil er es kann. Und warum? Das geht uns nichts an. Danach zu fragen, steht uns Menschen nicht zu. Anders als im Christentum müsste ich mir den Gott der Juden nicht als besonders liebevoll und barmherzig schönreden. Der Gott der Juden kann auch ganz schön fies sein.

Wer sich mit diesem Gottesbild im Kopf auf der Welt umsieht, wird wenige Gründe finden, an Seiner Existenz zu zweifeln. Das Leben ist sowieso ziemlich anstrengend und steckt voller Widrigkeiten – da passt eine Religion doch ganz gut, die ebenso anstrengend ist. Wenn diese Religion dann auch noch mit sich bringt, dass man als ihr Angehöriger zu Gottes auserwähltem Volk gehört, ist das doch umso besser. Nein, so schnell wird mich das Judentum nicht los. Jetzt muss ich nur noch herausfinden, wie ich Jude werden kann. Denn obwohl die Mission im Judentum nicht vorgesehen ist, obwohl viele Rabbis Bewerber traditionsgemäß dreimal ablehnen, damit nur die hartnäckigsten Interessenten bleiben, obwohl es also schwierig ist, Jude zu werden: Es ist möglich. Aber wie genau?

Ich werde Christine fragen. Christine ist die Bekannte einer Kollegin, und gehört habe ich zum ersten Mal von ihr, weil mir diese Kollegin erzählt hat, dass sie eine seltsame Person kennt, die zum Judentum konvertieren wolle, und zwar nicht etwa, weil sie einen Juden heiraten wolle, was man ja verstehen könne, sondern irgendwie aus innerer Überzeugung, was niemand so recht verstehen kann, insbesondere deswegen nicht, weil sie als Jüdin ihren Namen ändern müsse. Christine kann sie dann nun wirklich nicht mehr heißen. Wegen der Religion seinen Namen zu ändern, also das ist sehr seltsam, sagt die Kollegin. Ihre Freunde halten sie deswegen für verrückt, beziehungsweise, um dieses schöne jiddische Wort auch mal zu verwenden, für meschugge.

Christine kann die Skepsis ihrer Freunde verstehen, sagt sie, als ich ihr später in einem Café gegenübersitze. Sie ist Mitte dreißig, Anwältin von Beruf, trägt ihr dunkles Haar halblang, eine Brille und um den Hals ein Kettchen mit einem Davidstern daran. Noch trägt sie ihren alten Namen, noch ist sie nicht konvertiert, denn das, erzählt sie, dauert – also nicht der Übertritt selbst, der ist an sich schnell erledigt, aber die Vorbereitung darauf. Vielleicht ist sie in einem Jahr so weit, vielleicht erst in zwei oder in zehn Jahren. Aber sie hat es sich fest vorgenommen, Jüdin zu werden. Ihr Freund nennt sie jetzt schon Hannah, sie aber hat sich einen anderen Namen ausgesucht, den sie später tragen möchte – Alisah, das bedeutet: die Fröhliche. Von ihren Eltern würde sie sich aber trotzdem weiter Christine nennen lassen, sonst ginge das dann doch zu weit. Die Eltern seien zwar nicht übertrieben christlich, aber dass ihre Tochter plötzlich anders heißt, das würde sie dann doch zu sehr vor den Kopf stoßen. Und ihr Freund – will der auch konvertieren? Nein, das will er nicht. Aber der sei da tolerant.

Christine sucht einen moralischen Kompass, sagt sie. Sie vermisst verbindliche Werte in unserer Gesellschaft. Die könnte sie doch auch im Christentum finden? Oder, wenn es schon eine andere Religion sein soll, auch im Islam? Nun ja, mag sein. Über den Islam weiß sie wenig. Er ist ihr fremd, inhaltlich und kulturell. Und das Christentum hat für Christine schon lange nicht mehr funktioniert. Schon im Konfirmationsunterricht hat sie gemerkt, dass sie damit wenig anfangen kann. »Ich glaube an Gott, aber nicht an Jesus«, hat sie dem Pfarrer gesagt. In Christines Erinnerung gab es auf diese tiefe Glaubenskrise vom Seelsorger nur eine sehr knappe Antwort: »Das gibt es nicht.«

Zufriedengestellt hat sie diese Antwort nicht, aber Christine ist dann doch noch einige Jahre Christin geblieben, auf dem Papier, bevor sie aus den Worten des Pfarrers Konsequenzen gezogen hat – allerdings andere, als sie sich der Pfarrer wohl gewünscht hätte. Vor einem Jahr ist sie aus der evangelischen Kirche ausgetreten. Da stand ihr Entschluss fest, Jüdin zu werden.

Auf die Idee gekommen ist Christine durch einen Freund, der zwar Jude, aber nicht religiös ist. Dieser hat sie ermutigt, sich bei einem Rabbiner vorzustellen. Der Freund hat ihr aber auch geraten, dann bitte schön nach der Konversion in eine andere Gemeinde zu gehen und niemandem zu erzählen, dass sie konvertiert ist. Sie würde sonst immer nur »die Schickse« bleiben. Was sie dann aber in der jüdischen Gemeinde erlebt hat, hat ihr gut gefallen. Die geistige Unabhängigkeit beeindruckte sie. Eine offene, diskussionsfreudige Atmosphäre habe da geherrscht. Sie hat jüdische Künstler und Intellektuelle kennengelernt, sie findet sie schlau und witzig. Von dieser Lebensart fühlt sie sich angezogen. Was viele abschrecken könnte, die Unzahl an Regeln und Geboten, die sie als Jüdin zu befolgen hätte, das zieht Christine an. Sie ist Juristin, der Umgang mit Gesetzen – insbesondere aber auch das Infragestellen und das Interpretieren von Gesetzen – ist ihr nicht nur vertraut, sondern macht ihr sogar Spaß. Und sie ist der Meinung, man sollte etwas ganz machen – oder gar nicht.

Sie begann, über das Judentum zu lesen. Sie überlegte

sogar, im Nebenfach Judaistik zu studieren, aber davon wären ihre Eltern kaum begeistert gewesen. Womöglich hatten die Eltern Angst, ihre Tochter an eine ihnen fremde Gemeinschaft zu verlieren. Erst vor kurzem habe ihre Mutter ihr besorgt von einer TV-Dokumentation berichtet, in der sie gesehen habe, wie orthodoxe Juden sich weigerten, Nichtjuden in ihr Haus zu lassen. Und obwohl Christine ihre Mutter beschwichtigen konnte, dass so ein Verhalten längst nicht für alle Orthodoxen typisch sei und für die Gesamtheit der Juden sowieso nicht: Die Möglichkeit der Entfremdung von der eigenen Familie beschäftigt auch Christine. In den großen, letzten Dingen: »Der Rabbi wies mich darauf hin, wie schwierig es für meine Eltern sein könnte, wenn ich vor ihnen sterben würde. Dann stehen sie auf meiner Beerdigung, und es spricht ein Rabbi auf Hebräisch. Und sie verstehen kein Wort.« Und in den kleinen Dingen des Alltags: »Als ich das letzte Mal bei meinen Eltern war, hat mir mein Vater Sauerfleisch – vom Schwein – mitgegeben. Das esse ich sehr gerne. Jetzt darf ich das theoretisch noch, als Jüdin dann nicht mehr. Und vor kurzem sitze ich am Tisch, lerne für meinen Übertritt zum Judentum – und will mir dazu ein Brot mit Sauerfleisch machen. Und dann habe ich gedacht, das kann ich nicht machen. Das passt jetzt nicht.«

Lernen, das ist der Weg zum Judentum. Die Geschichte kennen. Die Regeln kennen. Die Feiertage kennen. Und die Sprache, wenigstens so gut, dass Christine die Gebete versteht. Und in der Thora lesen kann. Also ziemlich gut. Ist das nicht verdammt viel Arbeit und Hebräisch eine schwierige Sprache? »Mir macht das Spaß«, sagt Christine. »Schön wäre allerdings, wenn alleine das Auswendiglernen zum Konvertieren reichen würde …« Und sie zieht einen dicken Reader aus ihrer Tasche. Lernstoff für künftige Angehörige des auserwählten Volkes.

Denn so wird man Jude, erfahre ich schließlich: Indem ein jüdisches Religionsgericht, ein »Beit Din«, einem bescheinigt, dass man Jude ist. Dazu muss man nicht nach Jerusalem (oder sonst wohin) reisen. Ein Beit Din ist kein Gericht an einem festen geographischen Ort, sondern kann praktisch überall stattfinden. Es besteht aus drei jüdischen Religionsgelehrten, also Rabbinern, die gemeinsam Entscheidungen über die Statusveränderung einer Person treffen: Wer darf heiraten? Ist eine Adoption zulässig? Sind die Voraussetzungen für die Scheidung einer Ehe gegeben? Und: Wer ist jüdisch? Die drei Rabbiner entscheiden über einen Kandidaten oder eine Kandidatin allerdings nur, wenn ein Rabbiner (der dem Beit Din im Normalfall nicht angehört) den Fall befürwortet. Der erste Schritt ist es also, einen Mentor zu finden. Und das ist nicht leicht, vor allem nicht in Deutschland. Denn der befürwortende Rabbiner sollte eigentlich der Rabbiner der Gemeinde sein, in die man später eintreten möchte.

Und das bringt uns zu der Frage, warum es so wenige jüdische Gemeinden in Deutschland gibt. Falls Sie den Grund dafür nicht kennen sollten, was eigentlich kaum vorstellbar ist, da Sie ja offensichtlich in der Lage sind zu lesen, dann wird Ihnen auch eine Erklärung der historischen Umstände an dieser Stelle kaum helfen. Ich werde deshalb darauf verzichten. Dies ist kein Buch über den Holocaust, gehen Sie, kaufen Sie sich eines und, vor allem, lesen Sie es. Hier nur in aller Kürze: Seit dem Jahr 1933, als die deutsche Mehrheitsgesellschaft beginnend mit der Machtergreifung Adolf Hitlers und des Nationalsozialismus die deutschen Juden immer mehr schikanierte, zunehmend ihrer Rechte und ihres Eigentums beraubte und später systematisch ermordete, verließen viele Juden das Land – etwa 400 000 der insgesamt etwa 500 000 jüdischen Deutschen. Schon in der Anfangszeit der Naziherrschaft wurden 1400 Synagogen in Deutschland geschlossen. Juden, die nicht auswandern konnten oder wollten, wurden gejagt, verschleppt und ermordet. Wer nicht weit genug ausgewandert ist, wurde ebenfalls gejagt, verschleppt und ermordet. Die Deutschen[64] ermordeten insgesamt etwa sechs Millionen Juden in Europa. Heute sind in Deutschland nur 107 jüdische Gemeinden im Zentralrat der Juden, dem Dachverband, organisiert. Dass die Zahl der Juden in Deutschland wieder über 100 000 gestiegen ist (kurz nach dem Krieg betrug sie kaum ein Viertel davon), ist vor allem der Zuwanderung von Juden aus Osteuropa, insbesondere Russland, zu verdanken. Das ist der Grund, warum Sie sich nicht wundern sollten, wenn es in Ihrer Kleinstadt keine jüdische Gemeinde gibt – vielleicht aber einen Gedenkstein, der anzeigt, dass an diesem Ort früher eine Synagoge stand.

64 An dieser Stelle tut sich eines der vielen großen Fettnäpfchen auf, in die zu tappen ich in diesem Kapitel wohl kaum werde vermeiden können. Zur Klarstellung: »Die Deutschen« ist eine Verkürzung. Es haben ja nicht »die Deutschen« »die Juden« terrorisiert und ermordet, denn die deutschen Juden waren ja nicht irgendwelche Fremdkörper (das wäre der Nazistandpunkt), sondern eben *auch* Deutsche, die ihr Land liebten und zum Beispiel im Ersten Weltkrieg dafür gekämpft hatten. Wäre es also korrekter, bei den Tätern von »nichtjüdischen Deutschen« zu sprechen? Nein, denn beileibe nicht alle nichtjüdischen Deutschen waren Täter, schon gar nicht diejenigen unter ihnen, die selbst verfolgt wurden: die Schwulen, die Linken, die Zeugen Jehovas und so fort. Der Ausdruck »viele nichtjüdische Deutsche« wäre vielleicht korrekt, klingt aber verharmlosend. Darum bitte ich, Folgendes stets mitzudenken: Wenn ich in diesem Zusammenhang von »den Deutschen« schreibe, dann meine ich die Mehrheit der Deutschen. Denn diese bestand aus Nazis, Anhängern und Mitläufern, leider.

Wer das Glück hat, in seiner Nähe eine jüdische Gemeinde zu finden, die auch noch bereit ist, einen Nichtjuden am Gemeindeleben teilnehmen zu lassen, der hat die größte Hürde auf dem Weg zum Judentum bereits genommen. Christine hatte dieses Glück. Einige Zeit arbeitete sie in Bad Segeberg, und in der dortigen jüdischen Gemeinde hat man sie freundlich aufgenommen. Sie durfte an den Gottesdiensten teilnehmen und an den Gemeindefesten. Die Offenheit der Gemeinde von Bad Segeberg zeigt sich auch an der Wahl ihres Rabbiners. Anders als zum Beispiel in der katholischen Kirche, wo die Kirchenverwaltung darüber entscheidet, wer wo eine Gemeinde betreut, haben die jüdischen Gemeinden es selbst in der Hand, welchen Rabbiner sie engagieren. Es sagt also eine Menge über eine Gemeinde aus, wer dort Rabbi ist. Sie könnte einen streng orthodoxen Rabbiner auswählen. Oder einen liberalen.

Die jüdische Gemeinde von Bad Segeberg hat sich für Walter Rothschild entschieden. Und so hat sich Christine für Rothschild als ihren Lehrer und Mentor entschieden. So oft es die Zeit erlaubt, besucht sie seinen Religionskurs. Rothschild berechnet dafür vierzig Euro pro Stunde, das mag zunächst nach viel Geld klingen (und tatsächlich kann man jüdischen Religionsunterricht anderswo wesentlich günstiger bekommen), vor allem, wenn man daran denkt, dass andere Religionen kein Geld nehmen, wenn man ihre Lehren hören möchte – ganz im Gegenteil, die sind froh um jeden, der kommt.

Aber erinnern wir uns: Das Judentum missioniert nicht. Wenn sich jemand dafür interessiert, ist das gut und schön. Aber es gibt keinen religiösen Auftrag dafür, andere vom Judentum zu überzeugen. Es ist eine Dienstleistung, die von Gott nicht vergolten wird. Also muss sie sich der Rabbiner im Diesseits vergelten lassen – so, wie er sich auch seine Tätigkeit als Gemeinderabbiner bezahlen lässt. Er ist ein selbständiger Unternehmer in Sachen Religion. Und dass Walter Rothschild vierzig Euro nehmen kann, wo andere jüdische Religionskurse für fünfzehn Euro zu haben sind, mag daran liegen, dass sein Unterricht sehr gefragt und beliebt ist. Bei seinen Schülern. Bei einigen Vertretern der jüdischen Religion allerdings nicht so sehr.

Zoten und Zukunft:
Anecken mit Walter Rothschild

Walter Rothschild, geboren 1954 im britischen Bradford, ist wohl einer der umstrittensten Rabbiner, die zur Zeit in Deutschland lehren[65]. Er war Rabbiner in Berlin, bei der größten jüdischen Gemeinde des Landes mit etwa 11 000 Mitgliedern – bis man ihm verbot, sein Büro zu betreten, ihn beschimpfte und hinauswarf. Das war nur zwei Jahre nach seiner Berufung. Rothschild hätte sich den ganzen Ärger ersparen können. Er war nicht auf die Stelle in Berlin angewiesen. Als er das Angebot erhielt, nach Deutschland zu kommen, hatte Walter Rothschild einen Traumjob: Er war Rabbiner der kleinen jüdischen Gemeinde auf Aruba, einer niederländischen Karibikinsel, 25 Kilometer vor Venezuela gelegen. Dort kümmerte er sich um vergleichs-

65 Mal abgesehen vielleicht vom 2008 seines Amtes enthobenen hanseatischen Landesrabbiner Dov-Levy Barsilay. Diesem wird vorgeworfen, sein bei der Bewerbung vorgelegtes Rabbiner-Diplom gefälscht zu haben – was er allerdings bestreitet. Technisch gesehen ist er möglicherweise also gar kein Rabbi. Aber wer bin ich, das zu entscheiden?

weise überschaubare 120 Gemeindemitglieder. Und, falls nötig, um die jüdischen Touristen.

Als Rothschild im Rabbi-Chat von seinem geplanten Wechsel nach Berlin berichtete, wurde ihm abgeraten. Und er wurde gewarnt. Denn in der jüdischen Gemeinde von Berlin knirschte es längst: Hier standen nicht nur die Orthodoxen gegen die Liberalen, das gibt es überall. Hier war über die Hälfte der Gemeindemitglieder gerade erst aus Russland eingewandert. 6000 Zuwanderer aus Russland integrieren zu müssen, das machte vielen Einheimischen Angst. Zudem wurde die Berliner Gemeinde dominiert von Holocaustüberlebenden und ihren Kindern, die ihre jüdische Identität vor allem mit der Schoah verbanden.

Rothschild hingegen wollte nach vorne blicken, in die Zukunft. Wollte frischen Wind in die Gemeinde bringen. Wollte nicht nur über den Holocaust reden, sondern über die Probleme des Alltags in der Gegenwart, den jüdischen Frauen zu einer stärkeren Rolle in der Gemeinde verhelfen, die allgemeine Verknöcherung überwinden. Doch bald nach seinem Amtsantritt begannen die Probleme.

In einem Zeitungsinterview am Anfang seiner Amtszeit witzelte Rothschild mit der Reporterin über die Clinton-Gespielin Monica Lewinsky und den Gleichklang der Wörter »to succeed« und »to suck seed«[66]. Es ist wohl dieser zuweilen etwas zotige englische Humor, den ihm die Konservativen schnell übelnahmen. Man wollte Veränderung, Erneuerung, das schon. Aber doch nicht so. Rothschild besonders herzlich abgeneigt war bald der über achtzigjährige Oberkantor der Synagoge an der Berliner Pestalozzistraße: Estrongo Nachama, Holocaustüberleben-

---

66 Die Übersetzung schlagen Sie besser selbst nach.

der, seit Kriegsende in der Gemeinde aktiv, väterlich und autoritär. Bei Rothschilds Predigten verzog er das Gesicht, einmal soll er ihm sogar ein Bein gestellt haben.

Der hochbetagte Oberkantor starb irgendwann, doch das entspannte die Lage nicht. Zu viele aus der Gemeinde hatte Rothschild schon mit seiner unkonventionellen Art gegen sich aufgebracht. Und nach Darstellung des Rabbis nicht nur damit: Schon früh habe er von wohlgehüteten Geheimnissen in der Gemeinde erfahren, von Machtmissbrauch, unehelichen Kindern und Korruption. So sei er einigen Gemeindemitgliedern zu gefährlich geworden. Seine Gegner und seine Anhänger – auch die gab es – bekriegten sich, Rothschild schien nur noch der Anlass zu sein, alte Konflikte auszutragen. Der Riss ging quer durch die Gemeinde. Der Stiefsohn des verstorbenen Oberkantors, Andreas Nachama, war damals der Vorsitzende der jüdischen Gemeinde. Er hatte Rothschild nach Berlin geholt, jetzt wurde er zu seinem größten Kritiker.

Als Rothschild in einer Neujahrspredigt zur Veranschaulichung seiner Thesen mit Klopapier, Geldscheinen und einem Kondom hantierte, schien das Maß voll. Der Vorstand kündigte ihm fristlos, es folgte eine langwierige Auseinandersetzung. Schließlich verglich und trennte man sich – obwohl ein Schiedsspruch ihm die Rückkehr in Amt und Würden ermöglicht hätte. Doch dieser sei ignoriert worden, sagt Rothschild. Und fügt hinzu: »Es ist ein großes Problem, dass viele jüdische Gemeinden als fast ›rechtsfreie Zonen‹ funktionieren.« Im Jahr 2000, nach nur zwei Jahren, war jedenfalls bis auf weiteres Schluss mit dem frischen Wind in der Berliner Gemeinde. Rothschild aber blieb mit seiner Familie in Berlin und wurde Reisender in Sachen Religion.

Er ist nicht nur bei der Gemeinde in Bad Segeberg unter Vertrag, sondern Landesrabbiner von ganz Schleswig-Holstein mit Zuständigkeit für Pinneberg, Kiel, Elmshorn und Ahrensburg, dazu betreut er liberale Gemeinden in Köln und Wien. Und gibt jüdischen Religionsunterricht. Seinen Humor hat er auch nach all diesen Querelen nicht verloren, sagt Christine. Und sein Unterricht sei sehr lebendig. Den muss ich treffen. Der kann mir sagen, ob das Judentum die richtige Religion für mich wäre.

Bitte verzeihen Sie gleich das Klischee, und ich hoffe sehr, Walter Rothschild verzeiht es mir ebenfalls – aber der Mann sieht aus wie ein Rabbiner aus dem Bilderbuch: Er trägt eine große Brille. Und einen langen Bart. Und hinter der großen Brille blitzen gescheite Augen. Ich sitze im Wohnzimmer seiner großzügigen Altbauwohnung direkt neben dem Kaufhaus des Westens in Berlin, er holt noch schnell Tee aus der Küche, das Radio läuft: Nachrichten. Studenten haben bei einer Demo »für mehr Bildung« das Foyer der Humboldt-Universität gestürmt und die Einrichtung demoliert, unter anderem eine Ausstellung, die dort gerade lief. Eine Ausstellung über die Enteignung jüdischer Unternehmer durch die Nazis, ausgerechnet[67]. Wie kann man nur so blöd sein. Rothschild werkelt in der Küche, und ich überlege zunehmend nervös, ob ich mich nicht bei ihm entschuldigen sollte – für die Dummheit und die Geschichtsvergessenheit der randalierenden Studenten. Denke dann wieder, dass es nicht meine Aufgabe ist, mich für etwas zu entschuldigen, das ich weder getan habe noch unterstützen würde. Rothschild ruft: »Nur einen Moment

---

67 Diese Aktion beweist nebenbei recht eindrucksvoll, wie berechtigt die Forderung der Studenten nach »mehr Bildung« ist.

noch«, und ich denke, es ist immerhin meine Generation, junge Menschen, die das getan haben. Vielleicht sollte ich mich doch entschuldigen. Oder besser für das, was die Generation meiner Großeltern den Juden angetan hat?

Um an den Holocaust erinnert zu werden, muss ich nicht verloren zwischen den Stelen des Mahnmals in Berlin herumwandern. Es reicht, das Haus zu verlassen, in dem wir wohnen. Auch gerade eben, auf dem Weg zu Rothschild, bin ich wieder an einigen der sogenannten Stolpersteine vorbeigekommen. Ich sehe sie jeden Tag, allein in unserer Straße gibt es mehrere davon. Meistens gehe ich achtlos daran vorbei, aber aus gegebenem Anlass sind sie mir heute wieder einmal aufgefallen. Die »Stolpersteine« sind ein Projekt des Kölner Künstlers Gunter Demnig. 1997 hat er damit angefangen, vor den Häusern, in denen Menschen gelebt haben, die von den Nazis verschleppt und ermordet worden sind, einzelne Pflastersteine durch kleine Gedenkschilder aus Messing zu ersetzen. Auf ihnen ist zu lesen, wer dort gewohnt hat, von wann bis wann, wohin dieser Mensch deportiert wurde und wo er ermordet wurde. Demnig verlegt die Gedenksteine nicht nur für Juden, sondern auch für Angehörige anderer Gruppen, die von den Nazis verfolgt wurden: politisch Andersdenkende, Homosexuelle, »Zigeuner«[68], Zeugen Jehovas und Euthanasieopfer. Mittlerweile liegen mehr als 20 000 Stolpersteine in über 480 Gemeinden, dazu kommen weitere in Österreich,

68 Noch so ein Fettnäpfchen. »Zigeuner« ist eine Fremdbeschreibung für das, nun ja, fahrende Volk – politisch korrekt nennt man sie Sinti und Roma. Allerdings erfasst diese Bezeichnung nicht alle. Und Demnig selbst spricht auf seiner Homepage von »Zigeunern« – also übernehme ich diese Bezeichnung eben. Und setze sie in Anführungszeichen, damit sich hoffentlich niemand beleidigt fühlt.

Tschechien, Polen, Ungarn und den Niederlanden. Drei Häuser neben dem unseren liegen die Gedenksteine für Jenny und Isidor Bukofzer sowie ihren Untermieter Arthur Rosenow. Am 20. Februar 1943[69] sind die Bukofzers von SS-Leuten aus ihrer Wohnung geholt und in das Konzentrationslager Theresienstadt deportiert worden, wenig später ist Arthur Rosenow ins Konzentrationslager Auschwitz gebracht worden. Keiner der drei kehrte aus dem KZ zurück. Die letzten Unterlagen, welche die drei Bewohner betreffen, stammen von ihrem Hauswirt Fritz Bruckhoff, der sich offenbar wenig um das Schicksal seiner Mieter scherte, sondern in der Hauptsache an Geld interessiert war. Die Wohnung, die ja bereits seit Ende Februar leerstand, war nämlich erst Ende November 1943 behördlich aufgelöst worden – daher schrieb Bruckhoff einen Beschwerdebrief und verlangte vom Staat die ausstehende Miete von März bis November. Damit alles seine Richtigkeit hat.

Ich weiß zwar nicht, ob meine eigenen Großeltern persönlich einem Juden Schaden zugefügt haben. Ich glaube es nicht. Aber ich weiß: Sie waren jedenfalls keine Widerstandskämpfer. Eine Großmutter war Mitglied der NSDAP, ein Großvater im NSKK, der Vereinigung nationalsozialistischer Auto- und Motorradfahrer. Soll ich mich bei Rothschild dafür entschuldigen, dass meine Großeltern zumindest Mitläufer gewesen sind? Wäre das angemessen? Oder doch eher lächerlich? Walter Rothschild und ich sehen uns zum ersten Mal in unserem Leben, und ich zwinge ihm ein Gespräch über meine Familie und deren eventuelle Schuld im Dritten Reich auf? Und er erteilt mir dann Absolution,

69 Ich stütze mich hier auf Recherchen von Schülern der Hermann-Hesse-Oberschule in Berlin-Kreuzberg.

oder was? Und meiner längst verstorbenen Großmutter noch dazu? Nein, nein, nein, dann lieber für die Studenten entschuldigen. Nein, auch für die nicht. Da kommt er mit dem Tee. Was mache ich bloß? Besser gar nicht entschuldigen. Unverfänglich anfangen.

»Ähem, Herr Rothschild«, sage ich, »ähem, Sie gelten ja als ein sehr lebendiger Lehrer des Judentums.« Rothschild stellt den Tee ab, schaut mich kurz an und sagt: »Ja, bis ich sterbe.« Na super. Noch keine drei Minuten vergangen, und ich habe mich bereits zum Deppen gemacht. Das ist zwar peinlich, aber, wie ich gleich danach erfahre, nicht die schlimmste aller Möglichkeiten. Walter Rothschild erzählt, dass sich die Menschen, die ihn besuchen, weil sie sich dafür interessieren, zum Judentum zu konvertieren, in drei Gruppen aufteilen lassen.

Da gibt es zunächst diejenigen, die aus persönlichen Gründen zu ihm kommen: Jemand hat eine jüdische Freundin gefunden oder einen jüdischen Freund und möchte deshalb zum Judentum wechseln. Oder die Anwärter haben in ihrer Familiengeschichte jemanden gefunden, der Jude war. Davon könnte es theoretisch sehr viele geben, sagt Rothschild, angesichts der Geschichte von Mischehen und Assimilation in den letzten Jahrhunderten: »Jemand hat einmal gesagt, zehn Prozent der europäischen Bevölkerung haben jüdische Wurzeln in den letzten drei Generationen. Ich weiß nicht genau, ob das stimmt. Aber sicher ist: Es gibt sehr viele Leute, die irgendwo jüdische Großeltern oder Urgroßeltern haben.«

Die zweite Gruppe sind diejenigen, die sich aus theologischen Gründen zum Judentum hingezogen fühlen: »Sie suchen einen Weg zu einem monotheistischen Gott ohne Jesus. Einen puren Monotheismus: Kein besonderer

Prophet, kein Sohn Gottes, keine ganze Familie mit Mutter und zweitem Cousin und so weiter.« Das sind, sagt Rothschild, meist sehr ernsthafte Leute, die sich viel mit Theologie auseinandergesetzt haben und sich nun auch gegen den eventuellen Widerstand ihrer Familien vom Christentum abwenden wollen. Und die dritte Gruppe, Herr Rothschild? »Das sind die Psychopathen. Das sind Leute, die sind ein bisschen verrückt, ein bisschen meschugge, die möchten nicht mehr zum Volk der Täter gehören, sondern Opfer werden. Mit diesen Leuten muss man höflich reden. Und sie dann abweisen.« Zum Glück habe ich nicht von meinen Großeltern angefangen. Sonst würde mich Rothschild auch noch für einen Psychopathen halten.

Dennoch scheint er nicht besonders scharf darauf zu sein, mich für das Judentum zu gewinnen, ganz im Gegenteil. Jetzt spricht er über die Nachteile seiner Religion. Zum Beispiel ist es sehr anstrengend, koscher zu kochen, wegen der streng getrennten Geschirre für Milchiges und Fleischiges, und koscher einzukaufen in weiten Teilen des Landes schlicht unmöglich, weil sich nach dem Massenmord an den Juden zu wenige jüdische Einzelhandelskaufleute in Deutschland niederlassen wollten, so dass heute keine flächendeckende Versorgung mit koscheren Lebensmitteln gewährleistet ist. Als Jude im Einklang mit seiner Religion zu leben ist überhaupt nur dort möglich, wo es bereits eine jüdische Gemeinde gibt, weil wichtige Gebete und religiöse Handlungen eine Mindestanzahl von Gläubigen erfordern. In den meisten Gemeinden werden da nur Männer gezählt, was nur ein Beispiel dafür ist, dass man die Auslegung der jüdischen Religionsgesetze in der nächstgelegenen Gemeinde auch sehr unsympathisch finden kann – was möglicherweise dazu führt, dass man weite

Reisen unternehmen müsste, um zu einer Gemeinde zu gelangen, in der man sich wohl fühlt. Wozu sollte so etwas gut sein? Warum sollte man unter diesen Umständen konvertieren wollen? Wer sollte so etwas tun wollen? Die Antworten lauten: Zu nichts, sollte man nicht, niemand.

Und es ist ja auch nicht schlimm, wenn man kein Jude ist. Gott hat jede Menge Menschen geschaffen, die keine Juden sind – also ist Gott der Ansicht, es müssen nicht alle Menschen Juden sein, und dass es völlig in Ordnung ist, kein Jude zu sein. Solange die anderen die Juden in Ruhe lassen und nicht umbringen, können sie sein, was sie wollen. Sagt der Rabbi. Er ist zwar sehr freundlich und geduldig. Aber trotzdem beschleicht mich das Gefühl, er wolle mich loswerden.

Moment, Moment. Aber es gibt doch trotzdem Menschen, die zum Judentum konvertieren, die den ganzen Aufwand auf sich nehmen, und am Ende tatsächlich Juden sind? Die gibt es. Aber es sind sehr wenige. Es ist, sagt Walter Rothschild, wie auf der Volkshochschule: Jedes Jahr melden sich zwanzig Leute zum Kurs im Blumenbinden an, und dreißig für den Autoreparaturlehrgang. Nach vier Wochen ist nur noch die Hälfte da, am Ende des Semesters sind es vielleicht nur noch vier Stück. Wenn Leute anrufen, können sie gerne zu ihm kommen, er hört sich an, was sie zu sagen haben, vielleicht haben sie schon etwas gelesen, vielleicht haben sie sogar schon etwas Relevantes gelesen, vielleicht sogar Judaistik studiert. Aber das macht sie noch nicht zu Juden. Sie können auch viel Latein lernen, aber das macht Sie nicht zu einem Römer.

Was zählt, sagt der Rabbi, ist das Gefühl. Das jüdische Gefühl. Und das stellt sich, wenn überhaupt, erst dann ein, wenn man in einer jüdischen Gemeinde aktiv ist. Aber die, das hatten wir schon, ist schwer zu finden. Rothschild führt mich hinüber in sein Büro. An der Tür steht: »Vorsicht, bissiger Rabbi!« Hier hat er eine große Hängeregistratur stehen: für jeden Interessenten, für jede Interessentin gibt es eine kleine Handakte. Die unerledigten Fälle füllen mehrere Schubladen. Es gibt viele Karteileichen, Eintagsfliegen, die nicht wiedergekommen sind. Aber Rothschild hebt alle auf – nicht etwa, um den Kunden hinterherzutelefonieren, das würde er niemals tun. Aber manchmal meldet sich jemand nach Jahren wieder, hat vielleicht geheiratet oder erwartet ein Kind oder andere Umstände haben sich geändert. Und plötzlich ist das Judentum wieder interessant. Und sie kommen wieder. In der Abteilung mit den tatsächlich Übergetretenen ist noch viel Platz. Es sind nur wenige Leute, die über Jahre am Ball bleiben.

Aber warum nur tun sie das? Dreimal am Tag beten, einen eigenen Kalender lernen, der ganze Aufwand – wofür? Rothschild denkt nach. Ein besonders üppig ausgestattetes Jenseits scheint jedenfalls nicht die Hauptmotivation dafür zu sein, die jüdische Religion zu praktizieren. Es scheint nicht einmal sicher zu sein, ob es überhaupt ein Jenseits gibt. Die Pharisäer sind davon ausgegangen, dass es eine kommende Welt gibt – aber nicht für alle, nur für die, die sie sich verdient haben. Und wenn man es nicht verdient hatte, kam man nicht rein. Keine Hölle, kein Fegefeuer, einfach ausgelöscht. Wie es in dieser kommenden Welt aussehen soll, das ist völlig unklar. Für die Rabbiner galt die Vorstellung, dass das Jenseits eine Art ewiger Lesesaal ist, in dem man unbegrenzt studieren kann. Aber auch diese Vision ist nicht verbindlich. Die einen sagen so, die anderen so. Gibt es eine Wiederauferstehung der Toten? Und wenn ja, in welcher Form steht man wieder auf? Als die

Person, die gestorben ist? Also womöglich sehr alt und gebrechlich? Oder doch eher mit dem Erscheinungsbild eines 20-Jährigen? Und was ist, wenn man zu Lebzeiten einen Finger verloren hat oder einen Arm – ist der dann wieder dran, nach der Auferstehung? Über all diese Fragen gibt es im Judentum keine Klarheit. Walter Rothschild erzählt den alten Witz von dem Supercomputer in New York. Man kann ihm eine Frage stellen und bereits vorgeben, welche Antwort man darauf haben möchte. Daraufhin spuckt der Computer den Namen eines Rabbis aus, der diese Antwort geben wird.

Wenn den Juden schon keine Belohnung im Jenseits versprochen ist – gibt es dann wenigstens eine Belohnung im Diesseits, im täglichen Leben? Danach sieht es auch nicht aus. Jüdisches Leben ist anstrengend, innerhalb und außerhalb der Gemeinde. Juden werden nach wie vor weltweit angefeindet, verfolgt, ausgegrenzt. Ein eigenes Land hat Gott seinem Volk zwar schon lange versprochen, aber ob die Existenz des Staates Israel dieses Versprechen einlöst, darf bezweifelt werden – sonst hätte der Allmächtige vielleicht dafür gesorgt, dass die Besitzansprüche im Gelobten Land nicht so kompliziert wären und dass die Juden ihren Staat in Frieden bewohnen können und nicht nur unter Einsatz von militärischer Repression gegen die Palästinenser, in ständiger Gefahr, von benachbarten arabischen Nationen angegriffen zu werden oder von einer iranischen Atomrakete. Was hat man davon, Jude zu sein? Der Rabbi weiß keine so rechte Antwort. Er sucht selbst danach. Es gibt eine gewisse Solidarität, sagt er, man ist Teil einer Gruppe, des Volkes Israel. Dennoch: »Juden sind Juden geblieben trotz Gott, nicht wegen Gott«, sagt der Rabbi. Gut, wenn jemand schon Jude ist, dann bleibt er es. »Aber Jude werden? Es bringt wenig ...« Er hat nichts dagegen, sagt der Rabbi, wenn Nichtjuden in die Synagoge kommen und Bücher lesen und lernen. Wenn sich zeigt, dass die nichtjüdische Welt ein wenig lernt über die Juden, dass niemand mehr glaubt, die Juden essen Kinder und so weiter, das wäre schön. »Aber dafür muss niemand jüdisch werden.«

Da kommt mir ein Verdacht. Das ist alles doch nur Teil der großen Ablehnungsshow. Die tatsächlichen Vorteile der jüdischen Religion werden bestimmt geheim gehalten. Denn es muss sie doch geben. Irgendwas muss doch dran sein an dieser Religion, sonst hätte sie sich nicht so lange gehalten! Da war doch noch was. Ich habe im Internet davon gelesen. »Was ist mit der Kontrolle des weltweiten Finanzsystems? Der Medien? Der Industrie? Ist man da als Jude nicht überall dabei? Sie selbst vielleicht auch?«, frage ich Rothschild. Wer weiß, vielleicht hält er Anteile am Bankhaus Rothschild? »Da muss ich Sie enttäuschen. Außer dem Namen habe ich mit denen nichts gemeinsam«, sagt der Rabbi. »Antisemitismus ist eine psychische Krankheit. Sie hindert die Befallenen, den inneren Widerspruch zu erkennen. Gleichzeitig sollen die Juden zuständig sein für den Kapitalismus und den Kommunismus. Wir sind alle faul und nehmen alle Jobs. Wir sind alle Feiglinge, und zur gleichen Zeit sind wir furchtbar stark gegen die armen Palästinenser. Das passt nicht zusammen. Ein vernünftiger Mensch würde das sofort erkennen. Aber unvernünftige Menschen sehen das nicht. Einige Vorurteile gibt es bei allen Emigrantengruppen: Sie sind hergekommen, um unsere Frauen zu nehmen, und sie bringen ihre Familien mit. Tut mir leid, beides gleichzeitig geht nicht. Es ist eine Art von Dummheit. Aber Gott muss die dummen Menschen sehr lieben, sonst hätte er nicht so viele von ihnen gemacht.« Da hat er dann auch wieder recht, der Rabbi.

Und jetzt hat er leider keine Zeit mehr, die nächste Gruppenstunde fängt gleich an. Schon klingelt es, Rothschild geht zur Tür und gleich darauf kommt ein hochgeschossener Mann in den Dreißigern herein. Brille, Hemd, Sakko. Sehr ernsthaft. Er setzt sich auf die große Couch in der Mitte des Raumes und wartet auf den Unterrichtsbeginn. Zeit für mich zu gehen. Manche Konvertiten, hat der Rabbi vorhin noch erzählt, sind so verliebt ins Judentum, die wollen nach dem Übertritt gleich Rabbiner werden. Rothschild nennt sie »die schrägen Fälle«. Was treibt diesen jungen Mann hierher? Kennt er das Geheimnis des Judentums? Ich traue mich nicht, ihn zu fragen. Er schaut so andächtig aus, und da möchte ich ihn nicht stören.

Ruhetag
Was am Sabbat alles nicht erlaubt ist
Im Einzelnen sind laut Talmud folgende Aktivitäten am Sabbat verboten: Anpflanzen, Pflügen, Ernten, Garben binden, Dreschen, die Spreu vom Weizen trennen, überhaupt die Entfernung unerwünschter Objekte aus einem Gemisch. Schleifen ist verboten, kneten, backen, Wolle scheren, Wolle waschen, Wolle schlagen, färben, spinnen und weben. Es ist verboten, zwei oder mehr Schleifen zu machen oder zwei oder mehr Fäden zu verweben. Verwobenes aufzutrennen ist ebenso verboten. Nähen ist verboten. Auftrennen zum Zwecke des Nähens ist verboten. Etwas einzufassen ist verboten. Einen Knoten zu knoten ist verboten, einen zu öffnen ebenso. Schlachten ist verboten. Gerben ist verboten. Fleisch zu salzen ist verboten. Die Nachbehandlung von Tierhäuten ist verboten, man darf sie nicht ritzen und nicht in Stücke schneiden. Es ist verboten, zwei oder mehr Buchstaben zu schreiben oder zu lö-

schen. Es ist verboten, etwas zu bauen, und es ist verboten, etwas einzureißen. Das Löschen eines Brandes ist verboten (außer, man muss es tun, um ein Leben zu retten. Diese Ausnahme gilt für alle anderen Verbote ebenso). Es ist verboten, ein Feuer zu entzünden. Man darf Dingen nicht den »letzten Schliff« verpassen, so dass sie nutzbar werden – zum Beispiel ist es verboten, eine Heftklammer zu benützen, weil die Klammer im Hefter verbogen wird und so ihren »letzten Schliff« bekommt, der sie ihrer Aufgabe befähigt, Papiere zusammenzuhalten. Schließlich ist es verboten, etwas aus einem Bereich in den anderen zu bringen, beispielsweise aus dem privaten in den öffentlichen. Kauf und Verkauf sind verboten, der Umgang mit Geld ist untersagt.

Besonders umkämpft ist die Sabbatruhe in Israel. In Jerusalem lieferten sich ultraorthodoxe Juden im Sommer 2009 wöchentlich am Freitagabend Straßenschlachten mit der Polizei, weil sie gegen die Öffnung eines Parkplatzes am Sabbat protestierten. Nach ihrer Auffassung des göttlichen Gesetzes ist das Autofahren am Sabbat vollkommen ausgeschlossen (weil durch den Zündvorgang Funken entstehen und so eine Art Feuer entzündet wird), und wer trotzdem fährt, soll wenigstens keinen Parkplatz finden. In manchen Agenturberichten von diesen regelmäßigen Protesten und Zusammenstößen ist davon zu lesen, dass die Demonstranten Mülltonnen angezündet hätten, beziehungsweise deren Inhalt. Als Ultraorthodoxe, die etwas auf sich halten, haben sie das sicherlich getan, bevor die Sonne unterging und der Sabbat begann.

Unter das Feuerverbot fallen auch sämtliche elektrischen Geräte, alles, wofür ein Stromkreis geschlossen werden muss. In Jerusalem gibt es jedoch das »Institut für Wissenschaft und Halacha«, wo bärtige Männer mit viel religiösem Sachverstand herkömmliche Geräte so umbauen, dass sie gottgefällig werden, dabei aber einigermaßen funktionsfähig bleiben. Sie haben Telefone gebaut, mit denen Notärzte auch an Feiertagen telefonieren dürfen. Sie kümmern sich um Systeme zur Erwärmung von Essen und Notrufsysteme in Krankenhäusern. Bis vor kurzem installierten und überwachten sie auch sogenannte Sabbat-Aufzüge, die, ähnlich dem Paternoster (ausgerechnet!), ab Freitagabend ständig in Betrieb sind, an jeder Etage halten und mit denen man eine halbe Stunde braucht, in den 17. Stock eines Hotels zu kommen.

Schneller wäre man zu Fuß, aber erstens ist bei besonders strengen Ultraorthodoxen selbst die Zahl der Schritte, die am Sabbat zurückgelegt werden dürfen, begrenzt (zur Synagoge und zurück) – und zweitens können manche Menschen nicht laufen, auch wenn sie noch so fromm sind. Letztere haben es seit September 2009 noch etwas schwerer im Leben als bisher, denn ein höchst ultraorthodoxes Religionsgericht hat sich der Frage des Sabbat-Aufzugs noch mal angenommen und festgestellt: Doch nicht erlaubt. Alle wieder Treppen steigen ab jetzt. Dabei geht es am Sabbat doch eigentlich darum, sich auszuruhen.

Einen letzten Versuch mache ich noch, dem Judentum auf die Schliche zu kommen. Es ist Freitagabend, und ich bin mit Christine vor der Synagoge in der Rykestraße im Berliner Bezirk Prenzlauer Berg verabredet. Ich darf sie in einen Gottesdienst begleiten. Lange bevor der Prenzlauer Berg zum Hauptwohngebiet von jungen Menschen mit bunten Sonnenbrillen wurde, die irgendwas in der Medienbranche machen (oder zumindest demnächst damit anfangen), lange bevor es hier Biomärkte und Caffè Latte gab, war der Prenzlauer Berg ein blühendes Zentrum jüdischen Lebens. Heute ist die Synagoge in der Rykestraße die größte des Landes, 2000 Menschen finden hier Platz. Dass sie in der Reichspogromnacht des 9. November 1938 nicht vom Nazimob niedergebrannt wurde, ist einzig der Tatsache zu verdanken, dass sie baulich mit den benachbarten Wohnhäusern verbunden ist. Ein Brand hätte schnell auch alle schönen Naziwohnungen nebenan erfasst. Das wollte man vermeiden und hat sich deshalb auf die Schändung der Thorarollen und die Verwüstung des Innenraums beschränkt. Im ganzen Land wurden in dieser Nacht Synagogen, Versammlungsräume und Friedhöfe zerstört. Vierhundert Menschen starben. Tausende wurden ins KZ verschleppt. Der Rabbiner von der Rykestraße und einige Gemeindemitglieder wurden nach Sachsenhausen gebracht.

Heute findet man in der Rykestraße nur mit Glück einen Parkplatz, die Gegend ist viel zu beliebt. Vor der Synagoge selbst darf man selbstverständlich nicht parken – man könnte ja eine Bombe im Kofferraum haben. Eine Reihe steinerner Poller schirmt die Synagoge vom Straßenverkehr ab, so kann niemand mit einem sprengstoffgefüllten Kleinlaster in die Synagoge rasen. In der Sperrzone patrouillieren Polizisten. Das ist gut so, denn leider muss ständig damit gerechnet werden, dass hier irgendwann jemand auftaucht, der möglichst viele Juden umbringen möchte. Aber wenn man freundlich fragt und auf Verlangen seinen Personalausweis herzeigt, darf man rein.

Christine geht hier offenbar ein und aus. Wir durchqueren einen großen, stillen Innenhof. Im Vorraum der Synagoge schnappe ich mir eine Kipa, also Kappe, und wir betreten den großen Gebetssaal. Die Gemeinde in der Rykestraße ist liberal-konservativ, was in diesem Fall bedeutet, dass wir nicht nebeneinander sitzen dürfen. Voll ist es nicht, aber es sind doch genügend Leute da, sogar genügend Männer, mehr als die zehn verlangten für den Minjan, die vollwertige Betergemeinde. Das ist mir gerade recht. Ich setze mich auf die Männerseite in eine der hinteren Reihen, sonst spricht mich am Ende noch jemand an und ich muss etwas Rituelles auf Hebräisch sagen. Vor mir liegt zwar das Gebetbuch, doch darin kann ich kein Wort lesen, das allerdings immerhin von rechts nach links. Daneben liegt eine Broschüre mit Übersetzungen. Es sind offenbar Psalmen, Loblieder auf Gott und die Reichhaltigkeit seiner umfassenden Eigenschaften.

Während ich noch ratlos blättere, werde ich von den anderen Männern nach vorne gewunken. Ich soll mich doch zu ihnen setzen. Also mache ich das. Ich bin ein wenig befangen. Die Männer nutzen die Zeit vor dem Gottesdienst, sich ausgiebig zu unterhalten. Es wird lebhaft diskutiert, oft auch der Hintermann ins Gespräch einbezogen, geschaut, wer noch kommt. Neben mir sitzt ein freundlicher älterer Mann, ich erzähle ihm, dass ich zum ersten Mal hier bin und nicht so recht weiß mit Gott und so weiter. Es geht ihm ähnlich, sagt er. Dann geht ein junger bärtiger Mann in schwarzer Tracht durch die Reihen und begrüßt jeden persönlich, offenbar ein Offizieller. Es handelt sich allerdings bei ihm nicht um den Rabbi, wie ich zunächst annehme, sondern um den Kantor. Es ist, wie ich erfahre, heute gar kein Rabbi da, den braucht man auch nicht für den Empfang des Sabbat[70] und das Abendgebet. Und der junge Mann ist genau genommen auch nicht der Kantor, sondern höchstens der Cokantor. Denn der wahre Kantor sitzt oben auf der, nun ja, Bühne. Es ist Oljean Ingster, geboren 1928. Seine Familie wurde von den Nazis ermordet, er selbst überlebte acht verschiedene KZ. Für seine Verdienste um die Verständigung deutscher Juden, andersgläubiger Deutscher und Israelis ist er mit dem Vaterländischen Verdienstorden der DDR ausgezeichnet worden und später mit dem Bundesverdienstkreuz. Er ist der Ein-

70 Oder Schabbat, wie hier alle sagen.

zige, der beide Orden hat. Seit 1966 ist er in der Rykestraße Vorsänger. Er ist hier der Chef.

Eine Frau entzündet eine Kerze, so beginnt der Sabbat. Und der Gottesdienst. Es wird ausschließlich Hebräisch gesprochen, gebetet und gesungen. Eine Menge Text. Ich habe Mühe, in der Übersetzungsbroschüre Schritt zu halten, zunächst luge ich noch bei meinem Banknachbarn, dann gebe ich auf. Es reicht mir schon, wenn ich einigermaßen im richtigen Moment aufstehe und mich wieder setze. Über allem thront Oljean Ingster. Jetzt hat er hinten Männer ohne Kipa auf dem Kopf entdeckt, offenbar ahnungslose Touristen. Mit einer ärgerlichen Handbewegung gibt Ingster Anweisung, sie zu verscheuchen. Hoffentlich verärgere ich ihn nicht als Nächster. Ich darf nichts falsch machen. Bloß nicht auffallen. An einer Stelle drehen sich alle zur Tür, ein überraschender Wechsel in der Choreographie, den ich beinahe verpasse. Jetzt wird gesungen, mal nur der Cokantor, mal alle. Teils traurige, dann auch wieder geradezu launige Melodien, schwungvoll vorgetragen. Musikalisch gesehen ist das Judentum durchaus überzeugend. Hat der Mann neben mir vorhin gesagt, dass er Instrumentenbauer ist? Oder war er doch Buchhändler? Ah, wieder aufstehen. Wieder setzen. Singen. Murmelnd beten. Wieder aufstehen. Und so fort.

Man sollte schon allein deshalb als Jude Hebräisch verstehen können, weil der Gottesdienst andernfalls sehr lange werden kann. Irgendwann ist es vorbei. Jetzt allen die Hände schütteln, »Schalom Schabbat«, einen friedlichen Sabbat wünschen. Der Banknachbar fragt, wie es mir gefallen habe. »Ich habe nichts verstanden. Aber die Musik war gut«, sage ich. »Es wäre schön, wenn es hier mehr junge Leute gäbe«, sagt der Banknachbar. Und fragt:

143

»Sieht man Sie hier jetzt öfter?« »Ich weiß noch nicht«, sage ich. Und das heißt natürlich: Nein.

Das war zwar noch keine Einladung zum Übertritt, aber doch eine sehr freundliche Frage: ob ich nicht vielleicht wiederkommen will? Und mir wird klar: Selbstverständlich könnte ich. Gleich morgen zum Sabbat-Gottesdienst. Gemeinsam beten und feiern, mich angeregt unterhalten und herausfinden, ob der nette Mann vielleicht doch Instrumentenhändler ist. Mich der Gemeinde annähern. Hebräisch lernen und die Lieder. Mich bei Walter Rothschild zum Religionsunterricht anmelden und alles lernen, was nötig ist, um von einem Religionsgericht als Jude anerkannt zu werden. Bisher hatte ich nur Skepsis gespürt und gedacht: Die wollen mich nicht. Aber da habe ich mich getäuscht.

Es geht nur darum, es ernsthaft zu wollen. Deshalb liegen die Hürden so hoch: Es sollen nur diejenigen Juden werden, die es wirklich wollen. Und nur solche, die in sich das jüdische Gefühl spüren, von dem Rothschild gesprochen hat. Obwohl ich nur diesen einen Gottesdienst besucht habe, habe ich schon jetzt den Hauch eines Eindrucks davon bekommen. Und der genügt, um zu wissen: Es wäre auch für mich möglich, Jude zu werden. Und Christine, erzählt sie später, ist sogar am Anfang gefragt worden, ob sie diesmal die Schabbat-Kerzen entzünden möchte, was sie aber abgelehnt habe, weil sie ja noch keine jüdische Frau sei. Sie wird wiederkommen. Sie hat das jüdische Gefühl.

Bei mir wäre ich da nicht so sicher, mich aber sehen die hier nicht wieder. Vielen Dank, aber für mich persönlich kommt das Judentum als Religion ab sofort nicht mehr in Frage. Ich möchte keinem Club angehören, der Leute wie mich aufnehmen würde.

4. Kapitel
Der Buddhismus
Oder: Ein Traum von einer Religion

Eine wunderbare Nacht. Hervorragend durchgeschlafen. Kann mich noch nicht einmal daran erinnern, ob und was ich geträumt habe. Ein höchst angenehmes Gefühl der Wurstigkeit. Ist doch alles egal: Gott, Erlösung, Jenseits – wer braucht so etwas überhaupt? Ich nicht. Hoffentlich ruft keiner mehr an. Und wenn doch, gehe ich nicht dran. Ganz bestimmt nicht.

Ich beobachte das Telefon. Wenn es gleich klingelt, werde ich nicht abheben. Ganz einfach: nicht abheben. Ich beobachte das Telefon. Es klingelt nicht. Es muss aber klingeln, sonst kann ich nicht nicht abheben. Ich beobachte das Telefon. Es klingelt immer noch nicht.

Meine Frau trägt unseren Sohn auf dem Arm, er ist gerade wach geworden und sieht mich mit großen Augen an. Er wirkt sehr zufrieden, obwohl er noch gar nicht gefrühstückt hat. Jetzt setzt sie ihn auf die Küchenanrichte, er wartet geduldig auf seinen Grießbrei. Wie er da so sitzt und schaut … an irgend jemanden erinnert er mich. Ich weiß auch, an wen.

Jetzt bin ich also auch schon so weit. Denn alle sagen es: Unser Sohn sieht aus wie ein Buddha. Die Tanten. Die Bekannten. Sogar unbeteiligte Passanten bleiben auf der Straße stehen, deuten auf ihn und sagen: »Schau mal, der Kleine: wie ein Buddha.« Buddha Buddha Buddha. Wir können es schon nicht mehr hören. »Weißt du was?«, sage ich zu meiner Frau, »jetzt sehe ich es auch. Unser Sohn sieht aus wie ein Buddha.« »Buddha Buddha Buddha«, sagt sie und rollt die Augen. Das Telefon klingelt. Ich gehe ran.

»Guten Tag, im Namen des ...«

»Das kann nicht sein«, sage ich.

»Doch«, sagt der Anrufer, »es kann.«

Eine Sekunde nicht aufgepasst, und schon haben sie mich wieder. »Nein danke, kein Bedarf, kein Gott für mich, vielen Dank, auf Nimmerwiederhören.« »Moment, Moment«, sagt der Service-Mensch, »es wird Sie freuen zu hören, dass unsere Richtlinien geändert wurden. Wir haben festgestellt, dass viele unserer Kunden das monotheistische Geschäftsmodell nicht mehr so gut annehmen wie noch vor wenigen Jahren. Aber wir haben reagiert, und heute kann ich Ihnen unser neues Angebot vorstellen. Vollkommen unverbindlich. Kein Risiko.«

Ich zögere. Anhören kann ich es mir ja einmal.

»Sie werden staunen«, sagt der Anrufer. »Unsere Geschäftspolitik richtet sich künftig nach folgenden Grundsätzen«[71], er räuspert sich, »glauben Sie an nichts, nur weil Sie es gehört haben.« Räuspern. »Glauben Sie nicht einfach an Traditionen, weil sie von Generationen akzeptiert wurden. Glauben Sie an nichts nur auf Grund der Verbreitung durch Gerüchte. Glauben Sie nie etwas, nur weil es in heiligen Schriften steht. Glauben Sie an nichts nur wegen der Autorität der Lehrer oder älterer Menschen. Aber wenn Sie selber erkennen, dass etwas heilsam ist und dass es dem

---

71 Diese Grundsätze stammen aus dem »Kalama Sutta«, einer Sammlung von Lehrsprüchen des Buddha.

Einzelnen und allen zugutekommt und förderlich ist, dann mögen Sie es annehmen und stets danach leben.«

»Das wars? Das ist alles?«

»Das ist alles.«

»Kein Vertrag? Keine Außendienstbesuche? Keine Anrufe mehr?« Kaum zu glauben.

»Nichts dergleichen – wenn Sie es nicht ausdrücklich wollen.«

»Das ist gut. Das ist sehr gut. Vielen Dank.«

»Wir danken Ihnen. Alles Gute.«

Endlich Ruhe! Was mache ich jetzt mit meiner neu gewonnenen Freiheit? »Wie wäre es, wenn du einen Spaziergang mit dem Kind machen würdest?«, fragt meine Frau.

Und so machen wir das. Es ist zwar kalt, aber ein sehr schöner Tag. Wir spazieren durch die Stadt. Klares Licht, klare Luft, und das Kind beschwert sich nicht, was braucht man mehr, denke ich noch, als ich direkt in einen Hundehaufen trete.

Das ist mir schon lange nicht mehr passiert. Ach, was soll's, das kann schon mal vorkommen, wer wird sich denn davon die gute Laune verderben lassen, denke ich noch, als mir an der nächsten Straßenecke der Kinderwagen am Randstein hängenbleibt und das linke Vorderrad mit einem lauten Knacken aus der Aufhängung bricht. Das ist nicht so schön, jetzt müssen wir umkehren, und ich muss ein neues Rad besorgen, und meine Frau wird nicht begeistert sein, denke ich mir, beuge mich über den Kinderwagen, um den Schaden zu untersuchen, dabei rutscht mir mein Schlüsselbund aus der Manteltasche und fällt auf die Straße, nein, leider nicht auf die Straße, sondern durch das Gitter eines Gullys, verabschiedet sich mit einem lauten Glucks, und weg ist er.

Das darf doch nicht wahr sein. Ich schaue in den Gully, unten steht eine dreckige Brühe. Den Schlüsselbund sehe ich nie wieder. Als ich mich aufrichte, fährt mir ein stechender Schmerz in den Rücken. Das auch noch. Der Tag ist gelaufen. Aber endgültig.

»Mein Sohn«, sage ich zu meinem Sohn, »heute kannst du etwas Wichtiges lernen, eine traurige Wahrheit: Das Leben ist nichts anderes als eine Ansammlung von Widrigkeiten, Schmerz und Leid.« Ihm scheint das nichts auszumachen. Er gluckst glücklich und sagt: »Dukkha« oder so ähnlich. Könnte auch »Duhkha« gewesen sein. In letzter Zeit lernt er täglich neue Silben und experimentiert damit herum. Klingt für mich wie Sanskrit.

Wir machen uns auf den Rückweg. Ein kalter Windstoß bläst mir ins Gesicht. Als ich die Haustüre aufsperren will, fällt mir wieder ein, dass ich keinen Schlüssel mehr habe. Und meine Frau ist einkaufen gegangen. Das kann dauern. Es ist verdammt kalt. Gerade war der Himmel doch noch wolkenlos. Woher kommt jetzt dieser verdammte Schneeregen? Mein Sohn hat immer noch gute Laune. Er brabbelt vergnügt: »Samudaya!« Was auch immer das bedeuten mag.

Ich hoffe, meine Frau kommt bald, denn der Schneeregen hat sich bereits in Graupelschauer verwandelt. Mein Sohn wird aller Wahrscheinlichkeit nach sehr bald seine gute Laune verlieren, da kommt er leider ganz nach mir, und meine Laune ist schon längst im Eiskeller. Lamentierend schiebe ich den Kinderwagen vor unserer Haustüre auf und ab. Ich ärgere mich, erst über die Umstände, dann über mich selbst: Warum rege ich mich so auf? Ich kann das Wetter nicht ändern, und der Hausschlüssel kommt vom Fluchen auch nicht zurück. Nein, jetzt heißt es: Zähne zusammenbeißen. Loslassen. Gelassen bleiben. Ich muss verdammt nochmal gelassen bleiben jetzt. »Nirodha!«, kräht mein Sohn. »Ja, genau, Nirodha«, sage ich.

Jetzt hat er offenbar etwas entdeckt. Er streckt die Hand aus, als wolle er mir etwas zeigen. »Magga! Magga!«, sagt er, und ich folge seinem Blick, jetzt sehe ich es auch: ein Plakat an einer Litfaßsäule. Darauf lächelt ein mittelalter Mann mit kurzem weißen Haar, weißen Zähnen und wachem Blick, und über seinem Gesicht steht: »Die Freude im Augenblick erkennen.« Es ist ein altes Plakat für einen Vortrag, der vor einem halben Jahr in der Mensa der Technischen Universität gehalten wurde. Der lächelnde Mann, so steht da, ist Lama Ole Nydahl und gemeinsam mit seiner Frau Hannah der »erste westliche Schüler des 16. Gyalwa Karmapa in Nepal«, und dieser habe ihn »nach mehrjähriger Ausbildungszeit« gebeten, »die zeitlosen Weisheiten Buddhas den Menschen in der westlichen Gesellschaft zugänglich zu machen«. »Magga«, sagt mein Sohn noch mal, und ich lese weiter: »Im ständigen Austausch mit seinen mittlerweile Tausenden von Schülern lehrt Lama Ole Nydahl seit über 30 Jahren Weg und Ziel des Diamantweg-Buddhismus rund um die Welt. Seine Frische vermittelt einen Eindruck davon, was jeder durch die Erfahrung des eigenen Geistes erreichen kann.« »Die Freude im Augenblick erkennen« – das würde ich jetzt gerne können.

Buddhismus für Eilige

Von der Geburt bis zum Tod ist das Leben eine ziemlich leidvolle Angelegenheit, und wenn wir Pech haben, geht es danach noch mal von vorne los (Dukkha). Wir leiden, wenn wir etwas wollen, das wir nicht bekommen, wenn wir etwas bekommen, das wir nicht wollen, und wenn wir nicht wissen, was wir wollen, leiden wir ebenfalls (Samudaya). Aber wenn wir nichts wollen, dann leiden wir auch nicht (Nirodha). Und es gibt eine Methode, mit der man lernen kann, nichts zu wollen (Magga). Das[1] sind die vier »Edlen Wahrheiten«, die Grundlagen der Lehre Buddhas. Wenn man alle vier nicht nur kennt, sondern auch verwirklicht, kann man dem immer wiederkehrenden Leid entkommen. Klingt so weit einfach, allerdings ist die Magga-Sache ziemlich kompliziert – sie führt nur über den »Edlen Achtfachen Pfad« zum Ziel, bestehend aus rechter Anschauung, rechter Gesinnung, rechtem Reden, rechtem Handeln, dem rechten Beruf, dem rechten Üben, der rechten Achtsamkeit und dem rechten Meditieren.

[1] Na ja, jedenfalls ungefähr

Und tatsächlich erlebe ich gleich danach einen Augenblick großer Freude, als meine Frau um die Ecke biegt und uns mit ihrem Hausschlüssel vor dem Erfrieren rettet, und diese Freude im Augenblick wird nur leicht getrübt durch ihr Seufzen, als sie den kaputten Kinderwagen bemerkt, und ihr Kopfschütteln, als sie vom Schicksal meines Schlüsselbundes erfährt. Und den nächsten Augenblick der Freude darf ich erleben, als ich eine halbe Stunde später in die Badewanne sinke. Vielleicht gar nicht so schlecht, dieser Buddhismus. Vielleicht sollte ich mir den einmal ansehen.

Und was läge näher, als zuerst einmal unter http://www.buddhismus.de nachzusehen, wie und wo man hierzulande dem ewigen Leiden endgültig entfliehen kann. Allerdings muss ich mich zunächst entscheiden, welchen Weg ich einschlagen will. Denn der Buddhismus, lese ich hier, ist in vielfältige Zweige und Linien aufgespalten, die alle ihre eigenen Methoden für den Weg zur Erlösung anbieten. Es ist eine lange Geschichte.

Wie Buddha zum Buddha wurde:
Ein folgenschweres Nickerchen

In aller Kürze: Der historische Buddha war ein Mensch namens Siddhartha Gautama[72], der ungefähr 450 Jahre vor Beginn unserer Zeitrechnung als Sohn der Adelsfamilie Shakya in Nordindien geboren wurde, mit 29 Jahren das Luxusleben hinter sich ließ und als Bettelmönch umherzog, bis er sich schließlich nach sechs Jahren Wanderschaft unter einen Ficus[73] setzte, dort meditierte und zur Erleuchtung fand. Daher kommt die Bezeichnung »Buddha«, welche eigentlich kein Eigenname ist, sondern auf Sanskrit jemanden mit einer bestimmten Eigenschaft bezeichnet: »Buddha« ist »der Erwachte«.

Kurz nach dem Aufwachen hielt Siddhartha in einem Tierpark vor fünf alten Bekannten seine erste buddhistische Rede. Dieses Ereignis gilt als Beginn der Lehre – des Dharma[74]. Die Zuhörer waren begeistert, immer mehr

72 Transkribiert aus der über 3000 Jahre alten indischen Kultursprache Sanskrit, die uns zum Beispiel das schöne Wort »Orange« beschert hat. Auf Pali, der eng verwandten, aber noch etwas älteren Sprache der ältesten buddhistischen Schriften, heißt er Siddatha Gotama.

73 Um genau zu sein: unter einen *ficus religiosa*, eine Pappelfeige im indischen Bodhgaya, wo übrigens noch heute ein solcher Baum steht, angeblich Nachkomme jenes ursprünglichen Buddha-Baumes. Der ist zwar zwischenzeitlich gefällt worden, aber vorher war ein Ableger des Ur-Ficus nach Anuradhapura in Sri Lanka gebracht worden, von dem später ein Ableger genommen und zurück nach Bodhgaya gebracht worden ist. Einfacher kommen Sie an Ihren persönlichen *ficus religiosa*, wenn Sie ihn für ungefähr drei Euro im Gartencenter um die Ecke mitnehmen.

74 Auf Pali heißt es Dhamma, was Ihnen aber völlig gleichgültig sein kann – weswegen ich ab sofort auf solche überflüssigen Hinweise verzichten werde. Halten Sie sich nur an die Regel, alle Fachbegriffe möglichst undeutlich, aber mit der Geste großer Überzeugung auszusprechen. Niemand wird es wagen, Ihnen zu widersprechen.

Leute kamen und hörten zu, Buddha ging auf Tournee und unterrichtete eine wachsende Zahl von Anhängern, gründete Orden für Männer und Frauen[75]. Er starb schließlich im Alter von etwa achtzig Jahren, vermutlich an einer Durchfallerkrankung, die durch den Verzehr verdorbener Lebensmittel ausgelöst worden war. Nach seinem Tod wurde seine Leiche von den Anhängern verbrannt. Kaum war die Asche abgekühlt, stritten sich die Hinterbliebenen darum, wer Buddhas Knochen mitnehmen durfte. Schließlich wurden die Überreste in acht Häufchen aufgeteilt, was alle zufriedenstellte.

Mit dieser so praktischen und gerechten Lösung war es mit dem einheitlichen Buddhismus vorbei. Die Schüler der ersten Generation nahmen ihr Knochensäckchen und gingen ihrer Wege, um auch anderen vom Dharma zu berichten – zunächst aber nur mündlich. So entwickelten sich zahlreiche Varianten. Erst etwa zweihundert Jahre nach Buddhas Tod wurden seine Lehrsprüche und Ordensregeln schriftlich fixiert. Viele der frühen Schulen sind längst ausgestorben, was überlebt hat, heißt heute »Theravada«, »Schule der Älteren«, und richtet sich nach einer Schriftsammlung namens Pali-Kanon.

Ungefähr fünfhundert Jahre nach Buddhas Tod etablierte sich die zweite heute praktizierte Hauptrichtung: Mahayana, »das große Fahrzeug«, die sich nicht mehr hauptsächlich auf die ursprünglichen Schriften bezieht, sondern davon ausgeht, dass diese nur ein Teil des wesentlich umfangreicheren Dharmas sind, das auch nicht ausschließlich

---

75 Die erste Regel für buddhistische Nonnen besagt übrigens, dass sie ihre männlichen Kollegen jederzeit ehrerbietig zu grüßen haben. So viel zum Frauenbild des Buddhismus.

von dem Buddha namens Siddhartha Gautama stammt, sondern ebenso von anderen Buddhas aus Vergangenheit und Zukunft. Von Bedeutung ist beispielsweise ein gewisser Buddha Maitreya, der seine Wahrheiten über geheime tantrische[76] Praktiken aus der Zukunft an spezielle Schüler geschickt hat, die sie sich seither gegenseitig weitererzählen. Im Gegensatz zum Theravada, in welchem die Erlösung des Einzelnen vom Leiden im Mittelpunkt steht, will der Suchende im Mahayana sämtlichen fühlenden Wesen zur Erleuchtung verhelfen. Wer im »Großen Fahrzeug« auf die Erleuchtung zubraust, nennt die »Schule der Älteren« gerne auch mal »Hinayana« – was oft mit »Kleines Fahrzeug« übersetzt wird, aber ähnlich unfreundlich wie »Schrottkarre« gemeint sein könnte.

Eine der sechs Untergruppen des Mahayana ist das Vajrayana, die tibetische Variante des Buddhismus, auch »Diamantfahrzeug« genannt. Darin gibt es wiederum vier Hauptrichtungen. Nach (auch blutig ausgetragenen) Machtkämpfen in der Vergangenheit hat sich von diesen die Gelug-Schule als mächtigste etabliert. Ihr bekanntester Vertreter ist der Dalai-Lama. Der lächelnde Mann auf dem Plakat, Lama Ole Nydahl, zählt hingegen zur Kagyü-Schule, beziehungsweise zur Karma-Kagyü-Linie, einer der vier Untergruppen der Kagyü. Und als ob das alles nicht schon kompliziert genug wäre, ist die Karma-Kagyü-Linie auch noch in sich zerstritten, weil sich ihre Anhänger nicht darauf einigen können, wer zur Zeit ihr geistliches Oberhaupt verkörpert. Ihr bisheriger Chef-Lama Rang-

---

76 Tantra: Teils geheime Rituale zur Weitergabe der tibetisch-buddhistischen Lehre über das Mittel der geistigen oder, im fortgeschrittenen Stadium, auch körperlichen Verschmelzung. Nicht zu verwechseln mit der Katra-Übertragung unter den Kontakttelepathen vom Planeten Vulkan.

jung Rigpe Dorje, der 16. Karmapa der Karma-Kagyü-Linie, ist im November 1981 gestorben – beziehungsweise von dieser Welt verschwunden, um bald darauf in einer neuen Inkarnation als 17. Karmapa sein Werk weiterzuführen. Aber in welcher Person? Die einen, darunter der Dalai-Lama und die chinesische Regierung, halten den 1985 in Nordtibet geborenen Nomadensproß Urgyen Trinley Dorje für den 17. Karmapa. Die anderen, darunter Ole Nydahl, unterstützen den 1983 in Lhasa geborenen Thaye Dorje, dessen Vater selbst die Reinkarnation eines wichtigen Lamas ist. Ziemlich alleine steht Seine Exzellenz Beru Khyentse Rinpoche mit der Ansicht da, beide Anwärter seien legitim. Nach viel Streit und bösen Worten wird jetzt erst mal abgewartet: Der echte Karmapa, hofft man, wird sich schon irgendwann durch seine Handlungen offenbaren[77].

Wer auf buddhismus.de nach dem richtigen dieser vielen Wege sucht, dem werden gewissenhaft die beiden Hauptrichtungen vorgestellt, dazu Zen und die eben beschriebene Unter-Unter-Variante des Buddhismus namens Vajrayana, auch genannt Diamantweg. Buddhismus.de wird vom »Buddhistischen Dachverband Diamantweg e. V.« betrieben, dem mehr als 120 Buddhismus-Zentren oder Meditationsgruppen in Deutschland angehören. Sie stehen unter der spirituellen Leitung des 17. Karmapa der Karma-Kagyü-Linie (in diesem Fall Thaye Dorje), einer Spielart des Diamantwegs nach der Praxis von Ole Nydahl. Wer auf buddhismus.de Kontakt aufnehmen möchte, findet schnell (und als Einzige) die Nummer eines »Diamantweg-Info-

---

77 Dieses Konzept hat allerdings auch schon in Gotthold Ephraim Lessings »Nathan der Weise« nicht funktioniert.

telefons«. Der Diamantweg vereinigt im Vergleich zu anderen buddhistischen Gruppen mit Abstand die meisten Anhänger in Deutschland, es sind hier wohl etwa Zwanzigtausend[78], die regelmäßig ein Diamantweg-Zentrum besuchen. Früher war vielleicht mal Zen-Buddhismus in – heute beschreitet man den Diamantweg. Denn nur der Diamantweg kann schon in einem einzigen Leben zur verwirklichten Buddhaschaft führen. Das will ich auch.

Zen in zehn Sätzen

Zen ist nichts Besonderes. Je weniger Sie sich über Zen-Buddhismus den Kopf zerbrechen, desto näher kommen Sie ihm. Hören Sie auf, um sich selbst zu kreisen. Leben Sie das Leben. Seien Sie im Augenblick. Essen Sie, wenn Sie Hunger haben. Trinken Sie, wenn Sie durstig sind. Schlafen Sie, wenn Sie müde sind. Tun Sie stets das, was Sie zu tun entscheiden. Zählen Sie nicht nach, ob das eben tatsächlich zehn Sätze waren.

»Du willst Buddhist werden?«

»Mehr noch: Ich will selbst zum Buddha werden!«, antworte ich.

Meine Frau sieht nicht gerade begeistert aus. »Wusstest du, dass dieser Buddha vor seiner Erleuchtung ein rei-

78 So schreibt es die Deutsche Buddhistische Union (DBU), ein 1955 gegründeter Dachverband der buddhistischen Gemeinschaften in Deutschland mit derzeit 60 Mitgliedsgruppen (siehe http://www.buddhismus-deutschland.de, Menüpunkt »Gruppen«, Untermenü »DBU-Mitgliedsgemeinschaften«, abgerufen im Mai 2011). Die DBU geht von insgesamt etwa 250 000 Buddhisten in Deutschland aus, etwa die Hälfte davon stammt aus Asien. Die DBU repräsentiert etwa 75 000 Menschen, die einer ihrer Mitgliedsorganisationen angehören. Dazu gebe es aber noch eine große Anzahl von Menschen, die dem Buddhismus nahestehen, aber nirgendwo Mitglied seien. Siehe auch http://www.buddhismus-deutschland.de/dbu/pdfdocs/presse_2009-08-05.pdf.

cher Zögling gewesen ist, der seine Frau kurz nach der Geburt des gemeinsamen Sohnes hat sitzenlassen, um in der Gegend herumzuziehen und den Sinn des Lebens zu suchen?«

»Mag sein. Aber er hat uns auch die vier edlen Wahrheiten geschenkt.«

»Die hat er sich ausgedacht, während er unter einem Baum geschlafen hat«, kontert meine Frau.

»Nicht geschlafen – meditiert!«, versuche ich, die Ehre Buddhas zu retten.

»Wahrscheinlich so wie auch du angeblich immer nachdenkst, wenn du auf dem Sofa liegst«, spottet sie.

»Genau so«, stelle ich fest. »Ich werde es dir beweisen.«

Und dann schiebe ich unseren Zimmer-Ficus neben das Sofa, lege mich darunter und beginne zu meditieren.

Meditieren leichtgemacht

1. Ziehen Sie sich bequeme Kleidung an.

2. Begeben Sie sich in den Lotossitz: Setzen Sie sich auf ein kleines, hartes Kissen auf dem Boden und verschränken Sie Ihre Beine so, dass Ihr linker Fuß auf dem rechten Oberschenkel ruht und der rechte Fuß auf dem linken Oberschenkel, wobei die Sohlen nach oben zeigen. Die Hände ruhen auf Ihren Knien, wobei sich Daumen und Zeigefinger berühren, die Augen sind halb geschlossen, der Blick nach innen gerichtet. Wenn Ihnen das zu anstrengend ist, können Sie sich auch im Schneidersitz hinsetzen. Wenn Ihnen dieser ebenfalls zu anstrengend ist, können Sie sich auch auf Ihre Fersen setzen. Wenn Sie auch das nicht schaffen, legen Sie sich auf den Rücken.

3. Stehen Sie wieder auf, um sich einen Wecker zu suchen und den Alarm auf den gewünschten Zeitraum Ihrer Meditation einzustellen. Für den Anfang sollten zwanzig Minuten ausreichend sein. Suchen Sie gegebenenfalls vorher Batterien für den We-

cker; falls im Haushalt keine frischen Batterien vorhanden sind, ziehen Sie sich wieder um, gehen Batterien kaufen und beginnen danach wieder mit Schritt 1.

4. Wiederholen Sie Schritt 2.
5. Stehen Sie noch mal auf, um Türklingel, Mobiltelefon, Telefon sowie den Küchenherd auszuschalten.
6. Wiederholen Sie Schritt 2.
7. Sprechen Sie Ihr Mantra, meist eine kurze Silbe, die möglichst bedeutungsarm sein sollte, weil sie sonst nur von der Meditation ablenkt.
8. Schlafen Sie nicht ein.
9. Wiederholen Sie Schritt 7 unter zunehmender Berücksichtigung von Schritt 8. Ihr Geist wird frei, Verspannungen lösen sich, Ängste weichen, möglicherweise tritt Erleuchtung ein.

Zu Risiken, Nebenwirkungen und Ihrem persönlichen Mantra fragen Sie bitte Ihren Guru oder Lama.

Ich schließe die Augen und konzentriere mich auf Buddha. Es scheint zu funktionieren. Mein Geist löst sich von meinem Körper, alle Verspannungen verschwinden, mein Bewusstsein ist frei, jetzt kommt gleich die Erleuchtung, ich spüre sie schon nahen, da sagt meine Frau: »Du schnarchst.«

So wird das nichts. Ich brauche kundige Anleitung von Menschen, die mit mir den Weg zur Erleuchtung beschreiten und meine Spiritualität verstehen und ernst nehmen. Also mache ich mich auf den Weg zum nächsten Diamantweg-Zentrum, wo mich die Nonnen hoffentlich höchst ehrerbietig grüßen werden, bevor ich mit dem angebotenen Einführungsvortrag meine ersten Schritte auf dem Edlen Achtfachen Pfad unternehmen werde.

Im Diamantweg-Zentrum:
Der Hund unseres Glaubens

Das Diamantweg-Zentrum ist in einem Hinterhof im Prenzlauer Berg gleich neben einer Fahrschule untergebracht. Es geht eine Treppe hinauf, dann durch eine Tür, dann stehe ich in einer ausgebauten ehemaligen Fabriketage mit Garderobe, Teeküche und einem großen Holztisch. Während ich meine Schuhe ausziehe (das wird offenbar erwartet), kommt eine Frau in einem grünen Pullover auf mich zu, begrüßt mich freundlich und stellt sich als Inga vor. Sie ist vielleicht Anfang vierzig. Und keine Nonne. Im Diamantweg, erfahre ich, gibt es nur Laien. Ich soll mir doch einen Tee nehmen, sagt Inga, gleich wird der Einführungsvortrag beginnen, wir warten nur ein wenig, ob noch jemand kommt. Außer mir sind heute nur drei weitere Neulinge da: ein junger Mann mit zotteligem, zum Pferdeschwanz gebundenem Haar, sein sehr unauffälliger Freund Marke »Systemadministrator« und eine junge blonde Frau, die von ihrem Cousin mitgebracht wurde, der offenbar schon längere Zeit den Diamantweg beschreitet. Inga fragt ihn, warum seine Freundin schon wieder nicht mitgekommen sei, und der Cousin erzählt von ihren gesundheitlichen Problemen: Sie habe jahrelang streng als Vegetarierin gelebt und leide jetzt unter Eisenmangel, sei daher schwach und schlapp und könne deshalb zur Zeit leider nicht ins Zentrum kommen. Jetzt esse sie zwar wieder Fleisch, aber die Symptome seien immer noch nicht ganz abgeklungen. Pferdeschwanz und Systemadministrator nicken stumm, Cousine guckt und schweigt. Ich empfehle ein Kräutertonikum, aber das scheint niemanden zu interessieren.

Es kommt dann doch niemand mehr. Also steigen wir noch eine Treppe weiter hinauf in den Meditationsraum unter dem Dach. Er ist mit Matten ausgelegt. An der Wand neben der Eingangstür sind Kissen gestapelt, die das Sitzen in Meditationshaltung bequemer machen sollen. An den Wänden links und rechts hängen Porträtfotos. Links eines von Lama Ole Nydahl, dem Begründer dieses Zentrums. Rechts eines vom 17. Karmapa Thaye Dorje, der Wiedergeburt des 16. Karmapa Rangjung Rigpe Dorje – dessen Porträt ist am Kopfende des Raumes aufgehängt. Unter ihm steht in der Mitte eine kleine Buddha-Statue. Buddha ist hier wesentlich schlanker dargestellt, als ich ihn bisher kannte. Oder bin nur ich dicker geworden? Egal. Daneben steht eine weitere Figur, sie trägt einen Flammenkranz um den Kopf und hat ein Gesicht wie ein zähnefletschender Pitbull-Terrier mit weit aufgerissenen Augen. Sie macht mir etwas Angst, aber ich lasse mir nichts anmerken. Wahrscheinlich, denke ich mir, steht dieser exotische Dämonenhund nur zur Dekoration da. Wir werden ihn schon nicht anbeten müssen.

Wir schnappen uns ein Kissen und setzen uns im Halbkreis um Inga. Sie beginnt ihren Vortrag. Wir hätten uns den Meditationsraum vielleicht anders vorgestellt, sagt sie, in bunteren Farben, wie man das aus Filmen über Tibet kennt, oder mit diesen langen, alphornartigen Tröten, aber hier gibt es so etwas nicht, denn, und das ist wichtig, man müsse unterscheiden zwischen den Lehren des Buddhismus und dem kulturellen Hintergrund der Menschen, die ihn praktizieren. Es sollen auch nicht Menschen angezogen werden, die nur Exotik suchen. Oft würden Neulinge auch denken, im Buddhismus sei es verboten, Fleisch zu essen oder Alkohol zu trinken. Das stimme nicht, man dürfe beides. Denn Buddhismus werde hier auf die westliche Art praktiziert. Ich bin beruhigt.

Dann erzählt uns Inga vom historischen Buddha, wir hatten das schon, erst sein abgeschirmtes Leben in Reichtum, dann die Begegnung mit dem echten, leidvollen Leben, die lange Suche nach Antworten, der Baum, die Befreiung, die Erleuchtung. Befreiung, sagt Inga, das ist die Erkenntnis, dass die Welt und auch das Ich nicht real sind, sondern von äußeren Umständen abhängig und wandelbar. Erleuchtung geht noch einen Schritt weiter: Durch alles Erlebte strahlt der Geist. Erleber, Erleben und Erlebnis werden eins. Um uns klarzumachen, wie ein Erleuchteter die Welt sieht, gibt uns Inga ein Beispiel: Ein von einer Bombe zerfetzter Körper sei für den Erleuchteten genauso schön und interessant wie ein schlafendes Baby. Ich kann mir das kaum vorstellen, aber das zeigt wohl nur, wie weit ich noch von der Erleuchtung entfernt bin. Denn der Erleuchtete erlebt ausnahmslos zu jedem Zeitpunkt Furchtlosigkeit, Freude und aktives Mitgefühl – das sind die drei Buddha-Eigenschaften.

Wichtig im Buddhismus sei auch der Begriff des Karma – damit ist hier nicht etwa ein unabänderliches »Schicksal« gemeint, sondern das Prinzip von »Ursache und Wirkung«: Alles, was wir tun, sagen oder denken, hat einen Einfluss auf unser späteres Leben und auch die Leben danach. Es sind also nie »die anderen schuld«, sondern man selbst ist die Ursache. Mit diesem Konzept, sagt Inga, könne man immer dann gut leben, wenn man gerade glücklich ist, wenn der Partner nett ist und der Chef freundlich – schwieriger werde es, wenn die Umstände gerade nicht so glücklich sind. Aber es bleibe dabei: Man selbst ist die Ursache. Aber was ist, frage ich, wenn ich gleich nach dem Vortrag auf die Straße gehe und von einem Betrunkenen mit seinem Auto überfahren werde – bin ich etwa auch dann die Ursache? Sollte ich in Zukunft am besten nicht mehr über die Straße gehen? Inga sagt, dass wir immer wieder geboren werden, seit Anbeginn der Zeit, und dass wir schon buchstäblich alles Mögliche gedacht, getan oder gesagt haben, und in meinem Fall wäre es dann wohl so, dass ich mit demjenigen, der mich überfährt, in irgendeinem früheren Leben mal Streit hatte.

Inga verwendet in ihrem Vortrag immer wieder Beispiele aus dem täglichen Leben, der böse Chef spielt oft eine Rolle oder die kriselnde Partnerschaft, dann schaut sie genau auf die Gesichter der Teilnehmer – vielleicht will sie so herausfinden, warum wir uns für den Buddhismus interessieren. Aber Pferdeschwanz, Systemadministrator und Cousine zeigen keine Regung. Auch ich sitze nur da wie Buddha persönlich und lächle in vollkommener Furchtlosigkeit, Freude und getrieben von aktivem Mitgefühl. Langsam schlafen mir allerdings die Füße ein. Ich bin es nicht gewöhnt, im Schneidersitz auf dem Boden zu hocken.

Also, wie kommen wir zur Erleuchtung? Nun, sagt Inga, Buddha hat 84 000 Belehrungen hinterlassen. Es sei allerdings nicht nötig, sie alle zu kennen. Man müsse sich Buddhas Belehrungen eher wie eine große Apotheke vorstellen, in der man sich bei Bedarf bedienen kann. Diese Belehrungen sind in drei Gruppen unterteilt – die drei »Fahrzeuge« beziehungsweise Wege zur Erleuchtung; die drei Hauptrichtungen des Buddhismus, sagt Inga. Der »alte« oder auch »kleine« Weg, sagt Inga, war für die Menschen bestimmt, die als Erste zu Buddha kamen und sich bei ihm Rat holten. Hier gehe es vor allem um die Vermeidung von

Leid für den Einzelnen. Der »große Weg« wiederum sei für Menschen, die nicht nur eigenes Leid vermeiden wollen, sondern das Leid aller Wesen. »Nur, damit Ihr das einmal gehört habt«, sagt Inga.

Wichtig sei auch die richtige Balance aus Mitgefühl und Weisheit. Mitgefühl darf man nicht verwechseln mit Mitleid, denn hinter Mitleid stecke immer die Haltung: Du schaffst es nicht. Oder es wirke aufdringlich. Mitgefühl hätten die anderen Religionen ja auch, sagt Inga, zum Beispiel die Christen hätten viele gute Organisationen aufgebaut, die auf Mitgefühl basieren und den Armen helfen. Aber in London würden jetzt zum Beispiel von der Polizei Flyer verteilt, auf denen steht: »Nett sein ist gefährlich.« Weil die Bettler, denen man etwas Geld gibt, dieses Geld gleich wieder für Alkohol und Drogen ausgeben – und man ihnen also nicht wirklich helfe, wenn man ihnen Geld zusteckt. Aktives Mitgefühl müsse also immer ein langfristiges Ziel haben. Wann kommt denn jetzt der dritte Weg zur Erleuchtung, frage ich mich. Man müsse übrigens nicht in einem Kloster leben, um Buddhismus zu praktizieren – das sei nur in früheren Zeiten, zum Beispiel in Tibet, nötig gewesen, weil es die Menschen im weltlichen Leben so schwer hatten, dass sie sich nicht auf den Geist konzentrieren konnten.

Der dritte Weg zur Erleuchtung sei jedoch der »Diamantweg« (ich habe es ja geahnt). Dieser Weg richte sich an Menschen, die großes Selbstvertrauen haben. Buddha habe gelehrt, dass die Fähigkeiten des Buddha in jedem Menschen bereits vorhanden sind. Man müsse sie nur erwecken.

Und zwar durch Meditation. Besonders wichtig sei im Diamantweg-Buddhismus die enge und vertrauensvolle

Beziehung zu einem Lehrer. Der Lehrer für die Besucher dieses Zentrums sei Lama Ole Nydahl. Inga zeigt auf das Porträt. Ob der denn auch hier sei, will ich wissen, schließlich müsse ich den ja kennen, wenn ich eine enge und vertrauensvolle Beziehung zu ihm aufbauen will.

Inga sagt, Lama Ole komme regelmäßig hierher, sei aber die meiste Zeit in aller Welt unterwegs, und sie sei auch schon einmal für einige Monate mit ihm gereist, das sei eine ganz tolle Erfahrung gewesen, weil Lama Ole sehr viel Energie habe und sich immer Zeit nehme für seine Schüler, egal, wie lange er schon auf den Beinen und wie beschwerlich der Tag gewesen sei. Nach ihrer Reise mit dem Lama habe sie erst einmal Urlaub gebraucht, so anstrengend war das, sagt Inga, aber Lama Ole sei nie angestrengt, so viel Energie habe der. Ich will gerade fragen, ob eine Weltreise der einzige Weg ist, den Lehrer kennenzulernen, und ob ich schon mal meine Urlaubspläne ändern soll (eigentlich wollten wir in den Schwarzwald), aber da ertönt ein Gong. Leider ist die Zeit für den Vortrag jetzt um, sagt Inga, jetzt wird hier meditiert, da könnten wir das doch gleich in der Praxis erfahren, und danach sei immer noch Zeit, Fragen zu stellen. Ob wir denn schon einmal meditiert hätten, will Inga noch wissen. Nur Pferdeschwanz meldet sich und murmelt etwas von einer Therapie. Inga nickt verständnisvoll.

Der Meditationsraum füllt sich. Der Cousin hat einen Bekannten entdeckt, er springt auf, umarmt ihn lange und wuschelt ihm durch das Haupthaar. Und umarmt ihn noch einmal. Vielleicht hatte der ja Geburtstag, denke ich mir, aber da umarmt er schon den Nächsten. Irgendwie scheinen sich hier alle ständig zu umarmen. Gleich wird meditiert. Inga hat nur noch Zeit, uns schnell die Meditationshaltung zu erklären: Schneidersitz, der rechte Fuß auf dem linken Knie – wenn die Füße einschlafen, darf man sie aber auch ausstrecken. Die rechte Hand liegt in der linken. Die Augen geschlossen oder halboffen, der Blick schräg zu Boden gerichtet. Jetzt sind es vielleicht sechzig Meditationswillige, der Raum ist voll, es kann losgehen. Die meisten haben eine kleine Perlenkette in der Hand, sehr ähnlich einem Rosenkranz oder der islamischen Gebetskette. Noch wird geplaudert, jetzt zischt jemand, es kehrt Ruhe ein. Hoffentlich dauert die Meditation nicht allzu lange. Meine Füße sind bereits vollkommen taub.

Trotzdem versuche ich, mich in die Meditationshaltung zu begeben. Es will mir nicht gelingen. Ich bin einfach zu unsportlich. Kein Wunder, dass die hier keine Figur eines dicken Buddhas stehen haben. Mein rechter Fuß will nicht auf das linke Knie, den linken Fuß dann auch noch auf das rechte Knie zu bekommen, ist sowieso undenkbar. Während ich mich noch abmühe, spricht jetzt ein junger Mann, ganz vorne in der ersten Reihe vor der Buddha-Figur und dem dämonischen Hund. Er beginnt, den Text der Meditation auf den 16. Karmapa zu verlesen. Die Meditation auf den 16. Karmapa ist ein sogenanntes Guru-Yoga, eine Praxis im tibetischen Buddhismus, in der sich der Meditierende ganz auf seinen Lehrer einlässt, seinen Geist dem Lehrer öffnet und, nun ja, eins werden soll mit dem Lehrer. Denn, so sagt es der von den Diamantweg-Schülern anerkannte 17. Karmapa Thaye Dorje[79]: »Der Lehrer zeigt uns alles. Wir übernehmen all seine oder ihre Qualitäten und verwenden sie, um die gleiche Ebene von Verwirklichung zu erlangen.« Es verwirrt mich etwas, dass

79 In einem Interview mit »Buddhismus heute« (37/2004), einer von Ole Nydahls Diamantweg-Verband herausgegebenen Zeitschrift.

wir nicht auf die aktuelle Wiedergeburt, den 17. Karmapa, meditieren, aber vielleicht will man sichergehen, auf einen echten Karmapa zu meditieren und darum erst mal warten, bis sich der Karmapa-Konflikt gelöst hat. Für Fragen ist jetzt keine Zeit, die Meditation[80] läuft bereits. Gerade hat der junge Mann etwas von vier grundlegenden Gedanken gesagt, der erste ist, dass wir froh sein sollen, vom Diamantweg gehört zu haben, weil der ganz großartig ist. Dann sollen wir zweitens daran denken, dass alles außer dem Geist vergänglich ist. Darauf sollen wir drittens an das Prinzip von Ursache und Wirkung denken und dass wir selbst beeinflussen können, was geschieht. Schließlich und viertens sollen wir daran denken, dass wir Erleuchtung brauchen, um anderen helfen zu können. Also öffnen wir uns denjenigen, die uns unterrichten können. Wir nehmen Zuflucht[81] zu Buddha, Zuflucht zu den Be-

---

80 Das Folgende ist nur eine sehr grobe Zusammenfassung der Meditation auf den 16. Karmapa, die ich als Anfänger sowieso nicht richtig verstehen konnte. Früher waren wohl einige Meditationstexte des Diamantweg-Buddhismus auf Diamantweg-Seiten im Internet zu finden, heißt es dort, aber nun schreibt Ole Nydahl, dass viele sie benützten und »einfach für sich dahin meditierten, ohne die Sichtweise unserer Bücher zu besitzen oder die nötigen Verbindungen mit einem der zur Zeit 415 Diamantweg-Zentren weltweit aufzunehmen«. Dort (mittlerweile sind es einige mehr) würden alle Fragen von erfahrenen Mitgliedern beantwortet und Anfänger davor geschützt, sich auf dem Wege zu verlaufen – denn die Meditationen seien »tiefenwirksame Weisheit und kein Spielzeug«. Insofern kann ich Sie nur ausdrücklich davor warnen, auf einem der gerade erreichbaren WikiLeaks-Mirrors nach dem Stichwort »Nydahl« zu suchen. Und lesen Sie bloß nicht die dortigen Diskussionsseiten zu diesem Thema.
81 Die Zufluchtnahme ist das buddhistische Glaubensbekenntnis: Man bekennt sich zu den »Drei Juwelen« Buddha, Dharma (Buddhas Lehren) und Sangha (Gemeinschaft). Im buddhistischen Bekenntnis der DBU sind dazu noch die »Vier Edlen Wahrheiten«, die »Fünf Silas« und das Streben nach der Einheit aller Buddhisten festgehalten.

lehrungen, Zuflucht zur Sangha[82] und zum 16. Karmapa.
Dann, sagt der junge Mann mit ruhiger Stimme, tauchen
vor uns die Umrisse des 16. Karmapa auf, ein strahlendes
Feld von Energie und Licht, er hat eine schwarze Krone
auf und wünscht uns alles Gute. Ich sehe ihn nicht, macht
aber nichts, denn der junge Mann sagt, seine Essenz ist
da, auch wenn wir kein klares Bild von ihm empfangen.
Wir wünschen uns, sagt der junge Mann, zum Wohle aller
seine Erleuchtung zu erreichen. Der Karmapa kennt unseren Wunsch, lächelt und kommt etwas näher. Ich rücke etwas zurück. Jetzt wenden wir uns direkt an ihn und bitten ihn darum, uns die Kraft zu zeigen, die Unwissenheit
und Schleier von uns und allen Wesen nimmt. Da kommt
ein starkes, klares Licht aus der Stirn des Karmapa und
dringt an selber Stelle in unseren Schädel ein, was uns offenbar unglaublich entspannt, sagt jedenfalls der junge
Mann. Wir behalten das Licht in uns und erfahren die innere Schwingung der Silbe ...

»OMMMMMMMMMMMMM«, sprechen plötzlich alle
im Raum. Was für ein Schreck. Dann, sagt der junge Mann,
kommt aus der Kehle des Karmapa ein roter Lichtstrahl
und fährt in unsere Kehle, was uns unserer Sprache bewusst macht, sagt der junge Mann, und alles schädliche
und wirre Gerede verschwindet, und wir erfahren das rote
Licht und die tiefe Schwingung der Silbe ...

»AAAAH«, seufzen da alle im Raum. Ich bin schon
wieder furchtbar erschrocken und hätte mich beinahe am

---

82 Sangha bedeutet Gemeinschaft, wobei zu unterscheiden ist zwischen der allgemeinen Sangha, die alle Buddhisten einschließt, und der
Sangha der Erwachten, die nur die Erleuchteten umfasst. Nicht zu verwechseln mit Sangria, der Gemeinschaft von Wein, Fruchtsaft, Schnaps
und Schädelweh.

roten Licht verschluckt. Das nächste Mal muss ich besser vorbereitet sein. Jetzt, sagt der junge Mann, kommt ein blaues Licht aus der Herzgegend der transparenten Karmapa-Vision und dringt in unseren Brustkorb ein. Alles Schädliche verlässt nun unseren Geist. Er ist erfüllt von spontaner Freude. Mit dem blauen Licht vibriert die Silbe …

»HUNG«, sagen jetzt alle, aber sie können mich nicht mehr aus dem Konzept bringen, was auch gut so ist, denn jetzt geht die Karmapa-Lightshow erst richtig los: Alle drei Lichtströme, sagt der junge Mann, treten gleichzeitig in unseren Körper ein, klares Licht füllt den Kopf, rotes Licht die Kehle, blaues Licht unser Herz. So erhalten wir das große Siegel[83]. Und während wir diese Lichtströme empfangen, verwenden wir das Mantra …

»KARMAPA CHENNO«, murmeln jetzt alle, »KARMAPA CHENNO KARMAPA CHENNO KARMAPA CHENNO« in allen Ecken des Raumes, ich spüre meine Füße nicht mehr und strebe jetzt nicht mehr nach Erleuchtung, sondern nur noch nach Durchblutung. Das Murmeln verebbt, der Karmapa löst sich irgendwie in einen Regenbogen auf, und dann ist die Meditation auch schon vorbei. Darf ich mich jetzt wieder bewegen? Offenbar nicht.

Denn bevor hier jemand geht, wird noch »Schwarzer Mantel« angerufen. »Schwarzer Mantel« ist der oberste Beschützer der Karma-Kagyü-Linie. Er wird mit einem traditionellen Gesang herbeigerufen. Weil dessen tibetischen Text doch noch nicht alle auswendig können, werden jetzt

83 Die vollständige und dauerhafte Erweckung des Geistes – mit anderen Worten: Erleuchtung! Zur Vertiefung lesen Sie bitte noch das Buch »Das große Siegel« von Ole Nydahl.

kleine Heftchen mit dem Text der Anrufung verteilt. Auf dem Cover ist »Schwarzer Mantel« abgebildet. Darauf war ich nicht gefasst: Es ist der Dämonenhund, der mir schon beim Hereinkommen aufgefallen war. Jetzt sehe ich ihn mir genauer an: Um seinen Hals trägt er eine Kette mit Totenschädeln[84]. Ich kann es kaum fassen: Ich sitze mitten im Berlin des 21. Jahrhunderts in einer Gruppe junger Menschen, die jetzt voller Inbrunst einen buddhistischen Pitbull-Terrier anrufen. Alle kennen die Melodie und singen mit.

»Om ma dak nö chü tong par jang tong pai ngang le ye shi chi lung me thö je teng nyi du ...«[85] Meine Füße sind verschwunden, meine Beine spüre ich auch nicht mehr. »... thö par sha nga dü tsi nga lung me köl wai dam tshik pai ...« Jetzt steigt das taube Gefühl noch weiter in mir hoch. Ich glaube nicht, dass das gesund ist. »...dütsi rab bar ö nyi de ...« Und jetzt höre ich nichts mehr.

---

84 In vielen Abbildungen dieses Wesens ist neben weiteren Schauerlichkeiten zu sehen, dass »Schwarzer Mantel« augenscheinlich auf dem Leichnam einer Frau hockt. Die ziemlich abstoßende äußere Gestalt erklärt der 17. Karmapa Thaye Dorje damit, dass die Erscheinung des Schützers ein »Ausdruck von Mitgefühl« sei und »mit Mitgefühl handeln nicht immer lächeln bedeuten muss«. (»Buddhismus heute«, 38/2004)

85 Die Anrufung beginnt damit, dass aus dem Nichts ein Totenschädel erscheint, gefüllt mit fünf Arten von Fleisch und fünf Arten von Körperflüssigkeiten. Diese Suppe beginnt dann zu brodeln, und da es auch in der Folge nicht wesentlich appetitlicher wird, ist es gut nachzuvollziehen, dass diese Anrufung nur den in die komplexe Symbolik eingeweihten Diamantweg-Anhängern bekanntgemacht werden soll. Als Laie kann ich nur hoffen, dass es stets um Mitgefühl geht – selbstverständlich auch dort, wo von der kompletten Vernichtung jeder Bedrohung für die Lehren des Karmapas die Rede ist.

Buddhismus light mit Lama Ole:
Ein Diamant redet gern länglich

Mein Geist hat sich gelöst von meinem Körper, er verlässt das Diamantweg-Zentrum, er hat hier nichts verstanden, er sucht Antworten, er sucht rechte Anschauung, rechtes Reden und rechte Meditation, mein Geist fliegt, er fliegt durch Raum und Zeit, es gibt kein Gestern und kein Heute mehr, mein Geist fliegt hin zu Buddha, nein, doch nicht ganz zu Buddha, aber immerhin zu Lama Ole Nydahl, genauer gesagt in einen großen Raum, in dem Lama Ole gerade einen Vortrag hält oder bereits gehalten hat oder noch halten wird, egal[86]. Ich erkenne den Raum, es ist die Mensa der Technischen Universität. Es ist, war und wird sehr voll hier, einige hundert Zuhörer sitzen dicht an dicht. Mein Geist findet leider nur noch ganz hinten Platz, was ein bisschen schade ist, weil er sich dann nicht so gut mit dem von Lama Ole verschmelzen können wird. Außerdem wird er den Meister nur aus der Ferne betrachten können, doch auch darauf muss mein Geist noch warten, denn einer von beiden hat sich wohl in der Ankunftszeit geirrt, mein Geist oder Nydahls Körper, der Lama ist jedenfalls noch nicht da. Also lässt mein Geist die zahlreich hereinströmenden Besucher an sich vorbeiziehen: auffallend hübsche Studentinnen und Studenten, dazu einige jung gebliebene Althippies und Normalos. Jetzt spricht eine Stimme aus dem Nichts, es ist eine Durchsage: Später sollen nur diejenigen nach vorne kommen und beim Lama Zuflucht nehmen, die

---

86 Nach allem, was man über Ole Nydahls Auftritte lesen kann, scheint sich der Standardvortrag über die Jahre nicht wesentlich verändert zu haben.

heute schon wieder abreisen, sonst dauert das zu lange. Lama Ole ist gerade von seiner Unterkunft aufgebrochen und wird in wenigen Minuten eintreffen. Mein Geist fühlt sich wie auf einem Rockkonzert.

Einige Leute laufen immer wieder durch die Stuhlreihen, obwohl sie längst schon Plätze haben. Warten sie noch auf Freunde? Sie gehen auf und ab wie auf einer Bühne, umarmen Neuankömmlinge, halten Ausschau, setzen sich kurz, stehen wieder auf. Besonders auffällig ist ein Mädchen, das aussieht wie ein Model aus einem Werbespot für Duschgel, dunkelhaarig, schicke Frisur, schöner Körper, o mein Gott, jetzt zieht sie sich den Pulli aus. Mein Geist ist abgelenkt, da sitzt plötzlich meine Frau neben ihm. »Soso, hier bist du also, und schaust den hübschen Buddhistinnen hinterher«, sagt sie. »Äh, alles nur für die Erleuchtung«, sagt mein Geist, und um das Thema zu wechseln: »Was machst du denn hier? Und wo ist unser Kind?« »Du kannst nicht erwarten, dass ich auch in deinen Visionen ständig das Baby mit mir herumtrage«, sagt meine Frau. »Ich wollte dir nur etwas geben. Du bist jetzt dran. Viel Spaß mit deinem dänischen Guru«, sagt sie und überreicht meinem Geist, der offensichtlich Hände hat, das Babyphon. »Das ist kein Guru, das ist ein Lama, ein Lehrer des tibetischen Buddhismus. Oder heißt es tibetanisch? Könntest du das bitte mal nachsehen, wenn du wieder daheim bist?«, sagt mein Geist, meine Frau nickt, sagt »ich melde mich« und ist schon wieder verschwunden.

Immer noch kommen Besucher in den Saal, begrüßen sich, viele drücken kurz die Stirn aneinander. Und dann, mein Geist hat ihn nicht hereinkommen sehen, ist Lama Ole Nydahl da und spricht. Jedenfalls ist anzunehmen, dass er spricht. Es sind zu viele Menschen und die Akustik ist zu schlecht, um das genau sagen zu können. Der Lama ist weltlich gekleidet. Er sitzt völlig entspannt auf einem Polster. Von ferne sieht er aus wie Malcolm McDowell gekreuzt mit Sting. Er spricht. Mein Geist kann den Lama leider nur fetzenhaft verstehen, es kommen immer neue Menschen in die Mensa. »Sowohl als auch«, hat er gerade gesagt. Er winkt, während er spricht, ab und zu in die Menge, er entdeckt und begrüßt bekannte Gesichter. Eine süße Schwarzhaarige mit Pferdeschwanz bringt ihm eine Tasse. Der Lama nimmt einen Schluck.

Buddha, spricht der Lama, sagt wenig über das Transzendente. Die Fragen nach dem Woher und Wohin seien nicht zufriedenstellend zu beantworten und deshalb zu verwerfen. Die Beschäftigung damit könne einen sogar verrückt machen. Buddhismus für uns ist heute so, wie wir ihn verstehen können. Er ist so, wie wir uns daran erinnern können. Er ist so, wie wir ihn weitergeben können. Buddha, sagt der Lama, ist nicht theoretisch, sondern praktisch. Wenn einem ein vergifteter Pfeil im Fleisch steckt, dann wird man nicht über den Sinn des Lebens debattieren, da denkt man nicht groß nach, nur darüber, wie man den Pfeil entfernen kann. Der Buddhismus sagt: Der Mensch kann nur im Jetzt glücklich sein, im Augenblick, ohne psychischen Ballast.

Neben meinem Geist steht jetzt ein Mann, vielleicht Mitte dreißig, sieht aber jünger aus, olivgrünes Muscleshirt und Cargohosen, kurz geschorenes Haar, er hat offensichtlich eine Menge Freunde, und er begrüßt jeden Einzelnen von ihnen. Anschließend stellt er sich an ein Fenster und unterhält sich mit einer Bekannten. Wahrscheinlich hat er Lama Ole schon so oft reden gehört, dass er heute Abend nicht so genau aufpassen muss. Der Lama blinzelt gegen den Scheinwerfer und schaut zum Eingang, immer noch kommen Besucher, der Lama sagt: »Die als Letzte kommen, sind die besten Schüler.« Und nickt gütig. Verdammt. Mein Geist war zu pünktlich.

Ist der Buddhismus eine Religion? Also jedenfalls weist er nicht zurück ins Paradies, sagt der Lama, dem misstraut der Buddhist, er strebt nicht nach etwas, das er schon hatte und verloren hat. Buddhismus ist nicht Philosophie. Er ist nicht Psychologie. Er ist keine Religion. Was dann? Buddha zeigt uns, wie die Dinge sind[87]. Buddha ist einer, der aufgewacht ist.

Der Lama nippt an seiner Tasse und informiert die Zuhörer, dass es sich dabei um einen Caffè Latte handelt, der sei zwar nicht besonders gesund, aber schmecke sehr gut. »Hoffentlich kommt jetzt kein Gesundbeter und nimmt ihn mir weg.«

Wir können uns nur das vorstellen, was bereits in unserem Geist ist. Diese Ebene der Einsicht wird Mantra genannt. Kaum jemand weiß ja, was ein Mantra ist: Es beginnt mit der Om-Silbe, dann kommt die Telefonnummer des Buddhas, den man anrufen will, und die letzte Silbe wird je nach Stimmung, je nach erwünschter Schwingung verwendet. Der Mann im Muscleshirt labert immer noch. Warum sagt denn hier keiner Psssst! Es müsste einer Psssst! sagen. Mein Geist kann so nicht zur Erleuchtung kommen. Was sagt der Lama jetzt? Die vierte Stufe ist Tantra, die fängt da an, wo man volle Kontrolle über den Körper hat, wo man den Schnee zum Schmelzen bringen kann,

---

87 Da ich die Worte des Lamas nur schlecht verstehen konnte und mich außerdem in einem außerkörperlichen Trancezustand befand, lesen Sie für zuverlässige Angaben bitte das Buch »Wie die Dinge sind« von Ole Nydahl.

nur durch ruhiges Atmen. Von ruhigem Atmen kann hier aber leider keine Rede sein. Jetzt meldet sich auch noch das Babyphon. Meine Frau ist dran. »Ich habe mal nachgesehen. Tibetisch und tibetanisch werden synonym verwendet«, quäkt ihre Stimme aus dem Lautsprecher. »Und rate mal, was ich noch alles über deinen Guru gefunden habe.« »Lama«, sagt mein Geist. »Von mir aus. Jedenfalls ist der Mann nicht unumstritten. In seinem früheren Leben war er Preisboxer. Und Drogenschmuggler, weswegen er auch schon im Gefängnis gesessen ist. Dort hat er angefangen, ausführlich zu meditieren. Was für eine Karriere! Heute gilt er als erfolgreichster buddhistischer Lehrer im Westen. Es könnte sich für mich lohnen, seine Drittfrau zu werden, dann beruft er mich vielleicht zu sich in den Vorstand der Diamantweg-Stiftung«, sagt meine Frau. »Untersteh dich!«, sagt mein Geist. »Pssst!«, sagt Mister Muscleshirt.

Der unzerstörbare Stein, sagt der Lama, der Diamant, hat zwei Eigenschaften, die ihn herausheben: Er ist hart. Und er leuchtet. Darum geht es: um einen unzerbrechbaren, leuchtenden Geisteszustand. Alle haben die Buddhanatur, der einzige Unterschied zwischen allen und Buddha ist, dass Buddha mehr meditieren kann. Andere Religionen sagen, es gibt einen Teufel, aber das ist unlogisch, denn das absolut Böse würde sich selbst zerstören. Es gibt keinen Teufel, es gibt nicht das Böse, es gibt nur die Dummheit. Wenn wir klug sind, suchen wir Glück und tun das Richtige dafür, Glück zu erfahren. Die Dummheit tut das nicht. Wie werden wir die Dummheit los? Wir müssen unseren Geist von zwei Schleiern befreien. Vom Schleier der Störgefühle, denn manchmal sehen wir schwarz, manchmal alles durch die rosarote Brille, das stört. Wenn wir denken, ich bin, stört das. Wir haben eine falsche Vorstellung von »ich« und »die anderen«. Man sieht das, was man haben will. Man denkt, ich bin besser als ihr. Die Störgefühle gehen bis zu 84 000 verschiedene Verbindungen ein.

»Dein dänischer Guru hat selbst auch schon einige Störgefühle ausgelöst, auch bei anderen Buddhisten«, erklingt die Stimme meiner Frau aus dem Babyphon. »Lama«, sagt mein Geist. »Man hat ihm vorgeworfen, ein Rassist zu sein, eingebildet und militaristisch zu sprechen, rechtslastig zu sein, sexistisch und ausländerfeindlich«[88], sagt meine Frau. Man ist stets in einem Rad von Eindrücken gefangen, sagt der Lama, die Lösung ist es herauszufinden, dass es das Ich und die Trennung nicht gibt. Das Ziel ist die volle Erleuchtung des Geistes. Was ist Erleuchtung? Wenn man sich selbst und alle Wesen im reinen Land erlebt. Die Leerheit, sagt der Lama. Niemals die reine Ebene verlassen, die Fähigkeit haben, nach der Meditation das Gute zu behalten. Fähig sein, in jedem einen Buddha zu erkennen.

»Bisher kann ich nichts Schlimmes an seiner Rede finden«, sagt mein Geist. Die westliche Kultur, sagt der Lama,

---

88 So beschreibt es der Bayreuther Religionswissenschaftler Oliver Freiberger 2001 im »Journal of Global Buddhism«. Als Quelle nennt er zwei Ausgaben der Dachverbandszeitschrift »Lotusblätter« von 1999. Der Konflikt zwischen Nydahl und der DBU ist allerdings längst beigelegt. Der Wunsch nach der Einigkeit aller Buddhisten geht sogar so weit, dass die Geschäftsstelle der DBU die alten Ausgaben der »Lotusblätter« gar nicht mehr herzeigen möchte und mitteilt, der Diamantweg habe seit damals eine Entwickelung durchgemacht. Insbesondere seine Jugendarbeit sei zu loben. Zwar unterstütze man nicht alle Meinungen, die da geäußert würden. Aber diese seien nur ein kleiner Teil des zweistündigen Vortrags, in dem ansonsten ja möglicherweise auch viel Gutes stecke.

Lama oder nicht Lama?

Ole Nydahl führt den Titel »Lama«, welcher im tibetischen Buddhismus einen »spirituellen Lehrer« bezeichnet. Die Voraussetzungen für den Erwerb des Lama-Titels sind nicht klar definiert. Ole Nydahl beruft sich darauf, vom 16. Karmapa zum Lama ernannt worden zu sein. Kritiker wie der grüne Exbundestagsabgeordnete Herbert Rusche bezweifeln, dass Nydahl den Titel Lama führen sollte. Rusche ist seit 1977 Buddhist und Mitglied im Rat der DBU, dem Leitungsgremium des Verbandes. Er schreibt: »Als Anfang der 80er Jahre sein wichtigster buddhistischer Lehrer starb und die Suche nach dessen Nachfolger einsetzte, begann Ole sich mehr und mehr als ›Lama‹ zu sehen. Er behauptete, sein jüngst verstorbener Lehrer Karmapa hätte ihn zum Lama ernannt. Kenner des tibetischen Buddhismus wissen, dass Lama kein Titel ist, der verliehen wird. Es ist eine Bezeichnung für Menschen, die eine lange und intensive Praxis und Ausbildung hinter sich haben. Gelegentlich kommt es vor, dass tibetische Lehrer ihre Schüler im Scherz Lama, Geshe oder gar Rinpoche nennen. Dies ist eher eine Nettigkeit, die den so Genannten dazu ermuntern soll, einen entsprechenden Weg einzuschlagen, niemals eine ›Ernennung‹.«[1]

[1] Siehe »Buddhismus auf Abwegen« auf http://www.herbertrusche.de (abgerufen im Mai 2011).

ist dualistisch, zweigeteilt in Gut und Böse, in Götter und Teufel, und die Leerheit, denke man, sei das Nichts. Aber die Leerheit ist kein schwarzes Loch, sondern leer von Größen, leer von Grenzen, leer von Merkmalen ist der Geist. »Pass auf, gleich redet er bestimmt vom Fallschirmspringen. Er redet gern vom Fallschirmspringen, wenn es um die Erleuchtung geht. Oder vom Motorradfahren, wie er auf seiner BMW mit 250 Stundenkilometern über die Autobahn rast. Oder von Sex«, sagt meine Frau.

Er sei ja kürzlich, sagt der Lama, mit einigen seiner Schüler beim Fallschirmspringen gewesen. Sie hätten Tandemsprünge absolviert. Und die Fallschirmprofis haben da wohl gesagt: Buddhisten sind die Besten, die halten die Augen offen, die genießen den Moment, sehr angenehme Leute. Das ist ein gutes Zeichen, sagt der Lama. Man ist der Augenblick des Seins und des Tuns. Durch diesen Zustand ändert sich die Welt: Man geht nicht mehr ins Kino und hofft auf einen guten Film. Es gehört einem das Kino, und es ist gar nicht mehr so wichtig, welcher Film da gespielt wird. »Wenn ich ein Kino besitzen würde, dann würde es mich allerdings sehr wohl interessieren, was für ein Film dort läuft«, denkt mein Geist. »Das ändert sich vielleicht, wenn du mit Lama Ole einmal einen Tandemsprung machst«, sagt meine Frau. Man haftet nicht mehr in Zeit und Raum, sagt der Lama.

Man sieht den Spiegel hinter den Bildern, das Meer unter den Wellen, erlebt die selbsterzeugte Freude. Man hat die drei Buddha-Eigenschaften: erstens Furchtlosigkeit, zweitens Freude, drittens tatkräftige Liebe. Der menschliche Geist hat große Möglichkeiten. Alles ist in Verbindung mit allem anderen und bewegt sich. Manche Leute halten sich das ganze Leben lang an Materiellem fest. Andere glauben an dauerhafte Werte – so entsteht Religion. Es ist zwar beruhigend, ein Weltbild zu haben, in dem alles stimmt, aber es ist auch gefährlich. Viele Menschen sind deshalb gestorben, sagt der Lama. Man muss aufpassen mit der Religion.

New Age ist vorbei, sagt der Lama. Die Medizinmänner am Amazonas sterben aus. Die größeren Religionen werden aber sicher bleiben. Zum einen die Glaubensreligionen, sagt der Lama, die so heißen, weil man nach ihrem

Verständnis nie wie ein Gott werden kann, weshalb man an einen Gott glauben muss. Die Juden, sagt der Lama, sind kluge Leute, man muss sich nur einmal ansehen, wie viele Nobelpreisträger die hervorgebracht haben. Die Christen, sagt der Lama, sind eigentlich ganz in Ordnung, sie wollen sich nur immer schuldig fühlen und interessieren sich ein wenig zu sehr für das Leiden. Für Buddhisten ist Leid eine Fehlvorstellung. Denn früher war es nicht da, später wird es nicht da sein, jetzt kümmert es mich nicht. Die Muslime, sagt der Lama, bewirken, dass Religion nie langweilig wird. Wo die sind, ist was los, da ist Party. Sie haben nur wenige Nobelpreisträger, die Muslime, sagt der Lama. Alle tragen einen Bart – gibt es denn bei den Muslimen keine Frauen? Ach so, diese Leute, die vollkommen in Stoff gehüllt sind, das könnten Frauen sein. Die Muslime gehen nicht gut mit den Frauen um, sagt der Lama. Und wenn sie sich in die Luft jagen, dann kommen nur andere zu Schaden. Man könnte für die Muslime doch Jihad-Ecken einrichten, in jeder Stadt, sagt der Lama, Räume, die fest mit Beton ausgekleidet sind, da können sie sich ungestört in die Luft sprengen. Das Publikum applaudiert. Jetzt plappert niemand mehr.

Dann gibt es noch die Erfahrungsreligionen, sagt der Lama. In den Erfahrungsreligionen will man die Eigenschaften eines Buddhas lernen. Der Hinduismus hat die Willenskraft zum Ziel, deshalb können die Hindus auch auf Nagelbetten liegen. Die Hindus, unsere Kollegen, arbeiten mit der Energie im Rückenmark. Für die Buddhisten ist das Ziel zu erfahren, dass der Geist ein unzerstörbares, klares Licht ist. Die magnetische Linie geht vom Kopf bis in den Unterleib, bei den Frauen bis zum G-Punkt, bei den Männern bis in die Spitze des erigierten Penis. Am Herzen hängen viele Gefühle, das sieht man auch bei Herztransplantationen, wenn mit dem verpflanzten Herz auch die Gefühle zum Organempfänger wandern, sagt der Lama.

»Er muss es ja wissen«, sagt meine Frau, »schließlich hatte er nicht nur seine zwei Frauen, sondern noch Sex mit jeder Menge Schülerinnen – jedenfalls, bis er Angst vor Aids bekam.[89] Man hat ihm übrigens auch vorgeworfen, einen oberflächlichen Instant-Buddhismus zu verbreiten.« Wir müssen zwei Schleier von unserem Geist entfernen, sagt der Lama. Den Schleier der gemischten Gefühle. Und den Schleier der starren Vorstellungen. Was brauchen wir? Wissen. Nicht Glauben, sondern etwas Nachprüfbares. Dann das Wissen ins Herz bekommen, durch Meditation. Das Erreichte absichern, eine solide Ebene erreichen und die nächste erklimmen. Eigentlich ist die Einteilung in Ebenen doch nicht so wichtig, sie erleichtert nur das Vorankommen. Der Buddha, sagt der Lama, hat uns zehn Ratschläge gegeben, keine Gebote, nur Ratschläge, er befiehlt ja nichts.

Er rät uns, nicht zu töten, nicht zu stehlen und kein sexuelles Fehlverhalten an den Tag zu legen, was mehr umfasst, als nur die Vermeidung von Ehebruch – das Fehlverhalten bezieht sich auch auf falsche Partner, den Bruch von Enthaltsamkeitsgelübden, auf Pädophilie, auf Sexualität an ungeeigneten Orten und zu falschen Zeiten[90]. Er rät uns,

89 So erzählt es Nydahl selbst in »Buddhismus heute« (32/2001). In einem Interview im Schweizer Fernsehen soll er angegeben haben, mit mehr als fünfhundert Frauen sexuelle Erfahrungen gesammelt zu haben – diese häufig kritisierte Prahlerei konnte ich allerdings nicht nachprüfen: Weder habe ich das Interview gesehen noch die Frauen gezählt.

90 Buddha selbst sagt zwar nichts darüber, aber Ole Nydahl spricht in »Buddhismus heute« (32/2001) über homosexuelle Beziehungen: »Man empfiehlt sie nicht im Buddhismus. Sie scheinen mehr Leid, Krankheit und Störgefühle auszulösen als normale Verbindungen.« Es sei schon vor-

nicht zu lügen, keine Zwietracht zu säen, keine verletzenden Worte zu gebrauchen sowie möglichst nicht unsinnig daherzureden. Für ebenso wenig hilfreich gelten die Habgier und das Übelwollen. Und zu vermeiden seien schließlich verkehrte Ansichten, zum Beispiel die für Buddhisten grundlegend irrtümliche Vertauschung von Existenz und Nichtexistenz, und besonders in Bezug auf erlösende Lehren Buddhas selbst: zum Beispiel den Zusammenhang von Ursache und Wirkung, also die Ursachen der Entstehung von Glück oder Leid oder die Möglichkeit der Befreiung davon zu leugnen.

Für Buddhisten, sagt der Lama, geht es darum, den Leuten zu sagen, wie die Dinge sind, ihre Bewusstseinsebene zu erheben, zu helfen, eine Stimme zu finden, sich fernzuhalten von Hass, Neid und Verwirrungen, einen dauerhaften Zustand von Wärme den anderen gegenüber zu erreichen. Und noch mal: Alles, was unsere Sinne uns sagen, gibt es nicht, ist ein Traum. Damit kommen wir wieder zur Leerheit zurück, sagt der Lama. Er kenne da einen Professor am CERN in der Schweiz, da werden die Teilchen aufeinandergeknallt und gehen in alle Richtungen wieder auseinander, aber sie haben nichts gefunden, was irgendeine Masse hätte, nichts von Bestand. Das hat Buddha schon vor 2500 Jahren gesagt. Form und Leerheit ist untrennbar. Die Dinge haben keine Existenz, es sind nur Verbindungen von Bedingungen. Wenn wir das begreifen, werden wir intuitiv, kreativ und befreien den Geist. Applaus. Der Vortrag ist beendet.

gekommen, dass homosexuelle Schüler ihre sexuellen Vorlieben geändert hätten – was Nydahl für »praktischer« hält und ausdrücklich gutheißt: »Ich gebe zu, dass es mich freut, wenn es geschieht.« Im Übrigen müsse das aber jeder selbst entscheiden.

Der Lama-Test

Die Qualität der Vermittlung des tibetischen Buddhismus steht und fällt mit der Qualität Ihres Lehrers. Sie müssen ihm absolut vertrauen können. Bevor Sie sich also an ihn binden und sich mit ihm verschmelzen, sollten Sie ihn zunächst einem schnellen Lama-Test unterziehen. Kreuzen Sie an:

Mein Lama …

	Ja	Nein	Vielleicht
1. … tötet oder verletzt fühlende Lebewesen.	( )	( )	( )
2. … nimmt auch, was ihm nicht gegeben wurde.	( )	( )	( )
3. … hat unpassenden[1] Sex	( )	( )	( )
4. … lügt oder spricht geringschätzig über andere.	( )	( )	( )
5. … konsumiert Rauschmittel.	( )	( )	( )
6. … isst zwischen Mittag und fünf Uhr früh.	( )	( )	( )
7. … geht in die Disco, auf Konzerte oder ins Theater.	( )	( )	( )
8. … trägt Schminke, Schmuck oder Parfums.	( )	( )	( )
9. … schläft mit Kissen.	( )	( )	( )
10. … nimmt Geld.	( )	( )	( )

Auflösung:
Mindestens ein Vielleicht:
Sie kennen Ihren Lama noch nicht gut genug. Beobachten Sie ihn, und wiederholen Sie den Test nächste Woche.
Mindestens ein Ja bei den ersten Fünf:
Überlegen Sie sich gut, ob Sie diesem Lama folgen wollen – er verwirklicht noch nicht einmal die zentralen »Fünf Silas«, die Buddha allen Schülern mit auf den Weg gegeben hat, und ist daher vielleicht nicht der verlässlichste spirituelle Lehrer.

Aber der Abend noch lange nicht. Später sind alle eingeladen, mit dem Lama zu meditieren. Und danach steigt die große Buddha-Party. Aber zunächst darf das Publikum Fragen[91] an den Lama stellen. Eine junge Frau aus der letzten Reihe meldet sich. Die Situation in Tibet sei so schlimm gerade, das betreffe doch auch uns alle hier, ob man nicht gemeinsam etwas organisieren könne, um den unterdrückten Tibetern zu helfen? Der Lama lehnt ab. In den Meditationszentren darf nicht politisch gearbeitet werden. Es müsse schon jeder für sich selbst entscheiden, ob er sich vor die chinesische Botschaft stellt, um dort Steine in die Fenster zu werfen, sagt der Lama. Allgemeine Zustimmung.

Mein Geist jedoch ist verwirrt. Hat der Lama gerade dazu aufgerufen, vor der chinesischen Botschaft zu randalieren? Oder hat er davon abgeraten? Wie geht das, was der Lama hier (möglicherweise) gesagt hat, mit dem buddhistischen Grundsatz der Gewaltlosigkeit zusammen? Wie geht das, was er (definitiv) über den Islam gesagt hat, mit der buddhistischen Regel zusammen, nur wohlwollend zu

91 Auch wenn Sie keinen Vortrag von Lama Ole Nydahl besuchen und keines seiner Bücher kaufen wollen, müssen Sie nicht auf den Schatz seiner praktischen Weisheit verzichten. Unter http://www.lama-ole-nydahl.de/fragen (abgerufen im Mai 2011) gibt er Ratschläge für nahezu alle Lebensbereiche.

sprechen? Und während der Lama noch spricht, jetzt über Liebe und Partnerschaft, hat mein Geist endlich begriffen. Endlich hat mein Geist die reine Sichtweise gefunden, die im Diamantweg so wichtig ist: Es gibt kein Gut und kein Böse, kein Rein und Unrein, kein Richtig und Falsch. Alles, was geschieht, geschieht. Jeder und jede ist ein Buddha. Mein Geist erhebt sich aus der Mensa, der Lama redet noch, jetzt über multikulturelle Beziehungen und dass die nicht so gut funktionieren, aber mein Geist hört gar nicht mehr zu, er fliegt wieder durch Raum und Zeit, und diesmal fliegt er hin zu Buddha, ich spüre es genau.

Mitten im Nichts: Das Leben in Buddha

Der Geist schwebt jetzt über der TU-Mensa, immer weiter hinauf, unten sehe ich die Lichter der Stadt, jetzt müsste mein Geist eigentlich nach rechts abbiegen, Richtung Osten, nach Indien, aber der Geist nimmt die entgegengesetzte Richtung, bewegt sich nach Westen, immer weiter, über den Atlantik, auf das nordamerikanische Festland zu und weit hinein, jetzt senkt er sich rapide, er landet, seltsam, ausgerechnet hier. Aber dann sehe ich es: Mein Geist befindet sich mitten im Nichts. Ich bin endlich in Buddha angekommen.

Und so sieht Buddha[92] tief im Westen aus: flaches Land, wohin man schaut. Buddha ist eigentlich weniger ein Ort als eine Straßenkreuzung. Hier wird die Tunnelton Road zur Devil's Backbone Road, mitten in der Weite des Staates Indiana, der sogenannten Straßenkreuzung der USA.

92 Überzeugen Sie sich selbst: 38°47'31" N, 86°24'24" W.

Etwa hundertzwanzig Leute wohnen in Buddha. Einer davon ist Ted Wray. Seiner Familie gehört ungefähr die Hälfte von Buddha. Die Wrays haben eine Farm und bauen Mais und Sojabohnen an. Warum Buddha ausgerechnet Buddha heißt, kann Ted nicht genau sagen. Manche erzählen es so: Vor etwa hundert Jahren kam ein Handlungsreisender in den Gemischtwarenladen an der Kreuzung und fragte, warum der Ort keinen Namen habe. Das könne man doch ändern. Der Vertreter hatte auch einen Vorschlag: Man könne das hier doch Buddha nennen. Und so geschah es. Andere Hoosier[93] aus der Gegend behaupten, Buddha sei nach einem lustigen Typen benannt worden, der hier einmal gewohnt hat. In der Wikipedia steht, der Ort Buddha würde wie »Buh-die« ausgesprochen, ähnlich dem Namen Judy, aber Ted sagt, die von Wikipedia müssen wohl ausgerechnet Fred Harris gefragt haben, das sei der Einzige, der Buddha wie Judy ausspricht, alle anderen sagen Buddha wie Buddha. Allerdings, sagt Ted, sei Fred schon ziemlich alt und nicht wirklich verlässlich.

Wie lebt es sich in Buddha, Ted? Ted sagt, dass er als Kind viel in den Wäldern von Buddha gespielt hat. Seine Eltern haben ihm nicht erlaubt, viel vor dem Fernseher zu sitzen, also hat er selbst für Unterhaltung gesorgt. Ted dreht Kurzfilme[94]. Wenn es in Buddha einen Sturm gibt oder eine Überschwemmung, weil der East Fork White River mal wieder über die Ufer getreten ist, oder wenn Außerirdische

93 Einwohner des Staates Indiana.
94 Seine Werke sind unter der Adresse http://www.youtube.com/pervertorted zu finden (abgerufen im Mai 2011). Empfehlenswert ist beispielsweise seine Auseinandersetzung mit der überraschenden Manifestation von Gut und Böse in dem Film »EVIL TED vs. TED«.

Spuren in einem Kornfeld bei Buddha hinterlassen haben sollen, dann ist Ted mit seiner Videokamera vor Ort. Wenn aber, wie zum Glück die meiste Zeit über, weder Unwetter noch Aliens Buddha heimsuchen, dann dreht Ted vielleicht eine neue Folge seiner Action-Serie »Buddha Cops«, deren Handlung daraus besteht, dass Ted und sein Bruder mit Schusswaffen posieren und auf der Jagd nach Kriminellen mit einem Jeep durch das Unterholz von Buddha pflügen. Oder Ted setzt sich eine Perücke und eine Sonnenbrille auf, stellt sich mit Mikrophon und Verstärker an die Kreuzung und singt die wartenden Autofahrer an. Oder er nimmt ein neues Video seiner Ein-Mann-Metalband »Brutality in Buddha«[95] auf. Und manchmal kommen auch Buddhisten und sogar buddhistische Mönche nach Buddha, Indiana. Ted findet das cool. Er ist zwar christlich erzogen und aufgewachsen, aber von ihm aus kann jeder glauben, an was er will. Hey, und da ich doch gerade in der Gegend bin, sagt Ted, könnten wir doch ein großes Feuer machen und Zeugs verbrennen, wie wär's?

Mein Geist erkennt jetzt in jedem einen Buddha. Auch Ted aus Buddha ist ein Buddha.

Und mit diesem Gedanken erwacht mein Geist.

Er kehrt zurück in die TU-Mensa, wo die Buddha-Party bereits in vollem Gange ist. Hier tanzen die Buddhas. Auch Mister Muscleshirt ist ein Buddha.

Und mit diesem Gedanken erwache ich und kehre zurück in den Meditationsraum des Diamantweg-Zentrums, hier meditieren die Buddhas noch immer auf den Schützer, der mir Angst gemacht hat, aber jetzt erkenne ich sein Mit-

95 Text: »Get me out of here before I kill you all.« (»Holt mich hier raus, bevor ich euch alle umbringe.«)

gefühl und ich erkenne Buddha in Pferdeschwanz, System-administrator und Cousine.

Und mit diesem Gedanken erwache ich unter dem Ficus in unserem Wohnzimmer, offenbar war ich ein wenig ein-genickt, und vor mir steht meine Frau mit unserem Sohn auf dem Arm.

Und ich erkenne Buddha in meiner Frau und ich er-kenne Buddha in unserem Sohn und ich sage: »Ich erkenne Buddha!« »Das ist schön für dich«, sagt meine Frau, »aber Buddha hat gekackt. Wickelst du ihn jetzt oder willst du etwa noch weiterschlafen?«

»Ich bin erwacht«, sage ich, und wickle unseren Sohn, und dabei erzähle ich ihr von Lama Ole Nydahl, vom Dia-mantweg und auch von Ted Wray. Meine Frau hört sich das alles an, und dann sagt sie: »Ich frage mich, was das al-les mit Buddhismus zu tun haben soll.«

»Das frage ich mich auch«, sage ich, und sie fragt: »Bist du jetzt Buddhist?«

»Ja«, sage ich, denke nach, sage »Nein«, denke nach.

Und sage schließlich: »Das ist völlig egal.«

Buddha lacht.

5. Kapitel
Scientology
Oder: Würden Sie diesem Mann
eine Religion abkaufen?

Diese Nacht kein Auge zugetan, keine Zeit dafür gehabt. Mein Leben ist außer Kontrolle geraten. So kann das nicht weitergehen. Ich bin da in etwas hineingeraten und fürchte, dass ich alleine nicht mehr herauskomme. Ich bin abhängig. Ich kann nicht mehr ohne.

Die Geschichte ist diese: Ein Freund hat mich hineingezogen. Dieser Freund hat mir letztes Jahr eine Einladung geschickt. Ich solle doch mal vorbeikommen, er sei auch öfter da, die Sache sei lustig und man könne mit wenig Aufwand eine Menge erreichen. Ich war neugierig. Also bin ich hin, nur mal zum Ausprobieren. Am Anfang macht es tatsächlich eine Menge Spaß. Es gibt schnelle Erfolgserlebnisse. Ich ging immer öfter hin, bald täglich, bald mehrmals am Tag. Ich stieg auf. Die Leute dort sind immer freundlich, aber das ist nur die Oberfläche. Die Wahrheit ist: Sie wollen etwas von dir.

Sie haben mich nach Geld gefragt, bei jeder sich bietenden Gelegenheit, manchmal auch ohne Anlass. Für Geld, haben sie gesagt, kannst du noch schneller aufsteigen. Sie wollten, dass ich meine Freunde mit hineinziehe, meine Verwandten und Bekannten. Denn ich wollte Geld verdienen, um aufzusteigen. Immer weiter, immer schneller.

Aber was ist ihr Geld schon wert? Was hat man davon, die nächste Stufe erreicht zu haben? Überhaupt nichts. Eine schnöde Gratulation, ein neuer Phantasietitel, mit dem du dich schmücken darfst. Das ist alles. Danach wartet die nächste Stufe. Und du merkst gar nicht mehr, dass du nichts erreicht hast, dass sich nichts ändert. Du machst einfach weiter.

Diese Leute sind gierig. Sie wissen genau, was du tust. Sie beobachten dich »zum Wohl der Organisation«. Im Internet ist ein Video[96] aufgetaucht, mit verwackelter Kamera bei einem exklusiven Treffen aufgenommen, da lässt sich der Chef in die Karten blicken. Ein seltener Moment. Er gibt ganz offen zu, »schreckliche Dinge« getan zu haben, nur um schnell an Geld zu kommen. Er wollte das Geld sofort, also tat er alles, was dafür nötig war. Denn mit Geld, sagt der Chef, kann man sein Schicksal kontrollieren.

Es ist Zeit, Namen zu nennen. Sie ahnen ja wohl sowieso schon, um wen und was es hier geht. Der Chef der Organisation, in deren Hände ich gefallen bin, heißt Mark Pincus. Er ist Vorstandsvorsitzender der Firma Zynga aus San Francisco, Kalifornien. Mark Pincus ist Mitte vierzig, hat ein Jungengesicht, trägt häufig Jeans und T-Shirt und ist sehr reich. Pincus ist der Mann hinter Farmville.

Farmville ist ein Internet-Computerspiel auf der Plattform Facebook, bei dem es darum geht, seine eigene virtuelle Farm anzulegen und dort virtuelles Gemüse anzupflanzen oder virtuelle Kühe zu melken. Man kann seinen virtuellen Nachbarn auf ihren virtuellen Farmen helfen, indem man ihre virtuellen Felder mit virtuellem Dünger virtuell düngt. Wenn man genügend virtuelle Ernte virtuell eingefahren hat, bekommt man Geld. Virtuelles, versteht sich. Davon kann man sich wieder virtu-

---

96 http://techcrunch.com/2009/11/06/zynga-scamville-mark-pinkus-facebook/ (abgerufen im Mai 2011).

elle Samen kaufen, um virtuelle Pflanzen anzubauen. Oder man kann sich virtuelle Objekte kaufen und sie auf seine virtuelle Farm stellen: virtuelle Häuser, Zäune, Bänke, einen Postkasten, einen Grill, alles. Je mehr man anpflanzt und einkauft und ausbaut, desto mehr Erfahrungspunkte bekommt man. Je mehr Erfahrungspunkte man bekommt, desto mehr und schönere virtuelle Objekte kann man sich kaufen. Und desto höher kann man aufsteigen. Ich bin schon auf Level 30.

Es muss jetzt endlich etwas geschehen. Ich muss mich von Farmville befreien. Ich muss mein Leben wieder in den Griff bekommen.

»Du könntest zum Beispiel damit anfangen, das Telefon reparieren zu lassen«, sagt meine Frau. Sie hat wie immer recht. Es kommen keine Anrufe mehr herein. Das ist ja einerseits ganz schön, nach all den unerwünschten Werbeanrufen und religiösen Verwicklungen der letzten Tage. Aber andererseits war das Telefon ja nicht *nur* störend, sondern auch ganz praktisch. Jetzt ruft nicht nur niemand mehr an, wir können selbst auch nicht mehr hinaustelefonieren. Das ist nicht gut. Und wer weiß: Wenn das Telefon wieder in Ordnung ist, unterbleiben vielleicht auch die unerwünschten Werbeanrufe. Ich sollte beim Reparaturauftrag am besten auch gleich eine neue Nummer beantragen. Anrufen kann ich bei der Telefongesellschaft ja nun nicht, und die Mobilgebühren der Hotline sind mir zu teuer – also mache ich mich auf den Weg zu einer Filiale unseres Telefonanbieters.

In der Schlange bei der Telefonfirma steht ein Mann im Anzug, der unablässig telefoniert. Es scheint um ein größeres Geschäft zu gehen, der Mann spricht immer wieder von dem »Haufen Kohle«, den »die Sache« einbringen werde, und dass man aber noch mal »Druck« machen müsse beim Kunden, er werde den schon »bearbeiten«, und als sein Gesprächspartner offenbar Bedenken anmeldet, sagt er, er werde sich »darum kümmern«, »die Sache in die Hand nehmen«, und überhaupt habe der Kunde ja »keine Ahnung«. Dann ist er an der Reihe. Er unterbricht sein Gespräch nicht, nur nebenbei lässt er den Menschen am Schalter wissen, dass da etwas mit seinem Telefon nicht stimme, auch der Internetanschluss sei tot, er verlange, dass das sofort in Ordnung gebracht werde. Der Schaltermensch murmelt etwas, das ich nicht verstehen kann, jedenfalls scheint er den Anzugmenschen damit zu verärgern, denn der droht jetzt mit Beschwerde beim Vorgesetzten und mit dem Anwalt, er wird laut. Der Schaltermensch tippt in seinem Computer herum, jetzt scheint er eine befriedigende Information gefunden zu haben, der Anzugträger nickt, dreht sich um und geht. Und im Herausgehen höre ich, wie er in sein Mobiltelefon sagt: »Hast du gehört? So macht man das.« So ein Arschloch, denke ich mir. Aber offenbar ein erfolgreiches.

Und dann bin ich an der Reihe. Ich schildere mein Problem, der Telefonanschluss kaputt, wann es denn möglich sei, den zu reparieren? Der Mensch hinter dem Schalter konsultiert seinen Computer und kündigt mir den Besuch eines Servicetechnikers am nächsten Mittwoch an. Ich solle mich zwischen acht und sechzehn Uhr bereithalten. Das ist erst in fast einer Woche. Und den ganzen Tag warten? Soll ich mir etwa Urlaub nehmen, weil unser Telefon gestört ist? Ich bin sprachlos. Dann fange ich mich wieder. »Meinen Sie nicht, es wäre möglich, dass sich schon vorher jemand darum kümmert? Wir brauchen das Telefon.« Der Mensch hinter dem Tresen mustert mich kurz über den Rand seiner Brille. Er scheint eine schnelle Abwägung zu treffen, dann sagt er: »Tja, da kann man nichts machen. Unsere Techniker sind leider ausgebucht.« »Dann stellen Sie neue ein!«, sage ich. Kein gutes Argument. Damit ist er vom Haken. »Das liegt leider nicht in meiner Hand«, sagt er, mit Bedauern in der Stimme, aber dieses Bedauern ist nur gespielt. Er hätte genauso gut sagen können: »Schieb ab, du Würstchen.« Und das mache ich dann auch.

Ach, einmal ein erfolgreiches Arschloch sein, geht es mir durch den Kopf. Einmal nicht einer von denen sein, die herumgeschubst werden. Einmal selbst herumschubsen! Das wär's doch mal, denke ich, während ich mich durch die Stadt trolle. Und dann stehe ich plötzlich vor dem Scientology-Gebäude.

Scientology, Sie werden vielleicht schon einmal davon gehört haben, ist das absolute Böse. Jedenfalls wird diese Einrichtung[97] in den Medien gemeinhin so dargestellt. Die Scientologen ziehen ihren unbedarften Opfern das Geld aus der Tasche, heißt es. Sie waschen die Gehirne, unterwandern Firmen und Parteien und wollen vor allem eines: Macht über alles und jeden, am besten über die gesamte Menschheit. Was für ein Zufall: Das will ich gerade auch. Da gehe ich jetzt rein. Vorher nur noch schnell meine Frau anrufen. »Schatz, ich komme etwas später. Ich schaue nur noch kurz bei Scientology vorbei«, sage ich, und sie darauf, vollkommen ungerührt, denn sie ist ja schon einiges gewöhnt von mir: »Ist gut. Aber bleib nicht so lange. Und gib kein Geld aus und unterschreib nichts.« Ich verspreche es ihr.

97 Nur Geduld, zur dringend notwendigen Begriffsklärung kommen wir später.

Du sollst dir ein Bild machen:
Zu Besuch bei Scientology

Eigentlich hatte ich ja nicht geglaubt, einmal aus freier und bewusster Entscheidung eine Scientology-Filiale zu betreten. Wenn überhaupt, dann hätte ich erwartet, dass mich jemand mit Tricks hineinlocken würde. Dass ich vielleicht eines Tages doch einmal stehen bleiben würde, wenn mich jemand in der Fußgängerzone fragt, ob ich gestresst bin. Ob ich nicht einmal einen kostenlosen Persönlichkeitstest machen wolle? Oder dass mich einmal jemand an der Bushaltestelle anspricht und fragt, ob es mich nicht interessieren würde, dass wir Menschen, wie Einstein[98] angeblich mal gesagt hat, nur zehn Prozent unseres geistigen Potentials nutzen würden? Und wie ich die restlichen neunzig Prozent freisetzen könne? Aber jetzt stehe ich vor dem Eingang des Deutschland-Hauptquartiers der Scientology in Berlin – und da ist niemand, der mich anspricht oder lockt oder hypnotisiert. Noch nicht einmal ein Infostand mit Flugblättern ist hier aufgestellt. Nur einige Werbesprüche für ein Buch des Scientology-Gründers L. Ron Hubbard im Schaufenster, ein Buch, das offenbar mein Leben verändern könnte, wenn ich es denn lesen würde. Na dann.

Durch eine Drehtür betrete ich das Gebäude. Hinter dem Empfang steht eine Frau im blauen Blazer, und für einen Moment meine ich, sie zu kennen: Sie sieht so aus wie eine Kassiererin in unserem Supermarkt um die Ecke. Schräg hinter ihr steht eine junge Frau in einer Art Marineuni-

---

98 Erstaunlicherweise kann ich außerhalb der Scientology-Werbung weder einen wissenschaftlichen Beleg dafür finden, dass die Menschen wirklich nur zehn Prozent ihres geistigen Potentials nutzen, noch einen Beleg dafür, dass Einstein so etwas jemals behauptet hätte.

form. Sie hat eine Kamera um den Hals gehängt. Wenn ich gewusst hätte, dass ich hier fotografiert werden soll, wäre ich vorher noch mal zum Friseur gegangen. Die Frau am Empfang fragt mich freundlich nach dem Zweck meines Besuches. Kurz überlege ich, ob ich ehrlicherweise sagen sollte, dass ich nach Weltdominanz strebe und mich hier dafür schulen lassen will, aber das wäre vielleicht etwas zu dick aufgetragen für den Anfang. »Nun ja«, sage ich, »ich wollte mich nur einmal umsehen.« Und das darf ich dann auch. Alles ist recht hell, bunt und freundlich hier. Die Einrichtung wirkt futuristisch auf eine Art und Weise, wie die Einrichtung des Raumschiffs Enterprise NCC-1701D aus »Star Trek – The Next Generation« wirkt – wenn man sie sich über zwanzig Jahre nach der Produktion der Serie ansieht. An den Wänden sind viele Bücher und DVDs ausgestellt, soweit ich sehen kann, alles entweder von L. Ron Hubbard geschrieben oder seine Lehre interpretierend, dazu gibt es eine Menge informativer Wandtafeln über Leben und Werk des L. Ron Hubbard. Und einige Flachbildschirme an den Wänden, auf denen Filme über den Lebensweg, das Schaffen und das Wirken von L. Ron Hubbard abgespielt werden. In der Mitte stehen einige Ledersessel, und während ich mich noch frage, ob die wohl von L. Ron Hubbard persönlich entworfen, zusammengebaut und hereingetragen worden sind, nähert sich eine weitere junge Frau. Sie hat schwarzes Haar, trägt eine weiße Bluse und stellt sich als Kathrin vor. Auch sie will wissen, was mich hierher führt. Ich improvisiere: »Man liest so viel Schlimmes über Scientology und da wollte ich …« »Da wolltest du dir selbst ein Bild machen. Sehr gut. Am besten, du lässt dir Scientology erklären von dem, der Scientology erfunden hat: von L. Ron Hubbard«, sagt Kathrin.

Der Scientology-Erfinder ist ja nun schon eine Weile tot, darum ist klar, dass ich mir jetzt einen Film ansehen darf, aber es gibt doch noch eine andere Möglichkeit. Vielleicht habe ich ja außerordentliches Glück und Hubbard ist gerade erst aus dem Jenseits zurückgekehrt und ausgerechnet heute auf Besuch in ausgerechnet dieser Scientology-Niederlassung. Das mag zwar unwahrscheinlich klingen, aber wie behauptet wird, haben die Scientologen sicherheitshalber doch für den Eintritt dieses freudigen Ereignisses vorgesorgt und ihrem Gründervater in jeder Filiale ein schönes Büro eingerichtet, das jederzeit für ihn frei gehalten wird[99].

Aber kein Glück heute, keine wundersame Wiederkehr. Stattdessen werde ich in einen kleinen Vorführraum geleitet. Auf dem Weg dorthin will Kathrin wissen, wie alt ich bin und was für einen Beruf ich habe. Ich entscheide mich dazu, ihr nicht zu sagen, dass ich Journalist bin. Sonst kommt sie vielleicht noch auf die Idee, dass ich sie ausforschen will. Also behaupte ich, ich hieße Alexander, sei 35 Jahre alt und Student der Soziologie, so hat sie auch gleich eine Erklärung für mein Interesse an ihrer Organisation. Und für den Umstand, dass ich tagsüber offenbar unbegrenzt Zeit dafür habe, in weltanschaulichen Einrichtungen herumzuhängen. Kathrin sagt, ich würde gleich das einzige gefilmte Interview sehen, das L. Ron Hubbard jemals gegeben hat. Sie setzt mich in den Videoraum und startet den Film. Es ist eine Aufnahme aus den sechziger Jahren. L. Ron Hubbard sitzt in einem Büro hinter einem

99 Ich möchte an dieser Stelle ausdrücklich darauf hinweisen, dass ich niemals ein solches Hubbard-Büro gesehen habe. Es kann also genauso gut sein, dass es sie nicht gibt. Ebenso kann es selbstverständlich sein, dass L. Ron Hubbard niemals zurückkehrt. Dann passt es ja wieder.

Schreibtisch vor einem Landschaftsbild: ein etwas verlebt aussehender Mann mit markanter Nase, deutlichen Geheimratsecken, blauem Sakko, weissem Hemd mit breitem Kragen und einem blauen Halstuch. Vor ihm auf dem Besucherstuhl sitzt ein schüchterner junger Mann im Anzug, offenbar eine Art Journalist, und stellt Fragen.

Ohne denjenigen zu viel verraten zu wollen, die sich diesen spannenden Film einmal selbst ansehen wollen (und, ich gebe es ja zu, zur Vermeidung von eventuellen Urheberrechtsklagen von Scientology), hier nur so viel zum Inhalt: L. Ron Hubbard hat nach eigenen Angaben bereits in sehr jungen Jahren damit begonnen, die Welt zu bereisen und das Wesen des Menschen zu erforschen. Er habe viele Kulturen kennengelernt, beispielsweise habe er auf den Philippinen gemeinsam mit Pygmäen gejagt. Im Zuge dieser Reisen seien ihm allerlei Erkenntnisse gekommen, und aus diesen Erkenntnissen sei Scientology entstanden. Ziel von Scientology sei es, den Einzelnen in die Lage zu versetzen, alle seine Probleme selbständig lösen. Unter anderem verschaffe Hubbards Methode dem Anwender einen höheren Intelligenzquotienten, eine schnellere Reaktionszeit und generell eine bessere Fähigkeit, sich mit seiner Umwelt auseinanderzusetzen. Genau das, was ich brauche. Alle Welt erzähle einem ja immer, dass man seinen IQ nicht erhöhen könne, aber das sei nicht die Wahrheit, und er habe einen Weg gefunden, das zu erreichen. Das wird ja immer besser.

Der Film ist vorbei, und da ist ja auch Kathrin wieder. Wir setzen uns an eine Art Sachbearbeiter-Schreibtisch in einem Großraumbüro. Mir fällt auf, dass sie den Blickkontakt niemals von sich aus abbricht. Sie erklärt mir, dass Hubbard sogar herausgefunden habe, was nach dem Tod geschehe. Sie will mir aber nicht verraten, was. Zunächst soll ich den Test machen. Den Test! Den berühmten Test! Jetzt bin ich aber gespannt.

Die »Oxford[100]-Persönlichkeits-Analyse« (Oxford Capacity Analysis) ist eine Sammlung von 200 Fragen, welche mit Ja, Nein oder Vielleicht zu beantworten sind. Man wird zu seiner Einstellung zum offenen Strafvollzug befragt und ob man mehr Geld in soziale Sicherungssysteme geben würde, ob man an Fingernägeln und Bleistiften kaut und manchmal zum Spaß Fahrpläne liest, ob man viel über vergangene Niederlagen nachdenkt und ob man viele Freunde hat. Und noch vieles mehr. Bei einigen dieser Fragen ist es nicht leicht, mit Ja oder Nein zu antworten, weil man mit ihrer Beantwortung etwas seltsame Voraussetzungen[101] akzeptieren würde – zum Beispiel bei Frage 88: »Wenn wir in ein anderes Land einmarschieren würden, hätten Sie Verständnis für die Kriegsdienstverweigerer in diesem Land?« Wie bitte? Wo sollen wir einmarschieren? Und warum überhaupt? Und wer ist hier »wir«? Die Bundeswehr? Die US Army? Oder gar die Scientologen? Und was ist, wenn ich selbst Kriegsdienstverweigerer bin? Ich kreuze vorsichtshalber mal Ja an, Verständnis ist sicher gut in Zeiten des Krieges. Andere Fragen sind ungenau ge-

100 Vielleicht hat sich diesen Test ein Einwohner von Oxford ausgedacht. Oder jemand, der Oxford mit Nachnamen heißt. Oder es dachte vielleicht einfach nur jemand, dass »Oxford« schön seriös klingt. Die Universität von Oxford jedenfalls versichert, mit der »Oxford Capacity Analysis« nichts zu tun zu haben.

101 Die Sache mit den seltsamen Voraussetzungen ist im Übrigen ein Grundmuster der scientologischen Argumentation: Hubbard postuliert in seinen Schriften häufig schwer überprüfbare oder auch nur behauptete »Fakten« und leitet daraus scheinbar schlüssige Folgerungen ab – dabei sind seine Folgerungen stets nur *in sich selbst* schlüssig. Die Schlüssigkeit der Folgerungen verdeckt dabei aber, dass es sich bei den zugrundeliegenden Annahmen durchaus auch um Unsinn handeln könnte.

stellt, wie zum Beispiel Frage 155: »Sind Leute gerne mit Ihnen zusammen?« Welche Leute? Und woher soll ich das wissen? Müsste man das nicht die »Leute« fragen? Sicherheitshalber lieber Ja angekreuzt. Oder Frage 20: »Glauben Sie, dass Sie spontan ein gültiges Urteil fällen könnten?« In welcher Sache? Als Richter in einer juristischen Angelegenheit? Über eine Person, die ich gerade erst getroffen habe? Oder über einen Persönlichkeitstest, der mir seltsam unwissenschaftlich vorkommt? Hmm. Vielleicht.

Die sogenannte Auflösung: Antworten wie Hubbard

Die scientology-kritische Gruppe »Operation Clambake«[1] hat aus nur ihr bekannten und daher für mich nicht nachvollziehbaren Quellen die angebliche »Auflösung« der »Oxford-Persönlichkeits-Analyse« aufgetan.[2] Wie Clambake schreibt, habe L. Ron Hubbard bei der Entwicklung des Tests den Antworten willkürliche und nur seinen eigenen Ansichten entsprechende Punktewerte zugeordnet. Den höchstmöglichen Wert erhalte man, wenn man die Fragen entsprechend der unten abgedruckten Vorgaben beantworte. Clambake behauptet, dass das Scientology-Personal auch bei diesem quasi optimalen Ergebnis beim Probanden dringenden Handlungsbedarf feststellen und den Besuch eines von Scientology angebotenen Kurses empfehlen würde. Das lässt eigentlich nur zwei Schlüsse zu: entweder, die »Auflösung« ist falsch. Oder L. Ron Hubbards Persönlichkeit hatte große Defizite. Vielleicht ist es aber auch ganz anders, und die Scientologen fallen angesichts der Ergebnisse eines offensichtlichen Hubbard-Wiedergängers auf die Knie und führen diesen sofort in das für Hubbard reservierte Büro, wo ihm kühle Getränke und leckere Speisen serviert werden. Käme auf einen Versuch an.

1 Nein, 2 Ja, 3 Ja, 4 Nein, 5 Nein, 6 Nein, 7 Nein, 8 Nein, 9 Ja, 10 Ja, 11 Nein, 12 Nein, 13 Ja, 14 Nein, 15 Nein, 16 Nein, 17 Ja, 18 Nein, 19 Ja, 20 Ja, 21 Nein, 22 Nein, 23 Nein, 24 Nein, 25 Nein, 26 Nein, 27 Ja, 28

Ja, 29 Ja, 30 Nein, 31 Ja, 32 Nein, 33 Ja, 34 Ja, 35 Ja, 36 Nein, 37 Nein, 38 Nein, 39 Nein, 40 Nein, 41 Ja, 42 Ja, 43 Nein, 44 Nein, 45 Nein, 46 Nein, 47 Nein, 48 Nein, 49 Ja, 50 Ja, 51 Ja, 52 Nein, 53 Nein, 54 Ja, 55 Nein, 56 Ja, 57 Ja, 58 Ja, 59 Nein, 60 Nein, 61 Nein, 62 Ja, 63 Ja, 64 Nein, 65 Nein, 66 Nein, 67 Ja, 68 Ja, 69 Ja, 70 Nein, 71 Nein, 72 Nein, 73 Nein, 74 Nein, 75 Ja, 76 Nein, 77 Ja, 78 Nein, 79 Ja, 80 Ja, 81 Ja, 82 Nein, 83 Nein, 84 Nein, 85 Ja, 86 Nein, 87 Nein, 88 Ja, 89 Nein, 90 Nein, 91 Nein, 92 Nein, 93 Ja, 94 Ja, 95 Ja, 96 Ja, 97 Ja, 98 Nein, 99 Nein, 100 Ja, 101 Ja, 102 Nein, 103 Nein, 104 Nein, 105 Ja, 106 Nein, 107 Nein, 108 Nein, 109 Nein, 110 Ja, 111 Nein, 112 Ja, 113 Ja, 114 Ja, 115 Nein, 116 Ja, 117 Nein, 118 Ja, 119 Ja, 120 Ja, 121 Nein, 122 Nein, 123 Ja, 124 Nein, 125 Nein, 126 Vielleicht, 127 Ja, 128 Nein, 129 Nein, 130 Nein, 131 Ja, 132 Nein, 133 Ja, 134 Ja, 135 Nein, 136 Nein, 137 Nein, 138 Ja, 139 Ja, 140 Nein, 141 Nein, 142 Nein, 143 Nein, 144 Ja, 145 Ja, 146 Nein, 147 Ja, 148 Nein, 149 Nein, 150 Nein, 151 Nein, 152 Ja, 153 Nein, 154 Nein, 155 Ja, 156 Ja, 157 Ja, 158 Ja, 159 Ja, 160 Nein, 161 Nein, 162 Ja, 163 Ja, 164 Ja, 165 Ja, 166 Nein, 167 Ja, 168 Ja, 169 Nein, 170 Nein, 171 Nein, 172 Nein, 173 Ja, 174 Ja, 175 Nein, 176 Nein, 177 Ja, 178 Ja, 179 Nein, 180 Nein, 181 Nein, 182 Nein, 183 Nein, 184 Nein, 185 Ja, 186 Nein, 187 Nein, 188 Nein, 189 Nein, 190 Ja, 191 Nein, 192 Nein, 193 Ja, 194 Nein, 195 Ja, 196 Nein, 197 Nein, 198 Nein, 199 Nein, 200 Ja.

[1] http://www.xenu.net
[2] http://www.xenu.net/archive/oca/, siehe auch http://www.xenu.net/archive/oca/oca.html (abgerufen im Mai 2011).

Ein echt garantiert ganz toller Typ:
Aufstieg und Knall des Lafayette Ronald Hubbard

Während der Testauswertung soll ich im Besucherbereich warten. Ich lasse mich auf einen der gemütlichen Hubbard-Sessel fallen und schaue mir einen Film über L. Ron Hubbard an. Gerade erzählt ein älterer Herr, dass er Hubbard ja schon von früher kenne, ein hoch sympathischer Mensch, dieser Hubbard, mit dem man ganz entspannt bei einer Cola an der Theke sitzen konnte. Er war wohl das, was man eine schillernde Persönlichkeit nennen kann, mit einem ziemlich schillernden Werdegang jedenfalls.

Lafayette Ronald Hubbard wurde am 13. März 1911 in Tilden im US-Bundesstaat Nebraska geboren. Am 24. Januar 1986 ist er in Creston, Kalifornien, gestorben. Was genau er dazwischen getan hat, darüber gibt es sehr unterschiedliche Darstellungen[102].

Laut Scientology hat er als kleiner Junge Freundschaft mit den Schwarzfußindianern geschlossen, die unweit der Farm seiner Eltern in Helena, Montana, siedelten. Als Sechsjähriger sei er deren Blutsbruder geworden. Kritiker merken allerdings an, dass das sehr unwahrscheinlich sei, denn das Schwarzfuß-Reservat sei über hundert Meilen vom Wohnort des kleinen Ron entfernt gewesen.

Scientology sagt, er sei im Alter von 13 Jahren der jüngste »Eagle Boy Scout« aller Zeiten gewesen, habe also außergewöhnlich früh die höchste Stufe der US-Pfadfinder erreicht. Scientology-Kritiker sagen dagegen, es gebe zwar Unterlagen darüber, dass er den »Eagle«-Status erreicht

102 Alle scientology-offiziellen biographischen Darstellungen entnehme ich dem Buch »Was ist Scientology?« (New Era Publications), einem dicken Wälzer mit sehr vielen farbigen Abbildungen. Mir liegt das Buch in der Ausgabe von 1993 vor; ich muss gestehen, dass ich kein Geld dafür ausgeben wollte, mir die jüngste Auflage zu besorgen. Sollte sich zwischenzeitlich etwas am offiziellen Lebenslauf L. Ron Hubbards geändert haben, entnehmen Sie das bitte der aktuellen Tagespresse. Grundlage der kritischen Darstellung ist der Artikel »The Ultimate Spin Doctor: L. Ron Hubbard – The Man and His Myth« (http://www.watchman.org/sci/lrhmyth2.htm, abgerufen im Mai 2011), herausgegeben von der christlich-sektenkritischen Organisation »Watchmen«. Ich habe nicht die geringste Ahnung, welche der Darstellungen korrekt ist.

habe – ob er aber der jüngste Eagle gewesen sei, wisse niemand.

Als Sechzehnjähriger habe Hubbard die erste seiner später zahlreichen Asienreisen unternommen, wo er beispielsweise Freundschaft mit einem Magier aus Peking geschlossen, buddhistische Klöster besucht, Tatarenstämme kennengelernt und nomadische Banditen erforscht habe. Die Kritiker sagen, Hubbard habe 1927 mit seiner Mutter eine Asienrundreise gemacht, um den Vater, der in Guam stationiert war, zu besuchen. Dort blieb er sechs Wochen. Später habe er mit seinen Eltern für zwei Monate China bereist. In seinen Tagebüchern[103], sagen die Kritiker, stünde nichts von gemeinsamen Studien mit den weisen Männern des Orients. Tatsächlich habe ihn die östliche Kultur nur wenig beeindruckt, die Lama-Tempel fand er »sehr seltsam und heidnisch«, und das Problem Chinas sei, dass es dort zu viele »Schlitzaugen« gebe.

Laut offizieller Darstellung schrieb sich der junge Hub-

---

103 Dass die Welt überhaupt Kenntnis von L. Ron Hubbards Tagebüchern nehmen konnte, hat sie einem Mann namens Gerald (»Gerry«) Armstrong zu verdanken. Armstrong, damals ein Scientologe mit engen Kontakten zur Führungsriege, erhielt 1980 den Auftrag, persönliche Unterlagen von L. Ron Hubbard zu sichten. Diese sollten die Grundlage für eine autorisierte Biographie bilden, für deren Erstellung der Schriftsteller Omar Garrison verpflichtet wurde. Bei dieser Arbeit stießen Armstrong und Garrison auf zahlreiche Ungereimtheiten in den Unterlagen: Vieles, was Hubbard über sein Leben gesagt und geschrieben hatte, widersprach den Dokumenten, die Armstrong vorlagen. Kurze Zeit später war Armstrong nicht mehr Scientology-Mitglied. Kopien der Unterlagen hinterlegte er bei einem Anwalt, woraufhin ihn die Scientology-Organisation verklagte. Die Tagebücher des jungen L. Ron Hubbard waren Beweismittel im Prozess (Exhibit 63), das China-Zitat entstammt dem Protokoll dieses Prozesses (Church of Scientology of California./.Gerald Armstrong, Superior Court of the State of California, No. C 420 153). Die Biographie ist nie erschienen.

bard, zurückgekehrt in die USA, an der George-Washington-Universität als Student der Mathematik und des Ingenieurwesens ein. Hier besuchte er auch einen der ersten Kurse in Nuklearphysik, die je in den USA angeboten wurden. Er entschloss sich dann, die Ingenieurswissenschaft mit seinen umfassenden völkerkundlichen Kenntnissen zu verbinden und entwickelte eigene Theorien über den menschlichen Geist und das Leben an sich. Er wollte diese Erkenntnisse mit den Wissenschaftlern der psychologischen Fakultät teilen, aber die verstanden ihn nicht. Und waren nicht einmal interessiert. Die Kritiker erzählen Hubbards Uni-Karriere so: Tatsächlich sei er von 1931 bis 1932 an der George Washington eingeschrieben gewesen, allerdings habe er dort schlechte Leistungen gezeigt. Im Kurs über Atomphysik habe er die schlechtestmögliche Note »F« bekommen und sei danach nicht mehr an die Universität zurückgekehrt.

Der erfolgreiche Aufstieg des L. Ron Hubbard setzt sich laut Scientology 1932 fort, als er zwei Expeditionen geleitet habe, die »Karibische Filmexpedition« und »Westindische Mineralogische Expedition« – von ersterer behaupten die Kritiker, sie habe nur drei von geplanten sechzehn Orten besucht, und gefilmt worden sei nicht. Und über Hubbards Beteiligung an zweiterer ließen sich keine Aufzeichnungen finden.

Nebenher begann Hubbard zu dieser Zeit unbestrittenermaßen, Abenteuergeschichten und Drehbücher zu schreiben. Dann brach der Zweite Weltkrieg aus. Hubbard wurde zum Leutnant der US-Marine ernannt, diente als Korvettenkapitän und »genoß bei jedem unter seinem Kommando höchstes Ansehen«. Im Krieg habe er viele Tote gesehen. 1945 verließ er halbblind und mit schweren

Hüft- und Rückenverletzungen die Marine (Scientology). Die Kritiker haben sich die Unterlagen der Navy angesehen und kommen zu einem etwas anderen Bild von Hubbards Militär-Karriere: Er habe niemals direkten Feindkontakt gehabt, zudem mehrmals seine Kompetenzen überschritten und dadurch eine Menge Ärger verursacht. In einer Beurteilung steht: »Er scheint zu denken, dass er über außergwöhnliche Fähigkeiten auf den meisten Gebieten verfügt.« In einer anderen: »Betrachten Sie diesen Offizier als jemanden, dem die grundlegenden Fähigkeiten der Urteilsfähigkeit, Führung und Zusammenarbeit fehlen. (...) Nicht geeignet, ein Kommando zu übernehmen.« Später habe Hubbard dann behauptet, zwei feindliche U-Boote versenkt zu haben, was eine militärische Untersuchung jedoch widerlegte. Auch habe er befehlswidrig Schießübungen in mexikanischen Gewässern abhalten lassen, was zu einer Ermahnung führte. Als er im Marinehospital Oak Knoll aufgenommen wurde, sei Hubbard laut Lazarettunterlagen keineswegs blind gewesen.

Laut Scientology hat sich der halbblinde Hubbard im Hospital mit seinen eigenen bahnbrechenden Erkenntnissen nicht nur selbst geheilt, sondern auch vierhundert anderen Menschen geholfen. 1949 sei er wieder vollkommen gesund gewesen, was die Mitglieder des Ruhestands-Ausschusses der Marine »völlig aus der Fassung« gebracht habe, denn sie »hielten es für ausgeschlossen, dass ein Mensch, der bei Kriegsende in Stücke geschossen worden war, nach einer eingehenden körperlichen Untersuchung für gesund erklärt werden konnte«. Die Kritiker erzählen die Geschichte so: Hubbard habe im Oktober 1947 in einem Brief an das Amt für Veteranen um die Bewilligung einer Psychotherapie nachgesucht. 1948 sei er wegen einer Augeninfektion, eines Zwölffingerdarmgeschwürs, einer Schleimbeutelinfektion an der rechten Schulter und Arthritis als vierzigprozentig kriegsversehrt anerkannt worden und habe daraufhin bis mindestens 1980 Kriegsversehrtenrente bezogen.

Und so weiter und so fort. Lassen Sie uns an dieser Stelle darauf verzichten, den Lebenslauf L. Ron Hubbards über die kommenden etwa acht Seiten detailliert zu verfolgen – er geht mit all seinem Für und Wider genauso weiter, wie er begonnen hat. Hubbards Karriere ist eine Ansammlung von Superlativen und daher eher langweilig. Stellen Sie sich einfach eine möglichst erstaunliche US-amerikanische Selfmade-Karriere vom Heftchenromanschreiber zum größten Gelehrten der Menschheit vor. Und dann setzen Sie noch eins drauf. Stellen Sie sich einen Mann vor, der als Kind schon bemerkenswert[104], als Jugendlicher außergewöhnlich[105] war, und der schließlich zu einem überragenden[106] Erwachsenen gereift ist. Aus eigener Kraft hat er sich ein umfassendes Verständnis der menschlichen Natur erarbeitet und mit seinen Erkenntnissen schon Millionen von Menschen geholfen. Mehr als das: Seine Lehre kann die gesamte Menschheit auf eine ganz neue Stufe führen. Haben Sie ihn vor Augen? Das ist dann ungefähr L. Ron Hubbard in der Darstellung von Scientology.

Und jetzt stellen Sie sich bitte vor, Sie haben es mit einem Menschen zu tun, der keine einzige der oben aufgezählten Eigenschaften hat und auch keinerlei wegweisende oder auch nur diskutable Lehre. Einem Menschen,

104 Denken Sie sich hier eine möglichst übertrieben klingende Anekdote aus, die diese Behauptung untermauern soll.
105 Und auch hier.
106 Und hier erst.

der sich in der Art eines windigen Gebrauchtwagenhändlers alle jene großartigen Features seiner Person und seiner Botschaft nur ausgedacht hat, um Ahnungslosen das Geld aus der Tasche zu ziehen. Schlimmer als das: dessen Lügen ihm Macht über die gesamte Menschheit verschaffen sollen. Das ist in etwa der L. Ron Hubbard, wie ihn Scientology-Aussteiger und Sektenkritiker zeichnen.

Starb Hubbard ganz profan an einem Schlaganfall, während er sich, verlassen von den meisten seiner Getreuen, wegen einer Steuerangelegenheit vor den Behörden versteckte? Oder hat er seinen Körper nur aufgegeben, um sich in einer anderen Dimension und/oder Welt weiter seinen guten Werken zu widmen? Praktizierte er tatsächlich satanistische Rituale und schwarze Magie, hielt er sich wirklich für den Antichristen, war er hauptsächlich an Geld interessiert, wie sein ältester Sohn behauptet[107] hat?

Mag sein, mag auch nicht sein. Mein Vorschlag: Sie googeln sich ein Foto von Hubbard, schauen sich den Mann einmal ganz in Ruhe an und entscheiden dann selbst, ob Sie ihm eine Religion abkaufen würden. Oder nicht.

Darauf einen Klaren: Wie Scientology entstand

Während ich auf mein Testergebnis warte, dessen Erstellung übrigens erstaunlich lange dauert, habe ich ausführlich Gelegenheit, das Gesicht von L. Ron Hubbard auf zahlreichen Abbildungen zu studieren: im Film, auf Plakaten,

---

107 L. Ron Hubbard Jr. bzw. Ron DeWolfe, wie er sich nach dem Bruch mit seinem Vater nannte, in einem Interview mit dem Magazin Penthouse (US-Ausgabe), Juni 1983.

auf den Umschlägen der zahlreichen Hubbard-Bücher hier. Ich komme zu dem Schluss, dass er tatsächlich eher nach Gebrauchtwagenhändler aussieht und weniger nach Religionsstifter. Aber andererseits: Das muss ja nicht unbedingt gegen ihn sprechen. Hauptsache, seine Methode ist überzeugend. Und funktioniert.

Um das einschätzen zu können, muss man wissen, dass L. Ron Hubbard eines Tages, wohl Ende der vierziger Jahre, auf die Idee gekommen ist, eine Art Selbsthilfe-System zu entwickeln und über dieses System ein Buch zu schreiben. Das System zur Selbsthilfe nannte er »Dianetics«, das gleichnamige Buch mit dem Untertitel »The Modern Science of Mental Health«[108] erschien 1950 und wurde zum Bestseller. Kurz gesagt (und soweit ich es verstanden habe) geht es darin um Folgendes: Der Mensch ist nach Hubbard in gewisser Weise geteilt in ein unsterbliches Wesen namens »Thetan« und den Körper. Zwischen Körper und Thetan vermittelt der ebenfalls geteilte Verstand: Da gibt es einerseits den analytischen Verstand, der rationale Entscheidungen trifft. Und da gibt es den sogenannten reaktiven Verstand, der sich aus negativen Erfahrungen (sogenannten »Engrammen«) speist, den analytischen Verstand gewissermaßen überrennt und den Thetan daran

108 Übersetzt: »Die moderne Wissenschaft von der geistigen Gesundheit.« Unverändert wird dieser Untertitel noch heute in der englischsprachigen Ausgabe verwendet, was dafür spricht, dass Hubbards Anhänger das vor sechzig Jahren erschienene Buch und die darin enthaltenen Erkenntnisse für unkaputtbar brandaktuell halten. Die deutsche Ausgabe trägt den etwas weniger vollmundigen Untertitel »Ein Leitfaden für den menschlichen Verstand«. Auf der ersten Seite steht »Dieses Buch gehört«, gefolgt von einer leeren Zeile, auf welche der Besitzer in Schönschrift seinen Namen malen kann – etwas ungewöhnlich für ein wissenschaftliches Buch, das sich an Erwachsene richtet. Wenn es das wirklich sein sollte und tut.

hindert, seine vollen, eigentlich quasi unbegrenzten Möglichkeiten auszuschöpfen. Die Engramme sind eine Art Aufzeichnungen von schmerzhaften Erlebnissen, die dem Thetan in früheren Zeiten widerfahren sind.[109] Das Ziel der Dianetik ist es, den Thetan von diesen unerwünschten Brandmarken zu befreien. Diesem Zweck soll, so hat es sich Hubbard ausgedacht, ein Verfahren mit dem Namen »Auditing« dienen.

»Auditing« im Hubbard'schen Sinne ist das Abarbeiten eines standardisierten Frage-Antwort-Katalogs und wohl ein wesentliches Element der kommerziellen Nutzbarkeit seiner Methode, denn Hubbard betont, dass man es nicht alleine tun solle[110], das mache krank. Nach Erscheinen des Buchs gründeten zahlreiche begeisterte Leser Dianetik-Zirkel und therapierten sich gegenseitig. Bald bemühte sich Hubbard, die Kontrolle über sein Werk zurückzubekommen. Nur die exakte Anwendung seiner Technik sei erfolgversprechend, alles andere schädlich. Laien sollten sich weder selbst noch gegenseitig therapieren – das Auditing sollte ausschließlich in Einrichtungen Hubbards stattfinden. Heutiges Auditing ist ein langwieriger (und teurer) Prozess, an dessen Ende die Person, die sich ihm unterzogen hat, »clear« ist, also klar, beziehungsweise zum »Clear«, zum »Geklärten« beziehungsweise zum »Klaren«, wird. Ein Klarer kann dann ziemlich viel, sagt Hubbard, zum Beispiel sich alles merken und super gut Schach spie-

109 Wie sich später herausstellen wird, möglicherweise auch vor Geburt des Menschen oder auf einem anderen Planeten.
110 Wie sich später herausstellen wird, darf man es ab einer bestimmten Stufe doch alleine tun – es heißt dann aber anders. Falls das ein Widerspruch in Hubbards Werk sein sollte, dann wäre es einer von vielen. Man sollte etwaigen Ungereimtheiten besser keine Beachtung schenken, wenn man an Scientology glauben will.

len. Er wird selten bis gar nicht mehr krank und ist wesentlich schlauer als vorher. Könnte die Welt doch nur einen einzigen durch angewandte Dianetik zu Superfähigkeiten gelangten Menschen sehen! Man könnte sich alle Diskussionen über den Sinn und Unsinn von Hubbards Lehren sparen.

Schon im August 1950 hat L. Ron Hubbard erstmalig versucht, einen »Clear« zu präsentieren[111]. Sein Buch »Dianetik« verkaufte sich bestens, jetzt sollte die Welt erfahren, dass seine darin propagierten Methoden auch tatsächlich funktionierten. Er lud die Öffentlichkeit in das »Shrine Auditorium« in Los Angeles, einen Veranstaltungsort mit Platz für über sechstausend Personen. Höhepunkt der Veranstaltung: die Vorführung einer jungen Physikstudentin und Pianistin, die unter dem Namen Sonya Bianca auftrat. Eigentlich sollte sie, die erste scientologisch Geklärte, in der Lage sein, sich an alles zu erinnern, was sie jemals gesagt, getan, gesehen oder gelesen hat. Doch als aus dem Publikum gefragt wurde, was auf Seite 122 des Dianetik-Buches steht, musste sie passen. Auch vermochte sie sich nicht daran zu erinnern, was sie am 3. Oktober 1942 gefrühstückt hatte. Und als sie schließlich sogar an der relativ einfachen Frage scheiterte, welche Farbe die Krawatte hatte, die der dummerweise gerade abgewandt von ihr stehende Hubbard an diesem Abend trug, war es mit der Geduld des Publikums vorbei.

Nicht jedoch mit dem Erfolg L. Ron Hubbards. Für das

111 Die Darstellung der Präsentation des ersten »Clear« entnehme ich dem Buch »Bare Faced Messiah« von Russell Miller. Es ist mir nicht möglich, mich für den Wahrheitsgehalt dieser Darstellung zu verbürgen, da mir meine Kontrolle über Zeit und Raum leider gerade nicht zur Verfügung steht und ich deshalb nicht nachträglich Zeuge werden kann.

Versagen seiner Musterschülerin hatte er sofort eine Erklärung parat: Als er sie mit dem Wort »jetzt« auf die Bühne gerufen habe, habe diese Vokabel eine Blockade bei der jungen Frau ausgelöst – sie sei in diesem »Jetzt« gefangen gewesen und habe deshalb keinen Zugriff auf ihre außergewöhnlichen Fähigkeiten gehabt und insbesondere nicht auf ihr umfassendes Erinnerungsvermögen. Da ist wohl ein schlimmes Engramm dazwischengekommen. Wie dem auch sei, kurze Zeit später ist Hubbard jedenfalls auf die Idee gekommen, dass der Zustand des Geklärtseins sowieso nicht die höchste zu erreichende Daseinsstufe ist, sondern nur die Vorstufe auf dem Weg zu einer noch viel höheren Daseinsstufe: der des Operierenden Thetans. Es ist zwar sehr, sehr schwierig, diese Stufe zu erreichen, der Operierende Thetan kann dann aber wirklich alles, versprochen. Außerdem hatte Hubbard noch den Einfall, seine »Dianetik« mit einem religiösen Überbau zu versehen. Das war die Geburt der »Scientology-Kirche«. Was uns zu der Frage bringt, ob es sich bei Scientology um eine Religion handelt. Das zu klären, sollten wir noch schnell schaffen, bevor endlich mein Testergebnis fertig ist.

Leider gibt es keine allgemeingültige Definition des Begriffs »Religion«. Leben nach dem Tod oder nicht, Heilsbringer oder keiner, ein Gott, zwei Götter, viele Götter, oder niemand da oben – das alles kann unbestritten Religion sein. Mal angenommen, Religion wäre etwas, das auf Fragen nach dem Warum, Woher und Wohin der Menschheit mit nicht beweisbaren Behauptungen und eher irrational anmutenden Anekdoten antwortet, dann ist Scientology zweifellos eine Religion unter vielen. Zwei Aspekte von Scientology sind allerdings auffällig. Zunächst scheint diese – nennen wir sie jetzt einmal so – Religion nicht sonderlich daran interessiert zu sein, dass sich ihre Lehre besonders schnell verbreitet. Während dem Interessenten die heiligen Schriften aller möglicher Glaubensrichtungen kostenlos zugänglich gemacht, in vielen Fällen selbst dem Desinteressierten geradezu aufgedrängt werden, hält Scientology ihre genauen Inhalte und Praktiken lieber aus der Öffentlichkeit heraus. Statt sie zu verschenken, verlangt Scientology Geld für die Enthüllung der Wahrheit, die überhaupt nur scheibchenweise und nach dem mitunter jahrelangen Besuch kostspieliger Kurse preisgegeben wird. Die Organisation tut viel dafür, die Schriften des Gründers nur zahlenden Eingeweihten zugänglich zu machen. Sie hat schon viele Prozesse wegen Verletzung des Copyrights geführt, um die unautorisierte Veröffentlichung von Originaldokumenten zu verhindern. Sie sind ihr Firmengeheimnis.

Zweitens ist Scientology verdächtig verbissen damit beschäftigt, immer wieder zu betonen, eine Religion zu sein. Unermüdlich zitiert die Organisation in ihrer Selbstdarstellung Gerichtsurteile aus aller Welt, in denen ihr Religionscharakter zugeschrieben wird. Dieses Gericht und jenes Gericht habe es bestätigt: Scientology ist eine Religion! Und dieses Gericht auch noch! Und während man also schon längst mitbekommen hat, dass Scientology nicht nur nach der Auffassung von Scientology, sondern auch nach der Auffassung diverser Gerichte eine Religion ist, werden ständig weitere gerichtliche Belege dafür präsentiert, dass Scientology eine Religion ist. Wird man schließlich Mitglied oder gar Angestellter der Religion Scientology, muss man mit seiner Unterschrift bestätigen, dass Scientology eine Religion ist. Diese Sucht nach Bestätigung zeugt nicht gerade von großem Selbstvertrauen.

Vom normalen Menschen zum Operierenden Thetan für Eilige

Es kann Jahre dauern und sehr viel Geld kosten (nach Schätzungen[112] etwa 380 000 US-Dollar), sich bei Scientology zum Operierenden Thetan ausbilden zu lassen. Das geht allerdings schneller, wenn Sie sich die entsprechenden Dokumente aus dem Internet[113] zusammensuchen und ein wenig Selbststudium betreiben. Noch schneller geht es, wenn Sie meine folgende Kürzest-Zusammenfassung lesen. Sie erhebt wohlgemerkt keinerlei Anspruch auf Vollständigkeit oder Wahrhaftigkeit und ist, so viel ist sicher, ein reines Phantasieprodukt ohne jeden Sinn und Zweck. Das ist auch besser so, denn sollte es sich hierbei um die nichtautorisierte Vermittlung geheimer Scientology-Inhalte handeln, wäre das erstens illegal und zweitens sehr, sehr gefährlich, denn wer nicht exakt nach Vorschrift die Stufen aufsteigt, kann von den falsch enthüllten Inhalten schweren Schaden nehmen – angeblich bis hin zum Tod durch Lungenentzündung. Die weitere Lektüre erfolgt auf eigene Gefahr. Sie sind gewarnt.

---

112 http://www.xenu.net/archive/prices.html (abgerufen im Mai 2011).
113 Zum Beispiel hier: http://kspaink.home.xs4all.nl/fishman/index2.html (abgerufen im Mai 2011). Dabei handelt es sich um eine Sammlung von Unterlagen, die ein gewisser Steven Fishman bei Gericht eingereicht hat. Fishman ist ein ehemaliger Scientologe, der Geld, an das er durch Straftaten gekommen war, in seine Scientology-Ausbildung gesteckt hatte. Später behauptete er, von Scientology einer Gehirnwäsche unterzogen worden zu sein. Als Beleg für diese Behauptung legte er umfangreiches Scientology-Material vor, das durch diese Einbringung in einen öffentlichen Gerichtsprozess seinerseits öffentliches Gut geworden ist.

Clear

Der Zustand »Clear« ist dann erreicht, wenn der bisher Ungeklärte die Erkenntnis hat, dass der sogenannte reaktive Verstand, also die Ansammlung schlimmer Engramme, die wir laut Hubbard loswerden sollen, nur eine Einbildung ist. Das ist insofern etwas seltsam, weil wohl die meisten Menschen ohne Kenntnis der Ideen L. Ron Hubbards von alleine niemals auf den Gedanken gekommen wären, überhaupt so etwas wie einen reaktiven Verstand zu besitzen. Sie waren also in gewisser Weise bereits vorher schon »clear«, wussten es aber noch nicht. Wer diesen Status erreicht hat, bekommt einen Brief vom Oberboss, in dem steht, dass er sich bloß nichts auf den neuen Status einbilden soll. Wo er recht hat, hat er recht, der Oberboss.

Operierender Thetan, Stufe 1

Im Wesentlichen geht es in diesem Kurs darum, auf öffentlichen Plätzen herumzulungern und Menschen und deren Eigenschaften zu beobachten, kleine, große, dicke, dünne und so weiter – so lange, bis man eine »Erkenntnis« hat. Fragen Sie mich bitte nicht, um welche »Erkenntnis« es sich dabei handeln soll, vermutlich aber um die, dass es eine Menge unterschiedlicher Leute gibt. OT 1 beendet. Gratulation! Aber Vorsicht: Laut Hubbard können bei der Ausbildung zum Operierenden Thetan der Stufe 1 »seltsame Dinge« geschehen. Dazu zählt meiner Ansicht nach jedoch nicht, dass Sie irgendwann im Verlauf des Kurses von Ihren Beobachtungsobjekten gefragt werden, warum Sie immer so blöd schauen – das ist eine ganz normale Folge. Es gibt von dieser Stufe allerdings auch eine überarbeitete Version, die sich darin erschöpft, eine Liste von Leuten aufzustellen, mit denen man einmal Probleme hatte oder haben könnte, und diese Liste dann in einem Frage-Antwort-Verfahren mit einem Scientology-Angestellten abzuarbeiten, der sich dabei eifrig Notizen macht. Mir ist die alte Version sympathischer.

Operierender Thetan, Stufe 2

Sehr schwer zu beschreiben und praktisch unverständlich. Diesen Kurs sollten Sie am besten vielleicht doch selbst in einer autorisierten Scientology-Niederlassung absolvieren. Es scheint darum zu gehen, das Denken in Gegensätzen zu überwinden und zu diesem Zweck mit diversen Begriffspaarungen zu operieren. Am Ende scheint dann etwas zu explodieren, aber wahrscheinlich doch eher symbolisch, und dann gibt es da wohl noch Elemente in diesem Kurs, die daraus bestehen, dass man sich das Innere eines Hauses vorstellt oder für einige Stunden das Bild einer Frau vor dem geistigen Auge hat. Es kann allerdings sein, dass diese Stufe nur dazu dient, den Interessenten hinreichend zu verwirren und weichzuklopfen, damit er schluckt, was ihm in der nächsten Stufe geboten wird.

Operierender Thetan, Stufe 3

Diese Stufe wird auch »Feuerwand« genannt, höchstwahrscheinlich, weil ihre Durchschreitung ähnlich viel Überwindung kostet wie die eines brennenden Gemäuers. Während man sich bei einer realen Feuerwand jedoch auf Verbrennungen einstellen muss, ist der Kurs »Operierender Thetan Stufe 3« wohl eher mit heftigem Kopfschmerz verbunden. Entweder handelt es sich dabei nämlich um die endgültige Erklärung der menschlichen Natur. Oder um hanebüchenen Unsinn. Aber halt: was, wenn die menschliche Natur hanebüchener Unsinn ist? Entscheiden Sie selbst. Nehmen Sie vorher am besten schon mal eine Kopfschmerztablette. Oder besser: zwei. Sitzen Sie gut? Also los.

Vor 75 Millionen Jahren war ein außerirdischer Diktator namens Xenu für einen Teilbereich der Galaxis zuständig, eine Föderation aus 26 Sternen und 76 Planeten. Dummerweise lebten auf jedem dieser Planeten durchschnittlich 178 Milliarden Bewohner zu viel[114]. Um der Überbevölkerung beizukommen, ließ er die überzähligen Kreaturen zu einer Überprüfung ihrer Steuererklärung in die örtlichen Finanzämter einbestellen und sie dort von Psychiatern mit einem Alkohol-Glykol-Gemisch betäuben und einfrieren. Die gefrorenen Kreaturen wurden daraufhin in Raumschiffe verladen, die dem irdischen Flugzeug Douglas DC-8 frappierend ähnlich sahen, und auf den Planeten Teegeeack gebracht, dessen Name dem Begriff »Teegebäck« frappierend ähnlich sieht, der aber eigentlich unsere Erde ist. Kaum angekommen, wurden die vereisten Steuerzahler in Vulkane auf den Kanarischen Inseln und Hawaii geworfen, und noch einige Wasserstoffbomben hinterher, auf dass ihre Körper verdampften, womit das Bevölkerungsproblem allerdings immer noch nicht gelöst war, denn jetzt schwirrten 13,5 Billionen Seelen über die Weiten von Teegebäck. Doch Xenu, nicht blöd, hatte vorgesorgt und riesige Seelenstaubsauger aufstellen lassen, die die armen Seelen wieder einfingen. Dann wurden die gefangenen Seelen in 3-D-Kinos gesteckt, wo sie sich zwar nicht »Avatar«, aber doch unzählige andere schreckliche Filme anse-

114 Also etwa 13,5 Billionen insgesamt, wie ich gerade eben flugs mit einem Taschenrechner herausgefunden habe.

hen mussten. Kurz gesagt: Es wurde ihnen die Realität, wie sie Nicht-Scientologen kennen, eingeimpft, inklusive aller Ideologien wie Kapitalismus oder Kommunismus sowie sämtlicher bekannter Religionen – eben alles. Schließlich wurden sie freigelassen, schwirrten ziellos umher, formten dann, nun ja, Klumpen, und diese Klumpen hefteten sich dann an die frühen Menschen. Diese Klumpen sind die sogenannten »Körper-Thetane«, und der gesamte Rest der scientologischen Ausbildung handelt davon, diese Körperklebewesen wieder loszuwerden[115]. Xenu ist übrigens doch noch überwältigt worden und seither in einem Berg gefangen, wo sein Bart immer länger wird und sich um die Tischbeine wickelt, nein, Verzeihung, das war Barbarossa, bei Xenu ist es so, dass er von einem Kraftfeld umgeben ist, welches von einer ewigen Batterie gespeist wird. Wollen mal hoffen, dass ihr nicht der Saft ausgeht.

Operierender Thetan, Stufe 4
Ziel dieses Kurses ist es offenbar, die eigene Drogenvergangenheit zu bewältigen. Wobei »Vergangenheit« ein sehr

---

115 In diesem Zusammenhang ist es vielleicht interessant, über Geld nachzudenken. Wenn wir wie oben erwähnt davon ausgehen, dass es etwa 380 000 US-Dollar kostet, die gesamte Scientology-Ausbildung zu durchlaufen (an deren Ende man von all diesen Körperklumpen befreit sein sollte), wenn wir weiterhin davon ausgehen, dass die Erde etwa 6,9 Milliarden Einwohner hat und sich die 13,5 Billionen Schwirrwesen auf diese Einwohner verteilen, dann bedeutet das erstens, dass jeder Mensch etwa eintausendneunhundertsechsundfünfzigeinhalb »Körper-Thetane« beherbergt und zweitens, dass die Entfernung eines einzigen davon im Schnitt etwa 194 US-Dollar und 22 Cent kostet. Das wiederum auf die gesamte Weltbevölkerung hochgerechnet eröffnet Scientology einen potentiellen Umsatz von über 2,6 Billiarden US-Dollar, was etwa dreihundertmal mehr Dollars sind, als sich überhaupt in Umlauf befinden (sollten sich Volkswirtschaftler unter den mitlesenden Thetanen befinden: Ich beziehe mich hier auf die Geldmenge M2).

weit gefasster Begriff ist, denn selbst wenn Sie in Ihrem Leben niemals auch nur einen etwas zu starken Früchtetee zu sich genommen haben sollten – einige Ihrer etwa zweitausend Anhaftungen waren wahrscheinlich schwer abhängige Typen und haben ihren letzten dicken Joint gerade im Aschenbecher ausgedrückt, als sie damals vor 75 Millionen Jahren ins Finanzamt aufgebrochen sind zu Xenus vorgetäuschter Steuerprüfung. Tja, und die sind noch heute bekifft, daran hat auch ihre Verdampfung im Vulkan nichts geändert: Nach all den Jahren sind sie noch stoned. Und ob Sie es glauben oder nicht: Sie auch. Denn irgendwie kann offenbar die bloße Erinnerung an die Drogenräusche irgendwelcher körperlosen Wesen betäubende Wirkung haben. Also wird zunächst einmal ausgiebig gesaunt, um seit Jahrmillionen vorhandene Drogenreste aus dem Körper zu schwitzen. Und anschließend werden die drogenabhängigen Körperthetane vertrieben.

Operierender Thetan, Stufe 5

Auch von diesem Kurs gibt es zwei Versionen. Die ursprüngliche enthüllt angeblich endlich die grundlegenden Gesetze von Materie, Energie, Raum und Zeit. Der Proband liegt herum und konzentriert sich abwechselnd auf Punkte innerhalb und außerhalb seines Körpers, bis er entweder eingeschlafen ist oder sich außerhalb des physischen Universums befindet, was ja im Grunde genommen dasselbe ist. Später soll man dann auf parkende Autos zulaufen und sich darüber Gedanken machen, wie sich die Entfernung zu dem Auto verändert (von fahrenden Autos ist zum Glück nicht die Rede), noch später dann Energiestrahlen auf Gegenstände richten beziehungsweise Energie von Objekten abziehen. Mindestens zehnmal wiederholen, sonst hilft es nichts! Und sich dann Gedanken darüber machen, was da gerade geschehen ist. Nun ja. Irgendwann ist man dann so weit, dass man die Erdbewegung spürt. Und wenn man dann »etwas an zehn Leuten bemerkt« hat, ist man reif für die nächste Stufe. Zu diesem Zeitpunkt sollten allerdings wohl schon mehr als zehn Leute »etwas« an einem bemerkt haben, es könnte sich dabei um fortschreitenden Schwachsinn handeln, und vielleicht ist das der Grund dafür, dass die Stufe 5 grundlegend überarbeitet wurde. Die neue Stufe 5 ist eine ungleich weniger spektakuläre Ansammlung von Übungen, die sich mit der Austreibung besonders hartnäckiger Körperthetane beschäftigen.

Operierender Thetan, Stufe 6

In der ursprünglichen Version scheint es hier darum zu gehen, den Probanden daran zu gewöhnen, sich außerhalb des physikalischen Universums aufzuhalten. Im ersten Teil dieses Kurses soll man sich in eine Position drei Fuß hinter seinem Kopf begeben – falls das nicht klappt, soll man versuchen, sich *nicht* drei Fuß hinter seinen Kopf zu begeben. Daraufhin soll man sich nicht näher bezeichnete Dinge ansehen und von diesen Dingen auf nicht näher bezeichnete Weise (vermutlich in seinem Kopf) zwölf Kopien anfertigen, daraufhin aber ganz schnell diese zwölf Kopien wieder loswerden. Es ist sehr wichtig, dass keine einzige dieser Kopien übrigbleibt! Falls Sie sich jetzt fragen, warum Sie dann überhaupt vorher zwölf Kopien anfertigen sollten: Zurück zum Start! Alle anderen sind weich genug gekocht, um auch die folgenden Anweisungen klaglos auszuführen: Zwei Ecken im Raum suchen und zwei Minuten dort bleiben. Zwei Orte auf der Erde suchen und zwei Minuten dort bleiben. Einige Orte finden, an denen man sich nicht befindet. Und noch mal. Später dann soll man sich unter anderem auf die Sonne und auf den Mond begeben. Im zweiten Teil verlässt man dann gleich anfangs den Körper, wandert geistig über die Erde und erteilt verschiedenen Lebewesen Anweisungen: Tiere sollen sich bewegen und stehen bleiben, Menschen ebenso. Da das Ganze nur im eigenen Kopf stattfindet, könnte es sogar funktionieren. Im dritten und vierten Teil geht es schließlich darum, sich in verschiedene emotionale Zustände wie Ruhe, Erregung, Schmerz und so fort zu bringen und diese dann abzuschalten, bis man schließlich in der Lage ist, das gesamte emotionale Spektrum wie eine Glühbirne ein- und auszuschalten. Zum Abschluss des Kurses soll man seinen Körper verlassen, einen entfernt lebenden Freund besuchen und ihn telepathisch dazu bringen, dass er einem einen Brief schreibt. Die neue Version dieses Kurses ist, wie zu erwarten, vergleichsweise sehr viel langweiliger und besteht aus der Vermittlung einer Ansammlung von Methoden, den Körperklebewesen telepathisch-gesprächsweise zu Leibe zu rücken, wobei es unter anderem darum zu gehen scheint, dass die Anhaftungen am Ende zugeben, dass sie »sie« sind und sich daraufhin verdünnisieren. Diese Methoden werden unter anderem eingeübt, indem man sich mit einer Puppe unterhält.

Operierender Thetan, Stufe 7

Die ursprüngliche Version dieses Kurses soll den Probanden befähigen, Absichten zu beeinflussen – sowohl die eigenen als auch die anderer Menschen. Zu diesem Zweck werden zunächst allerlei Wortspiele mit dem Begriff »Absicht« veranstaltet, daraufhin wird – zunächst noch im

Schutz eines geschlossenen Raumes – geübt, eigene Gedanken in Gegenstände einzupflanzen. Denken Sie jetzt beispielsweise »So ein Unsinn!« – und dann lassen Sie dieses Buch diesen Gedanken denken. Wenn Sie das so weit hinbekommen haben, sind Sie auch schon bald reif für die Abschlussübung von OT 7: Gehen Sie mal wieder raus in einen Park, auf einen Bahnhof oder sonstwohin, wo sich viele Menschen aufhalten. Und dann pflanzen Sie eine Absicht in einen Passanten ein ... geh jetzt zum Zug ... geh jetzt zum Zug ... steig ein ... fahr weg ... na also, geht doch. In der überarbeiteten Version dieses Kurses hingegen sitzen Sie nur die ganze Zeit daheim und unterhalten sich mit Ihren Körper-Thetanen. Langweilig! Am Ende realisieren Sie aber immerhin, dass Sie am Leben und Sie selbst sind. Das Ganze nennt sich dann »Ursache des Lebens«.

Operierender Thetan, Stufe 8

Diese höchste der bisher angebotenen Stufen wird nur auf dem Scientology-Schiff »Freewinds« angeboten, einem Passagierschiff, auf welchem Hubbard selbst einige Jahre durch die Weltmeere gekreuzt ist, was praktisch war, weil man in internationalen Gewässern keinen Gesetzen unterworfen ist und schon gar nicht dem Steuerrecht. Unter strengsten Sicherheitsvorkehrungen werden an Bord die höchsten Scientology-Weihen erteilt. Es kursieren keinerlei Abschriften vom OT 8-Kurs, nur Erinnerungsberichte von Aussteigern. So viel ist bekannt: Am Ende der überarbeiteten Version von OT 8 soll man gerüchteweise zu einer Erkenntnis gelangen, die allerdings niemanden überraschen dürfte, der sich bis zu diesem Punkt hochgearbeitet hat: L. Ron Hubbard ist Gott. Halleluja! Viel hilfreicher und interessanter ist jedoch mal wieder die ursprüngliche Version der Stufe 8: Hier wird die sich von Anfang an aufdrängende Frage beantwortet, warum sich Thetane so viel Zeugs ausdenken, das nicht existiert? Warum sie Aufzeichnungen von schlechten Erfahrungen speichern, obwohl diese sie doch nur behindern? Oder anders gefragt: Was soll das alles? Die Antwort: Weil die Thetane in ihrer Bewegungsfreiheit eingeschränkt worden sind. Das mögen sie nicht. Mit anderen Worten: Wer sich nicht von anderen (und nicht einmal von den Gesetzen der Physik) vorschreiben lässt, wo er wann zu sein hat, sondern selbst darüber entscheidet, ist ein Operierender Thetan. Und noch mal: Halleluja!

Operierender Thetan, Stufen 9 bis 15

Wer Scientology bis zur Stufe 8 treu geblieben ist, danach aber erstaunlicherweise immer noch keine Superfähigkeiten an sich feststellen kann, sollte die Hoffnung nicht aufgeben, braucht aber etwas Geduld und noch etwas mehr Barschaft: Auf einem beeindruckenden Scientology-Übersichtsplan[116], der den gesamten Weg über die »Brücke zur völligen Freiheit« abbildet (die hier beschriebenen OT-Stufen sind dabei nur zentrale Elemente einer noch wesentlich komplizierteren und absurderen Struktur), ist noch von sechs weiteren OT-Stufen die Rede, deren Inhalte allerdings noch nicht »freigegeben« sind.

L. Ron Hubbard wird von Kritikern die Aussage zugeschrieben, dass es sich nicht lohne, als Schriftsteller Zei-

---

116 Ein mit sehr viel Kleingedrucktem beschriebenes A3-Poster. Es liegt dem bereits erwähnten Buch »Was ist Scientology?« bei und eignet sich hervorragend als Sehtest oder Wandschmuck auf der Toilette.

lengeld zu schinden – viel lukrativer sei es doch, eine eigene Religion zu gründen. Hinzugefügt sei, dass es sogar außerordentlich lukrativ sein kann, denn eine staatlich anerkannte Religionsgemeinschaft muss sich um Steuern keine großen Sorgen mehr machen. Der entrückte Status war zudem dabei hilfreich, Angriffe der Konkurrenz abzuwehren: Weil Hubbard in seinem Dianetik-Buch die Linderung körperlicher Beschwerden mit Hilfe seiner Methoden versprach, geriet Scientology in Konflikt mit ärztlichen Standesorganisationen und Gesundheitsbehörden. Der scientology-kritische Soziologe und Religionswissenschaftler Stephen Alan Kent schreibt: »Hubbard stellte die meisten seiner Behauptungen über Ähnlichkeiten östlicher Lehren mit Scientology immer gerade dann auf, wenn er ein drohendes Einschreiten der Regierung wegen des Vorwurfs der ungenehmigten Ausübung der Heilkunde abzuwenden suchte.«[117]

In der Haarshampoo-Werbung wird ein recht teures Produkt angepriesen, dessen Anwendung »gesund aussehendes Haar« verspricht. Das ist insofern ganz schlau, als erstens niemand genau sagen kann, wie »gesund aussehendes« Haar nun eigentlich genau und gerichtsfest auszusehen hat. Und zweitens muss »gesund aussehend« ja noch lange nicht »gesund« bedeuten. Ist Scientology nun eine Religion? Vielleicht. Ganz sicher ist Scientology eine religiös aussehende Organisation.

---

117 Stephen A. Kent: »Scientology, religiöse Ansprüche und Heilungsschwindel«, zu finden u. a. auf http://www.religio.de/dialog/197/197s22.html (abgerufen im Mai 2011).

Lügendetektoren und Kontrollwahn:
Die Dosen der Wahrheit

Die Frau, die ich beim Betreten des Gebäudes noch fast mit unserer Supermarktkassiererin verwechselt hätte, nähert sich. Jetzt weiß ich auch, warum sie mir so bekannt vorkommt: Beide Damen sind von eher kleiner Statur, im selben schwer zu schätzenden Alter zwischen Mitte fünfzig und Ende sechzig, und färben ihr Haar offenbar mit derselben Tönung in einem nicht besonders gesund aussehenden Bläulich-Silbergrau. Es dauere leider gerade noch etwas mit dem Test, sagt sie. Ob ich vielleicht solange mal ein E-Meter testen wolle? Aber sicher doch!

Das E-Meter ist ein unverzichtbares Hilfsmittel der Hubbard'schen Methode. Man könnte sogar sagen: Es deckt die Grundlage der Hubbard'schen Methode auf. Der scientologische Verhörspezialist beziehungsweise Auditor, der mit seinem Kunden die Hubbard'schen Frage-Antwort-Kataloge über böse Erfahrungen durcharbeitet, kann an diesem Gerät den Fortschritt und Erfolg der Prozedur ablesen. Das E-Meter funktioniert wie eine Art Lügendetektor, allerdings viel simpler: Während moderne Lügendetektoren eine Vielzahl von Körperwerten wie Puls, Blutdruck oder Atmung aufzeichnen, beschränkt sich das E-Meter auf die Messung des elektrischen Widerstandes des Körpers. Zu diesem Zweck hält der Proband zwei verkabelte Metalldosen in den Händen. Je nach Erregung bei der Beantwortung einer Frage ändert sich der Ausschlag auf der Skala des E-Meters. Ein Erfolg im scientologischen Sinne stellt sich bei einer Befragung dann ein, wenn der Kunde auch auf heikle Fragen keine extremen Ausschläge mehr produziert. Das Ziel der Hubbard'schen Behandlung scheint es also zu sein, sich den körperlichen Ausdruck seiner Emotionen abzutrainieren – da dieser aber mit den Emotionen untrennbar verbunden ist, ist das eigentliche Ziel wohl die Ausschaltung der emotionalen Reaktion selbst. Scientology lehrt, sich vollkommen unter Kontrolle zu halten. Das E-Meter ist das Prüfgerät für diesen Kontrolldrill.

Die Frau mit dem blauen Haar geleitet mich zu einem E-Meter, das zu Demonstrationszwecken an eine Wand montiert ist. Ich nehme die beiden Metalldosen in die Hände. Sie schaltet ein und dreht an einigen Knöpfen herum. Dann sagt sie, ich solle an eine Person denken, über die ich mich in letzter Zeit geärgert habe. Unwillkürlich denke ich an den Mann hinter dem Schalter der Telefongesellschaft. Der Zeiger schlägt aus! Ob das jetzt tatsächlich eine Art psychoelektrischer Reaktion meines Körpers war oder nur jemand im richtigen Moment auf den Knopf einer Fernsteuerung gedrückt hat, kann ich nicht sagen. In jedem Fall aber habe ich Glück gehabt. Die Nadel hätte auch unkontrolliert ausschlagen können, voll in die eine Richtung und wieder zurück, und das wild und mehrmals hintereinander. Dann hätte ich jetzt ein Problem: Ich wäre die gefährlichste Person überhaupt im Scientology-Universum – ein sogenannter Rockslammer. Menschen, bei denen die Nadel auf die beschriebene Weise ausschlägt, sind für Hubbard unverbesserliche Kriminelle, das Übel der Menschheit, der Quell aller Probleme. Vor allem, wenn sie etwas gegen Scientology haben. Diese Leute müssen sofort identifiziert und in Behandlung genommen werden.

Die Grundlage von Scientology, hierin unterscheidet sich diese Organisation nicht von herkömmlichen Religionen, ist die Behauptung der eigenen Unfehlbarkeit. Doch anders als beispielsweise das Christentum oder der Islam ist

Scientology im Wesentlichen ein sehr diesseitig ausgerichtetes System zur Selbstoptimierung. All die Frage-Antwort-Spielchen, all die E-Meter-Verhöre sollen dem Kunden dazu verhelfen, sich selbst und seine Umwelt unter Kontrolle zu bringen. Hubbard betont immer wieder, dass die Methoden, die er entwickelt hat, funktionieren. Wenn keine Erfolge sichtbar sind, wenn ein »Fall« keine Fortschritte macht, dann kann das im scientologischen Weltbild niemals an der Methodik liegen (die ist schließlich unfehlbar) – sondern immer nur daran, dass die Methodik nicht richtig angewandt wurde. Oder daran, dass störende Einflüsse von außen die Fortschritte verhindern.

Hubbard hat ein höchst bürokratisches System entwickelt, um diese störenden Einflüsse zu finden und abzustellen. Viele Seiten seiner Schriften beschäftigen sich mit sogenannten »PTS« (Potential Trouble Source), das sind Menschen, die möglicherweise für Probleme sorgen könnten, weil sich in ihrer Umgebung eine »SP« befindet. Eine »SP« beziehungsweise »Suppressive Person«, also »Unterdrückerische Person«, ist jeder, der etwas gegen Scientology hat – das kann zum Beispiel der Partner des Kunden sein oder seine Eltern oder Freunde, die ihm davon abraten, sein Geld in Scientology-Kursen anzulegen. In einer solchen Konstellation werden diese Personen zunächst »behandelt«, was den Versuch bedeutet, sie auf unterschiedlichste Weise Scientology gewogen zu machen. Bis ins Detail werden Diskussionen und Argumentationsmuster mit dem Kunden eingeübt, um ihn für die Konfrontation fit zu machen. Zudem sollen die skeptischen Bezugspersonen mit Scientology-Büchern und Materialien beschickt werden, auf dass sie selbst erkennen, wie edel, hilfreich und gut diese Organisation doch ist und wie falsch all ihre Vorbehalte doch waren. Sollte diese wohlwollende Behandlung wider Erwarten nichts helfen (eigentlich müssten klar denkende Menschen doch spätestens anhand von professionell gestalteten Broschüren erkennen, welch ein Segen Scientology für die Menschheit ist), hilft nur die Trennung von solchen Personen – der Abbruch jeglichen Kontakts. Da können dann auch mal Familienbande gekappt oder Freundschaften zerbrochen werden, wenn sie den Thetan daran hindern, vernünftig zu operieren. Besonders übel trifft es Personen, die bei Scientology arbeiten: In der Organisation sind ganze Abteilungen damit beschäftigt, wilde Nadelsprünge zu analysieren und »unterdrückerische« Personen unter den eigenen Leuten ausfindig und unschädlich zu machen. Angeblich gibt es zu diesem Zweck eigene Umerziehungseinrichtungen, in denen Abtrünnige wieder auf den rechten Weg zurückgeführt werden sollen.

Ich komme noch mal davon. Ich scheine nicht als potentielle Problemquelle identifiziert zu sein, jedenfalls lässt sich Frau Blauhaar nichts weiter anmerken. Ich scheine sogar würdig zu sein, jetzt endlich die Ergebnisse meines »Persönlichkeitstests« zu erfahren. Und zwar von Kathrin, der jungen Frau, die mir am Anfang den Film gezeigt hatte.

Kathrin geleitet mich zurück zu ihrem Schreibtisch. Ich soll mich setzen. Sie informiert mich jetzt wie eine Ärztin. Die Testergebnisse sind niederschmetternd. Da muss ich dringend etwas unternehmen.

Das ist, wie bereits erwähnt, das ganz normale Ergebnis des Scientology-Persönlichkeitstests: Jeder hat Defizite. Jeder sollte einen Scientology-Kurs besuchen. Wie mein Test im Speziellen zeigt, habe ich offenbar Probleme, Projekte zum Abschluss zu bringen. Da ich mich ganz am Anfang als Soziologie studierenden Mittdreißiger vorgestellt habe, ist das keine sehr fernliegende Analyse. Und jetzt startet Kathrin das scientologische Hilfsprogramm.

»Glaubst du, dass Hilfe möglich ist?«, fragt mich Kathrin. Komische Frage. Selbstverständlich glaube ich das. »Glaubst du, dass Kontrolle gut ist?«, fragt Kathrin dann. Da bin ich mir nicht so sicher. »Gib mir mal das Buch da«, sagt Kathrin und deutet auf ein Scientology-Pamphlet, das an der Seite des Tisches liegt. Ich reiche es ihr herüber. »Siehst du«, sagt Kathrin, »jetzt habe ich dich kontrolliert. Ich habe dich dazu gebracht, das zu tun, was ich will. Ohne dich zu bitten oder dir etwas zu geben. Ich habe dich kontrolliert.« Ach so, so läuft das hier. Kathrin sagt, Scientology könne mir dabei helfen, mich nicht von anderen kontrollieren zu lassen. Und selbst Situationen zu kontrollieren. Und da sei Kontrolle doch gut. Sie hätte da übrigens genau den richtigen Kurs für mich.

Ein Thetan wie Tom: Cruising für Fortgeschrittene

An diesem Punkt des Gesprächs fällt mir ein, einmal auf die Uhr zu sehen. Jetzt sitze ich schon über zwei Stunden hier. Ich hatte meiner Frau doch versprochen, nicht so lange zu bleiben. Und kein Geld auszugeben. Und nichts zu unterschreiben. Ich lehne also dankend ab und sage Kathrin, dass ich mich nur informieren wollte und heute keinen Kurs belegen werde. Aber das lässt sie mir nicht durchgehen. Wir hätten doch gerade darüber gesprochen und seien uns einig, dass ich Hilfe benötige. Und dass Hilfe möglich sei. Und dass Scientology mir helfen könne. Da wäre es doch widersinnig, wenn ich diese Hilfe jetzt nicht annehmen wollte. Das mag schon sein, sage ich. Aber ich wolle jetzt doch lieber nach Hause gehen und mir die Sache noch mal überlegen. Kathrin sagt, kein Problem. Aber vorher wolle sie mir noch etwas zeigen. Sie steht auf und sagt, ich solle mal mitkommen.

Gerade saßen wir noch in einer Art Großraumbüro mit mehreren Tischen, an denen Anwerbungsgespräche geführt werden. Jetzt führt mich Kathrin durch eine Tür in ein Einzelbüro. An einem Schreibtisch dort sitzt eine Frau, die ich bisher nicht gesehen habe. Sie trägt einen blauen Blazer mit Abzeichen daran, es scheint sich dabei um eine Art Uniform zu handeln. Offensichtlich hat sie einen höheren Rang als Kathrin, die sich jetzt etwas abseits setzt. Die Chefin legt mir einen Vertrag für einen Kurs vor. Den müsse ich jetzt nur noch unterschreiben. Mehrere Seiten Kleingedrucktes. Ich blättere die Seiten durch. Das kann ich unmöglich alles lesen jetzt. Ach, sagt die Uniformierte, das sei nur zur rechtlichen Absicherung. Da stehe drin, dass Scientology keine medizinischen Behandlungen durchführe. Und ich würde damit bestätigen, dass ich kein Journalist sei. Wir lachen gemeinsam über diese abseitige Möglichkeit. Und ich sage ihr, was ich schon Kathrin gesagt habe: dass ich hier und heute sicherlich kein Scientology-Mitglied werden würde. Aber, sagt die Uniformierte, das sei gar kein Problem, der Vertrag sei ja kein Mitgliedsvertrag, sondern nur einer für einen einzigen Kurs.

Nein, selbst für einen einzigen Kurs wolle ich nicht unterschreiben, sage ich. Da fragt mich die Frau: »Glaubst du, dass Hilfe möglich ist?« Das hatten wir schon.

Und dann geht plötzlich alles sehr schnell. Ich habe eine Eingebung. Es ist, als wäre ich auf einen Schlag auf Level

42 von »Farmville« katapultiert worden. Mir ist klar: Ich muss hier nicht sein. Ich kann selbst meinen Aufenthaltsort bestimmen. Ich kann kommen und gehen, wann und wohin ich will. Ich kann tun und lassen, ganz nach Belieben. Ich muss mich hier nicht in einen Vertrag hineinquatschen lassen. Ich bin schon jetzt ein Operierender Thetan[118]. Und als solcher erhebe ich mich, bedanke mich recht freundlich und verlasse den Laden.

Es ist ein erhebendes Gefühl, durch die Stadt zu laufen als Operierender Thetan. Endlich weiß ich, wie Tom Cruise sich fühlen muss. Wie er strotze ich vor Energie und Selbstvertrauen. Ich sehe geparkte Autos und bemerke, wie sich der Abstand zwischen uns verändert, während ich auf sie zu schreite. Ich sehe eine Gruppe von Leuten an einer Bushaltestelle stehen und bemerke etwas an ihnen. Ich habe eine Erkenntnis. Ich bin bereit, der Menschheit zu helfen. Ich bin hier. Ich bin drei Fuß hinter meinem Kopf. Ich bin auf dem Mond. Ich spüre die Bewegung der Erdkugel. Wenn ich wollte, könnte ich sie jetzt anhalten. Aber vorher schaue ich noch mal beim Telefonladen vorbei.

Schon unterwegs nehme ich geistige Verbindung mit

118 Und falls Sie nicht glauben, dass das so schnell und auch noch kostenlos geschehen kann, dann kann ich Sie nur auf eine bemerkenswerte Stelle in dem mir eben vorgelegten umfangreichen Vertragswerk verweisen. Darin geht es, wenn mich mein fotografisches Thetan-Gedächtnis jetzt nicht sehr täuscht, um all das, was Scientology *nicht* verspricht. Bei Hubbards Schriften, wird hier klargestellt, handele es sich um literarische Werke, die geistige und religiöse Anleitungen enthielten, aber nicht geeignet seien, körperliche oder geistige Krankheiten zu heilen. Zudem könne keinerlei Wirkung garantiert werden. Letztlich gelte allein L. Ron Hubbards Aussage: »Was für Sie wahr ist, ist das, was Sie selbst beobachten. Nichts in Dianetik und Scientology ist für Sie wahr, solange Sie es nicht beobachtet haben. Und es ist wahr gemäß Ihrer eigenen Beobachtung. Das ist alles.« Wenn das alles ist, dann ist es wahr: Ich bin ein Thetan.

dem Telefonmann auf und implantiere ihm meine Absicht, dass mein Telefon als Allererstes gleich morgen früh repariert werden muss. Allerdings will ich nicht überheblich werden: Auch Superwesen wie ich sollten eine schriftliche Terminbestätigung haben. Und die hole ich mir jetzt.

Leider ist der Telefonladen schon geschlossen, als ich ankomme. Ich habe zu viel Zeit bei Scientology verschwendet. Daheim fragt mich meine Frau, ob unser Telefon morgen wieder funktionieren werde. Sie scheint noch nichts von meiner Metamorphose zu bemerken.

»Es wird sogar sofort wieder funktionieren!«, sage ich mit den blitzenden Augen eines Tom Cruise.

»Ich werde jetzt meine Absicht eines funktionierenden Telefons in das Telefon implantieren!«

Ich konzentriere mich. Fest. Meine Frau sieht mich an.

»Irgendwie siehst du anders aus …«, sagt sie.

»Wie denn?«, frage ich.

»Du siehst aus«, sagt sie, »als würdest du nur zehn Prozent deines geistigen Potentials nützen.«

6. *Kapitel*
Angebote für Andersdenkende
Oder: Die letzte Heimsuchung

Und dann kam noch ein Brief.

»An Sie
– persönlich –

Sehr geehrter Herr,

Sie haben vor kurzem unser Schnupperangebot erhalten und konnten eigene Erfahrungen auf dem reichhaltigen und attraktiven Gebiet des Glaubens sammeln. Sie haben die beeindruckende Vielfalt unseres Angebots selbst erlebt.

Bisher konnten Sie sich allerdings noch nicht für einen Glauben entscheiden. Dennoch sind wir davon überzeugt, dass auch Sie die zahlreichen Vorzüge des Glaubens noch erkennen werden.

Es gibt noch viel zu entdecken! Denn bis jetzt haben Sie nur einen sehr kleinen Teil unseres Gesamtangebots kennengelernt: die bekanntesten Glaubensrichtungen. Wussten Sie, dass es daneben noch unzählige weitere Möglichkeiten gibt, an etwas oder jemanden zu glauben? Vielleicht war das Richtige für Sie einfach noch nicht dabei. Anbei legen wir Ihnen eine kleine Aufstellung weiterer lieferbarer Glaubensmöglichkeiten aus unserem aktuellen Katalog bei.
Wählen Sie in Ruhe aus. Kreuzen Sie an, was am besten zu Ihnen passt.

Ergreifen Sie Ihre Chance auf ein erfülltes Leben!

Dies ist ein Service der

INITIATIVE GLAUBENSOFFENSIVE FÜR ALLE
mit freundlicher Unterstützung von
DAS HÖHERE WESEN, DAS WIR VEREHREN«

Und das ist der Katalog, der dem Schreiben beilag:

»Zusätzliche Angebote für Anspruchsvolle und Andersdenkende (alphabetisch geordnet)

Bitte die gewünschte Glaubensrichtung ankreuzen und
diese Broschüre zurückschicken (das Porto übernehmen
wir gerne). Sie erhalten innerhalb einer Woche ausführ-
liche Anleitungen für Ihren neuen persönlichen Glauben.

• *Angewandte Verschwörungstheorie*
Sie ahnten es schon längst: Die Illuminaten beherrschen
die Welt, Handymasten werden von der Regierung zur
Gedankenkontrolle eingesetzt, hinter den Terroranschlä-
gen vom 11. September 2001 stecken nicht etwa islamistische Terroristen, sondern die USA, und in den Kellern
der deutschen Bundesbank in Frankfurt am Main lagern
Unmengen von neu gestalteten DM-Scheinen, die demnächst, wenn der Euro zusammenbricht, unters Volk gebracht werden. Legen Sie Lebensmittelvorräte an, und
diskutieren Sie mit Gleichgesinnten darüber, ob es besser
ist, sein Erspartes in Gold, Silber oder Zigarettenstangen
anzulegen. Andere werden Sie auslachen – aber Sie lachen
zuletzt!
(Ständig aktualisierte Glaubensgrundlagen nach aktueller
Entwicklung)

- *Alevitentum*

Sie finden den Islam interessant, können sich aber nicht mit dessen strengen Regeln anfreunden? Dann ist das Alevitentum genau das Richtige für Sie – die undogmatische Alternative. Verehren Sie Ali ibn Abi Talib, den Vetter und Schwiegersohn des Propheten Mohammed. Beten Sie, wann, wo und wie oft Sie wollen, das »Salat«-Ritualgebet. Streben Sie nach Vollkommenheit mit Gott, achten Sie Ihre Mitmenschen, und machen Sie sich nicht allzu viele Gedanken über den Tod und das Jenseits. Beherrschen Sie Ihre Hände, Ihre Lenden und Ihre Zunge – und genießen Sie die Freiheit, nicht nach Vorschrift glauben zu müssen.

(Besonders geeignet für Anhänger des Laizismus in der Türkei)

- *Bahai*

Sie sind weltoffen und tolerant anderen Religionen gegenüber – und wollen trotzdem nicht auf den Glauben an den einen abrahamitischen Gott verzichten? Dann sollten Sie sich die Bahai-Religion ansehen. Lernen Sie die faszinierende Geschichte des Bab kennen, der sich im Mai 1844 als Empfänger einer göttlichen Offenbarung und »Tor zu Gott« bekannte und sechs Jahre später hingerichtet wurde. Erkennen Sie mit dem Bab den vor gar nicht langer Zeit auf Erden gewandelten Baha'u'llah als Messias sämtlicher anderer Religionen! Glauben Sie an Gleichberechtigung zwischen Mann und Frau, Schulbildung für alle, die persönliche Suche nach Wahrheit, eine gemeinsame Grundlage aller Religionen und deren Fähigkeit zum Frieden, die Vereinbarkeit von Religion und Vernunft, die Abschaffung von Vorurteilen aller Art, die Einführung des Weltfriedens vermittels einer Weltsprache und eines internationalen Gerichtshofs sowie an sozialen Frieden.

(Nicht zu verwechseln mit der Sozialdemokratischen Partei Deutschlands)

• **Cargo-Kult**
Entdecken Sie eine fast vergessene Religion aus Melanesien, einer Inselgruppe im Pazifik: Hier erlebte der Cargo-Kult seine erste Blüte – inspiriert von den europäischen Ankömmlingen, die eine Menge Gepäck dabei hatten. Die Ureinwohner erklärten sich diesen materiellen Wohlstand damit, dass die Fremden offenbar über starke magische Kräfte verfügen würden. Sie bemühten sich, möglichst viel über diese magischen Kräfte herauszufinden und sie sich anzueignen. Eines Tages würde dann ein Geist der Vorfahren oder Stammesgott oder Held ihnen all diese Güter bescheren. In Erwartung dieses Heils bauten die Gläubigen Strukturen, die Landebahnen, Hafenanlagen und Lagergebäude darstellten. Auch Sie können heute an einer aktualisierten Version des Cargo-Kult teilhaben: Bestellen Sie große Mengen von Elektronikartikeln und anderen Schnickschnack auf Kredit und hoffen Sie darauf, dass ein gütiger Geist irgendwann die Rechnungen bezahlt. Bitten Sie den Schufa-Gott um Verzeihung und erleben Sie die erlösende Absolution der Privatinsolvenz!

(Auch als Staatsreligion erhältlich)

• **D10S**
Die Religion der Wahl für wahre Fußballfans: Treten Sie der »Iglesia Maradoniana – La Mano de D10S« mit Hauptsitz in Rosario, Argentinien, bei und verehren Sie den besten Fußballspieler aller Zeiten: Diego Armando Maradona.

Beharren Sie auf der Regelkonformität Seines mit der Hand Gottes erzielten Treffers im Spiel der argentinischen Fußballnationalmannschaft gegen England am 22. 6. 1986, beziehungsweise, wie es nach der Zeitrechnung der Iglesia Maradoniana heißen muss: des Jahres 26 nach Diego. Und nennen Sie Ihren Sohn Diego (auch den zweiten).

(Verwandte Glaubensrichtungen: Jediismus für Star Wars-Fans, »The First Presleyterian Church of Elvis The Divine« für Anhänger des King of Rock'n'Roll)

- *Erlinger, Dr. Dr. Rainer*
Verehren Sie den deutschen Moralpapst wöchentlich im Magazin der »Süddeutschen Zeitung« und schöpfen Sie aus dem Reichtum seiner unbegrenzten Lebensweisheit.

(Mit kniffligem Kreuzworträtsel)

- *Hinduismus*
Schließen Sie sich der drittgrößten Weltreligion an und lernen Sie die bunte Vielfalt der indischen Gottheiten, Riten und Gebräuche kennen – interessante Wiedergeburten erwarten Sie!

Im HÖCHSTES WESEN-Einzelpaket erhältlich:

– Shivaismus: Glauben Sie an den Gott der Zerstörung und an die Kraft des phallusförmigen Lingam in Kombination mit Ganja!

– Vishnuismus: Verehren Sie den Gott der Erhaltung und seine zahlreichen Inkarnationen (inklusive Ticket für die Teilnahme an einer Hare-Krishna-Versammlung in einer Fußgängerzone in Wohnortnähe)

– Shaktismus: Weil Gott eine Frau ist. Und der andere Gott ebenso.

(Tausende weitere Kombinationen und Pakete lieferbar)

- *Hohlwelttheorie*

Alles ist ganz anders – nämlich genau anders herum! Versetzen Sie sich einen starken Stromstoß, fallen Sie in Ohnmacht und erkennen Sie wie der Arzt Cyrus Reed Teed 1869 buchstäblich schlagartig die Tatsache, dass wir nicht auf der Oberfläche, sondern im Inneren der Schale einer Kugel leben. Widmen Sie Ihre gesamte Freizeit dem Versuch, diese Theorie zu beweisen, und debattieren Sie im Internet mit interessanten Leuten, die erfolglos den Beweis des Gegenteils antreten wollen.

(Vorsicht! Das Bekenntnis zu diesem Glauben könnte Ihre wissenschaftliche Karriere beeinträchtigen)

- *Jainismus*

Haben Sie manchmal das Gefühl, alles ginge den Bach herunter? Bemerken Sie den allgegenwärtigen Gegensatz von Geistigem und Ungeistigem nicht nur im TV-Programm? Wollen Sie weder Mensch noch Tier verletzen? Dann kommen Sie im Jainismus voll auf Ihre Kosten. Dieser in Indien beheimatete Verwandte von Buddhismus und Hinduismus lehrt den ewigen Wechsel zwischen Zeitaltern des Verfalls und des spirituellen Wachstums (aktuell: Verfall), die totale Gewaltlosigkeit, die Aufgabe unnützen Besitzes und die vollkommene Wahrhaftigkeit. Leben Sie in strenger Askese und durchbrechen Sie die Kette der Wiedergeburten. Und: Treten Sie auf keinen Käfer!

(Nicht erschrecken: Im Jainismus ist das Hakenkreuz – die »Swastika« – ein Symbol des Guten![119])

119 Wie unter anderem auch im Hinduismus und im Buddhismus japanischer Ausprägung.

- **Kapitalismus**

Glauben Sie an das Mysterium des »Unsichtbaren Hand«, ein 1776 von dem schottischen Moralphilosophen Adam Smith postuliertes Paradoxon, nach dem das Gemeinwohl aus purem Eigennutz entsteht: Wer nur nach eigenem Gewinn strebt, erhöht damit den Wohlstand aller. Glauben Sie an die Überlegenheit von Privateigentum über Arbeit, die heilige Balance von Angebot und Nachfrage, die famosen Selbstreinigungskräfte des Marktes, das Wunder der Transparenz und die Rationalität der Marktteilnehmer. Hoffen Sie auf steigende Kurse und die Ankunft des großen Bail-out, wenn Sie sich verspekuliert haben sollten.

(Nur noch kurze Zeit im Angebot! Jetzt zugreifen!)

- **Kommunismus**

Stellen Sie sich vor: Kein Staat, kein Chef, kein Knecht. Alles gehört allen, jeder bekommt, was er braucht, alle helfen zusammen, und jeder macht mit. Um diesen utopischen Zustand des Kommunismus zu erreichen, treffen Sie sich regelmäßig mit Ihren Glaubensgenossen und streiten so lange über Detailfragen, bis jeder von Ihnen seine eigene kommunistische Unter-Glaubensrichtung entwickelt hat, die mit Hinterlist und gegebenenfalls mit Gewalt gegen die anderen durchgesetzt und, nachdem dieser anstrengende Prozess durchlaufen ist, auch noch sämtlichen anderen Menschen vermittelt werden muss, wobei keine besondere Rücksicht auf Freiwilligkeit und insbesondere keine auf die bisherigen Chefs genommen wird.

(Kommunismus gilt in vielen Kulturen als keine gute Idee, weil er funktionieren könnte)

- *Liebe*

Es gibt nichts zu tun, das nicht getan werden kann. Nichts zu singen, das unsingbar ist. Es gibt nichts zu sagen, aber Sie können lernen, wie man's macht. Ganz einfach. Es gibt nichts zu machen, das nicht gemacht werden kann. Niemanden, den Sie retten können, der unrettbar ist. Es gilt nichts zu tun, nur rechtzeitig zu lernen, Sie selbst zu sein. Ganz einfach: Sie brauchen nur Liebe. Sie brauchen nur Liebe. Sie brauchen nur Liebe, Liebe. Liebe ist alles, was Sie brauchen. Sie können nichts wissen, das nicht bekannt ist. Nichts sehen, das nicht gezeigt wird. Nirgendwo können Sie sein, wo Sie nicht hingehören. Ganz einfach: Sie brauchen nur Liebe. Sie brauchen nur Liebe. Sie brauchen nur Liebe, Liebe. Liebe ist alles, was Sie brauchen.[120]

(Am Ende entsteht ein Gleichgewicht aus empfangener und gegebener Liebe)

- *Lottogewinn*

Sie wollen einen ganz bestimmten Einwohner Russlands besuchen, haben aber keine Ahnung, wo der wohnt? Sie fahren aufs Geratewohl los und klopfen irgendwo an eine Türe – und hoffen darauf, dass Ihnen der Gesuchte öffnet? Wenn sie bereit sind, auf einen ähnlich wahrscheinlichen Überraschungstreffer mindestens 1,25 Euro zu wetten, dann kann Sie der Glaube an einen Lottohauptgewinn von sagenhaftem Reichtum träumen lassen. Für Fortgeschrittene: Sparen Sie bares Geld, indem Sie gar nicht selbst mitspielen, sondern darauf vertrauen, zufällig einen ausgefüllten und bezahlten Lottoschein auf der Straße zu finden!

(Sämtliche Angaben ohne Gewähr)

120 Lennon/McCartney.

• Mormonentum

Staunen Sie über die wundersame Geschichte des US-amerikanischen Gelegenheitsschatzsuchers Joseph Smith, dem
ab 1820 immer wieder göttliche Weisheiten und Fortsetzungen des Neuen Testaments vom als Engel auferstan-
denen Propheten Moroni offenbart wurden, unter anderem auf goldenen Tafeln, die Moroni jedoch zurückhaben
wollte, bevor Smith sie irgendjemandem zeigen konnte.
Nehmen Sie zur Kenntnis, dass die US-amerikanischen In-
dianer von Gott mit ihrer Hautfarbe gestraft sind, weil ihre
Vorfahren die gottgefälligen Nichtfarbigen umgebracht
haben, denen einige Jahre vorher Jesus Christus mitten in
Amerika erschienen war.

(Beitritt auch nach dem Tod möglich)

• Nichts

(Umfangreiche Sekundärliteratur erhältlich)

• Neuheidentum

Hatten Sie schon immer den Eindruck, all diese aus dem
Nahen Osten und Übersee zugereisten Religionen seien
nicht das Wahre? Glauben Sie, dass in den Bäumen Geister
wohnen und Donnergrollen das Grollen eines Donnergot-
tes ist? Dann sollten Sie Heide werden. Entdecken Sie das
Geheimnis der heiligen Runen, lesen Sie Grimms Märchen
noch einmal mit neuen Augen und erkennen Sie, dass Frau
Holle eigentlich die Herrin des Totenreichs ist. Beten Sie zu
Wodan und Fria und erfahren Sie endlich, welche Bedeutung Ostereier und der Weihnachtsbaum *wirklich* haben.

*(Gerne im Paket mit »Nazi-Esoterik« und »Angewandte Ver-
schwörungstheorie« gebucht)*

- **Öko**

Retten Sie die Erde, indem Sie auf Flugreisen, Stromverbrauch und Autofahrten verzichten. Glauben Sie an die reine Herkunft des zertifizierten Bio-Hühnereis, die Überlegenheit organisch angebauten Gemüses und an die drohende Klimakatastrophe. Erzählen Sie so lange Ihren Freunden von Ihrem Glauben, bis diese entweder ebenfalls glauben oder nicht mehr Ihre Freunde sind.

(Flugreisen zu Ihrem bevorzugten Öko-Projekt in Lateinamerika bleiben erlaubt)

- **Orden des Lotus und der Rose / Kirche des Lichts im Neuen Äon**

Gehen Sie jetzt an Bord des Licht-Schiffes und nehmen Sie Ihren Siegeskranz entgegen! Kehren Sie zu Ihrem Königreich zurück und jubeln Sie mit allen Licht-Äonen! Lesen Sie diese und noch viele Ermunterungen mehr in irisierend bunt bebilderten Broschüren[121] bestehend aus einer mannigfachen Vielfalt von Schriftarten, Formatierungen und Versatzstücken unzähliger Religionen, Philosophien und Sprichwörtern! Schicken Sie Ihre Kinder nichtsahnend zur »Nachhilfe plus«[122] in Fulda und entdecken Sie staunend, dass das »Plus« in der spirituellen Anleitung durch Dr. Martin W. Spiegel alias Ramón Castillo de Luz vom »Orden des Lotus und der Rose / Kirche des Lichts im Neuen Äon« besteht.

(Nicht zu verwechseln mit der »Fiat Lux«-Bewegung der Erika Bertschinger-Eicke alias Uriella in Ibach, Baden-Württemberg)

---

121 http://www.bmservices.de/gnosis/Dogmata.pdf (abgerufen im Juni 2011).
122 http://www.nachhilfe-plus.de (abgerufen im Juni 2011).

- **Raëlismus**

Und es gibt sie doch! Sollten Sie Schwierigkeiten haben, an all die Mythen der anderen Religionen zu glauben, bietet Ihnen der Raëlismus endlich eine einleuchtende Erklärung für deren Herkunft: Sie stammen von Außerirdischen namens Elohim. Diese haben vor 22 000 Jahren die Erde geschaffen und die Menschen geklont. Irgendwann wurden ihnen die Klonwesen gefährlich, worauf die Elohim ihre Schöpfung mit Atomwaffen ausradierten – bis auf einen gewissen Noach, der sich und jeweils eine Zelle jeder Art in einer Rakete in Sicherheit bringen konnte. Diese und andere Wahrheiten mehr erfuhr der französische Autosportjournalist Claude Vorihlon beginnend mit dem 13. Dezember 1973 von einem per Ufo auf die Erde gereisten Elohim. Seither nennt sich Vorihlon »Raël«. Helfen Sie ihm, Adolf Hitler zu klonen – aber nur, um diesen endlich gerecht bestrafen zu können. Bauen Sie mit am repräsentativen Empfangsgebäude für die gewiss bald schon wiederkehrenden Außerirdischen. Genießen Sie als einer der Ersten die Vorzüge willenloser Sexsklaven aus dem Genlabor[123] oder, sollten Sie weiblich und jung sein, treten Sie schon jetzt Raëls persönlichem Harem bei.

(Nicht zu verwechseln mit Realismus)

- **Satanismus**

Sie leben gerne wild und gefährlich? Sie verachten Schwäche und Nächstenliebe? Sie möchten sich vom Christentum lösen, aber doch nicht ganz den Bezug dazu verlieren? Sie wollen Ihre Eltern ärgern? Und wären Sie gerne einmal Komparse im Privatfernsehen? Dann werden Sie

123 Noch in Entwicklung.

Satanist! Lesen Sie die 1969 möglicherweise unter großem Zeitdruck zusammenplagiierte »Satanische Bibel« des US-amerikanischen Lebenskünstlers Howard Stanton Levey alias Anton Szandor LaVey und üben Sie Individualismus, Selbstkontrolle und kaltblütige Vergeltung. Für nur 200 US-Dollar erhalten Sie eine blutrote Mitgliedskarte bei der »Church of Satan«[124] mit Sitz in New York, die Sie bitte an einem sicheren Ort aufbewahren.

(Beitritt nur mit Unterschrift des Erziehungsberechtigten)

• *Shintoismus*

Sie haben es gerne sauber und harmonisch? Sie mögen Schränke, in denen sich geheime Gegenstände befinden? Sie fühlen sich hingezogen zur japanischen Lebensart? Sie sind vielleicht sogar Japaner? Dann sollten Sie Respekt vor den Kami haben, den Geisteswesen, Ahnen und Naturgeistern, und außerdem vor Mikado, dem japanischen Kaiser, Ihrem höchsten Priester.

(Keine zeitraubende Versammlungspflicht, geistliche Betreuung nur auf ausdrücklichen Wunsch)

• *Sikhismus*

Indien finden Sie schön, Friseurbesuche weniger? Sie haben da so eine Ahnung, dass Sie bereits acht Millionen Mal wiedergeboren wurden und jetzt kurz vor der Vereinigung mit Gott stehen? Es fällt Ihnen nicht schwer, auf Fleisch, Tabak und Alkohol zu verzichten? Dann stellen Sie sich schon

---

124 http://www.churchofsatan.com/Pages/CS%20Basic.pdf (abgerufen im Juni 2011). Schleierhaft ist mir dabei, warum die Satanskirche nicht gleich die traditionelle Summe von 666 US-Dollar in Rechnung stellt.

einmal darauf ein, künftig mit Nachnamen Singh (»Löwe«) oder Kaur (»Prinzessin«) zu heißen. Werden Sie Sikh, folgen Sie dem Guru Nanak, streben Sie nach Mukti, dem inneren Frieden, lehnen Sie Unterdrückung aller Art ab, und tragen Sie jederzeit einen kunstvoll gewickelten Turban um Ihr wallendes Haar.

(Die Accessoires Kamm, Dolch, Armreif und Shorts finden Sie günstig im Einsteigershop)

• *Theosophische Gesellschaft*
Hören Sie die abenteuerliche Geschichte der Kosmopolitin Helena Petrovna Blavatsky und ihrer 1875 in New York gegründeten, zeitweise höchst populären »Theosophischen Gesellschaft«, die zum Ziel hat, die Menschheit unabhängig von ethnischer Herkunft und Bekenntnis zu einer »universellen Bruderschaft« zu einen. Gelenkt werden die Theosophen nach Blavatsky von den im Verborgenen wirkenden »Meistern der Weisheit«, die ausgewählten Mitgliedern ihre göttlichen Ratschläge in sich mysteriös materialisierenden Briefen mitteilen. Seit Blavatsky 1884 im Zuge der sogenannten »Coulomb-Affäre« vorgeworfen wurde, dass die in ihrer Wohnung im damaligen Bombay im »Okkulten Schrein« aufgetauchten Meisterbriefe tatsächlich durch eine Geheimtür ihres nebenan stehenden Schlafzimmerschranks gewandert waren, hat der gute Ruf der Theosophischen Gesellschaft schwer gelitten. Aber völlig zu Unrecht, denn Blavatsky ist hereingelegt worden. Dafür gibt es Beweise! Helfen Sie mit, die falschen Vorwürfe zu widerlegen!

(Nur noch in Splittergruppen lieferbar!)

- **Yezidentum**

»Gute Freunde kann niemand trennen«, sang der unsterbliche Franz Beckenbauer 1966, und für niemanden gilt das so sehr wie für die Yeziden, welche sich zu Lebzeiten Jenseitsbrüder und Jenseitsschwestern suchen, die ihnen fortan und über den Tod hinaus herzlich zugetan bleiben. Während man in anderen Religionen noch darüber grübelt, wie ein allmächtiger Gott einen bösen Widersacher überhaupt zulassen kann, und ob das nicht seiner Allmacht widerspricht, hat man dieses Problem im kurdischen Yezidentum ein für alle Mal gelöst und das Böse abgeschafft.

(Beachten Sie bitte, dass Sie nur Yezide werden können, wenn Sie bereits Yezide sind)

- **Zarathustrismus**

Haben Sie sich schon immer gefragt, was dieser Zarathustra also sprach? Jetzt haben Sie die Möglichkeit, endlich die Antwort zu erfahren! Wandeln Sie auf den lichten Pfaden wolkenloser Tugendhaftigkeit, und grenzen Sie sich scharf ab von den schlimmen Übeltätern. Erwarten Sie nicht nur einen Messias – sondern gleich drei! Also sprach Zarathustra: Bestellen Sie jetzt, und verfolgen Sie den 12 000 Jahre währenden Kampf des Obergottes Ahura Mazda mit seinem Widersacher Ahriman!

(Ein Wechsel der Automarke ist nicht notwendig)

Und als ich das alles durchgelesen habe, platzt mir schließlich der Kragen. So geht das nicht. Dieser Katalog, diese ganze Glaubensinitiative, die Werbung, die Anrufe, all das bringt mir nichts.

Ich weiß immer noch nicht, woher ich komme. Und wohin ich gehe. Ich weiß nicht, welchen Sinn das Leben hat. Hat jemand oder etwas die Welt gemacht? Und wenn ja: mit einem Zweck? Und ist dieses Etwas noch da? Beeinflusst es das Geschehen? Erwartet es etwas von mir? Oder ist da nichts?

Wenn ich an seinem Grab stehe, frage ich mich immer noch: Wo ist mein Vater? Im Himmel? In der Hölle? Was immer das sein mag. Oder irgendwo sonst? Wie sieht es da aus? Oder ist er einfach nur weg? Und ich? Muss ich, soll ich irgendetwas Bestimmtes tun im Leben? Habe ich eine bestimmte Aufgabe, ein Ziel? Was soll meine Existenz? Und was soll ich meinem Sohn sagen, wenn er mich so etwas einmal fragen wird? Das wird nicht mehr lange dauern, und bis dahin brauche ich überzeugende Antworten.

Ich werde da jetzt anrufen und mich beschweren.

»Guten Tag, im Namen des …«

»Ja, guten Tag, genau dieses höhere Wesen suche ich. Geben Sie mir Ihren Chef.«

»Selbstverständlich. Ich stelle Sie durch.«

In der Leitung ein Knacksen. Ich warte.

Nachwort

Ich weiß schon: Dieses Buch ist eine Unverschämtheit.

Es bedürfte wohl mehr als eines begrenzten Lebens, um auch nur eine einzige Religion wirklich umfassend kennenzulernen und zu begreifen. Mehrere davon in einem dünnen Taschenbüchlein erklären zu wollen, ist ein zum Scheitern verurteilter Versuch. Und dieser untaugliche Versuch kommt dazu noch einer Verhöhnung der Glaubenden gleich, denn von Anfang an ist klar, dass so ein Buch nur aus zusammenhanglosen Details und halb verstandenen Oberflächlichkeiten bestehen kann, zusammengeschrieben von einem dahergelaufenen Journalisten, der nie in seinem Leben auch nur eine einzige Vorlesung in Theologie oder vergleichender Religionswissenschaft gehört hat. Es ist eine Respektlosigkeit.

Dabei weiß doch jedermann, dass es gefährlich ist, respektlos über Religion zu sprechen. Kein anderes Thema erregt Menschen, keines mobilisiert die Massen wie dieses.

»Wenn dein Buch erscheint, müssen wir dann unseren Namen ändern?«, fragte mit nur halb gespielter Besorgnis meine Schwägerin, nachdem ich bei einem Familienessen beiläufig von diesem Projekt erzählt hatte, doch bevor ich antworten konnte, schaltete sich sogleich mein Bruder ein: »Keine Angst, die lassen die Familien in Ruhe, die gehen nur auf den Verursacher selbst.«

»Die«, von denen mein Bruder gesprochen hat, sind religiöse Fanatiker, die nur einen Grund dafür suchen, beleidigt zu sein, die ihre Religion einsetzen, um politische Ziele durchzusetzen, die nicht trennen wollen oder können zwischen Glauben und Politik. Auch wenn mein Bruder wohl islamistische Eiferer gemeint hat, gibt es sie in praktisch jeder Glaubensrichtung. Warum um Himmels willen sollte man solche Leute mutwillig ärgern? Und die moderaten dazu?

Das sollte man nicht. Und es war auch nicht meine Absicht. Ich beneide Menschen, die an etwas glauben, sogar ein wenig. Das Leben muss unendlich viel einfacher sein, wenn man Gewissheiten hat, wenn man sich sicher sein kann, was gut ist und was schlecht, woher wir kommen und wohin wir gehen, was wir zu tun und was wir zu lassen haben. Ich habe diese Sicherheit nicht.

Dabei bin ich durchaus bereit und willens, an etwas zu glauben. Fast vierzehn Jahre lang habe ich bei der Berliner Tageszeitung »taz« gearbeitet und stets daran geglaubt, dass es auf das Gehalt nicht ankommt, wenn man nur für die gute Sache arbeitet. Vor vier Jahren habe ich meine Frau geheiratet, im festen Glauben daran, dass es sich bei der Ehe um eine dauerhafte Beziehung handelt. Wir haben ein Kind gezeugt, weil wir glauben, dass es ein gutes Leben haben kann und wir ihm dabei helfen können, einen guten Start zu haben. Ich habe kurz vor der Geburt unseres Sohnes den Vertrag für dieses Buch unterschrieben, weil ich geglaubt habe, das Baby schläft den ganzen Tag, und ich kann in Ruhe schreiben. Ich bin, könnte man sagen, ein ziemlich gutgläubiger Mensch.

Und dennoch hat mich das, was ich auf meinem Streifzug als Konsument im Supermarkt der Religionen gesehen habe, so wenig überzeugen können, dass ich nichts anderes darüber schreiben konnte als diese Persiflage. Das liegt nicht nur an den Schwierigkeiten, die es mir bereitet, Schöpfungsmythen und Wunderberichte für bare Münze zu nehmen – mir ist schon klar, dass all das nicht wörtlich, sondern metaphorisch zu verstehen ist, wenn man über einen Kinderglauben hinauswachsen möchte. Es liegt auch nicht daran, dass ich die Existenz eines höheren Wesens bestreiten würde – das würde ich mir nicht anmaßen; ich weiß schlicht nicht, ob es so etwas gibt oder nicht.

Was mich jedoch geradezu abgestoßen hat, sind viele der Leute, denen ich im Supermarkt der Religionen begegnet bin – Konsumenten ebenso wie Verkäufer. Ich habe Leute getroffen, die aus Bequemlichkeit religiös sind, andere aus Eitelkeit, Machtstreben und Wichtigtuerei. Ich habe welche getroffen, die sich von einer ungewöhnlichen Religion einen Distinktionsgewinn erhoffen, die damit ihr Bedürfnis nach Exotik befriedigen oder auf der nächsten Party eine interessante Geschichte erzählen wollen. Es gibt Leute, die glauben aus buchstäblicher Höllenangst, solche, die aus Orientierungslosigkeit glauben, und solche, die den Glaubensverkäufern aus reiner Dummheit alles glauben, was sie ihnen erzählen, so lange, bis sie glauben, dass sie glauben.

Die Ware Glauben wird aggressiv an Neukunden vermarktet, denen ein erfülltes Leben und, bei Wohlverhalten, eine beruhigende Aussicht auf das Jenseits verkauft wird. Bestandskunden geht es wie jenen von Telefongesellschaften: Sie haben sich zu fügen und zu begnügen.

Das ist die wahre Unverschämtheit.

Aber wahrscheinlich habe ich am falschen Ort gesucht. Die Person, die mich mit ihrem Glauben am meisten beeindruckt hat, habe ich nicht in einer Kirche, Moschee oder Synagoge, in keinem Tempel und keiner Sektenfiliale getroffen, sie tritt nicht im Fernsehen auf und schreibt keine Bücher: Conny ist einfach nur Erzieherin in der Kita unseres Sohnes. Jeden Morgen bringe ich ihn zu ihr, und nie mit einem schlechten Gefühl. Denn selbst wenn sie manchmal Rückenschmerzen hat (sie macht den Job jetzt schon dreißig Jahre lang) und sicher nicht jeden Tag mit guter Laune aus dem Bett steigt: niemals würde sie die ihr anvertrauten Kinder ihre eigene Befindlichkeit bemerken lassen. Oft habe ich mich gefragt, woher diese Frau die Hingabe und Kraft nimmt, jeden Tag mit einem wilden Rudel von Kleinkindern so geduldig, so liebevoll umzugehen, wie sie es tut – bis ich sie eines Tages gefragt habe und sie mir von ihrem tiefen Glauben erzählt hat, dem Quell ihrer Kraft.

Religion scheint die Menschen gleichzeitig zu beruhigen und aktiv zu machen. Ob die Ruhe zuversichtliche Ausgeglichenheit bewirkt oder stupide Passivität, ob die Aktivität selbstlose Wohltaten gebiert oder feigen Massenmord, das lässt sich wohl weniger aus den Religionen selbst und mehr aus den äußeren Umständen und den Menschen selbst erklären. Mit dem Glauben als Grund lassen sich Kriege führen und lässt sich Frieden schließen. Gläubige sind keine besseren Menschen. Schlechtere sind sie allerdings auch nicht.

Das glaube ich jedenfalls. Sie müssen ja nicht.

Danksagung

Vielen Dank allen Verfassern und Verbreitern heiliger Schriften, womit in diesem Fall auch jene gemeint sind, die auf Wikipedia und Wikileaks zu finden sind – sie waren mir eine große Hilfe und oft auch Quell herzlicher Heiterkeit. Vielen Dank allen, die mir bei der Entstehung dieses Buches geholfen haben, als Informanten, Gesprächspartner und unermüdliche Ratgeber – ob ich sie nun gefragt habe oder nicht. Herzlich bedanken möchte ich mich bei Peter Sillem und Nina Bschorr vom S. Fischer Verlag für ihre große Geduld und die angenehme Zusammenarbeit. Mein besonderer Dank gilt David Fischer-Kerli, ohne dessen kritische und konstruktive Begleitung dieses Buch nicht hätte entstehen können.

Und: Danke, Gisela.

Stefan Kuzmany
Gute Marken, böse Marken
Einkaufen ohne schlechtes Gewissen!

Band 17582

Rette ich die Welt (oder wenigstens den Regenwald), wenn ich Döner esse anstatt zu McDonald's zu gehen? Ist es moralisch eher zu vertreten, sweatshop-freie Kleidung eines Unternehmens zu tragen, in dem sexuelle Belästigung an der Tagesordnung ist? Oder lieber doch Klamotten, die von Kindern genäht wurden? Und muss sich Lotte, das vermeintlich glückliche Biohuhn, in Wirklichkeit als Sklavin in einer Brandenburger Legebatterie verdingen?

Stefan Kuzmany ist all diesen Fragen im Selbstversuch nachgegangen und zeigt, dass richtig Konsumieren gar nicht so leicht, aber machbar ist. Und dass es äußerst unterhaltsam sein kann, darüber zu lesen.

Fischer Taschenbuch Verlag

Rainer Erlinger
Moral
Wie man richtig gut lebt
368 Seiten. Gebunden

Wir alle wollen gute Menschen sein. Wir alle wissen eigentlich, was dafür zu tun wäre. Doch dann wird es konkret: Darf ich lügen, wenn es die Situation erfordert? Wie viel Rücksicht muss ich auf meine Nachbarn nehmen? Muss ich mein Geld ethisch anlegen? Rainer Erlinger, Moralinstanz und Autor der inzwischen als Klassiker geltenden Kolumne ›Die Gewissensfrage‹ in der »Süddeutschen Zeitung«, kennt wie kein anderer die konkreten mora-lischen Probleme, die uns alle bewegen. Nun hat er endlich seinen großen Entwurf einer Moral für unsere Zeit vorgelegt – alltagstauglich, beispielgesättigt, philosophisch begründet, leicht verständlich und unterhaltsam.

»Ein wunderbares Buch«
Markus Lanz

»Sehr gut zu lesen und nicht moralinsauer,
sondern heiter.«
hr2-Kultur

S. Fischer

fi 1-017021 / 1

Martin Reichert
Wenn ich mal groß bin
Das Lebensabschnittsbuch für die Generation
Umhängetasche

Band 17946

»Eigentlich sollten wir erwachsen werden« – so lautet der
Wahlspruch der Generation Umhängetasche. Aber warum
tun wir uns so schwer damit? Warum ist es so kompliziert,
spießig oder schrecklich, Verantwortung zu übernehmen,
sich eine feste Anstellung zu suchen oder sogar eine Familie
zu gründen?

Martin Reichert gibt Hilfe zur Selbsthilfe und zeigt, wie es
zu schaffen ist, ohne dass man sich selbst oder seine Ideale
verrät!

Fischer Taschenbuch Verlag

fi 17946 / 1

Mick O' Hare
Wie lange eine Kokosnuss braucht, um aus der Karibik nach Europa zu schwimmen
und 101 neue Erkenntnisse aus
der wunderbaren Welt der Wissenschaft
Aus dem Englischen von Birgit Brandau
Band 18575

Haben Spinnen Durst? Wie lang braucht eine Kuh, um den Grand Canyon mit Milch zu füllen? Wie kommen die Streifen in die Zahnpasta? Warum sind manche Menschen Links- und andere Rechtshänder? Eine neue Sammlung ungewöhnlicher Fragen und verblüffender Antworten der Leser vom New Scientist Magazine, die uns ungeahnte Einsichten in unseren Alltag und in die Wissenschaft bietet. Denn die scheinbar simplen Fragen haben oft die überraschendsten Antworten, während die scheinbar verzwicktesten durch ihre einfachen Erklärungen erstaunen. Eine bezaubernde Mischung aus brillanter Wissenschaft und britischem Humor.

»Voll Wunderbarer Lacher.«
Sunday Tribune

Fischer Taschenbuch Verlag